# 铁路轨道维修网格化管理理论与实现技术

刘仍奎　王福田　编著

中国铁道出版社

2018年·北　京

## 内 容 简 介

本书主要介绍了铁路轨道维修管理的基本业务知识，对国内外最新铁路轨道维修管理研究成果进行了综述分析，在既有成果基础上提出了一种新的铁路基础设施维修管理理论和方法——铁路基础设施管理网格化理论和方法，包括铁路线性资产的网格化、轨道检查计划编制、轨道健康状态评定、轨道状态劣化规律建模、轨道维修规划编制等轨道维修关键内容。

本书可供从事铁路基础设施管理研究的专家学者、高年级本科生与研究生，以及工作在铁路现场的工程技术管理人员学习、参考。


**图书在版编目(CIP)数据**

铁路轨道维修网格化管理理论与实现技术/刘仍奎，王福田编著. —北京：中国铁道出版社，2018. 12

ISBN 978-7-113-25286-1

Ⅰ. ①铁… Ⅱ. ①刘…②王… Ⅲ. ①轨道(铁路)—维修 Ⅳ. ①U216. 42

中国版本图书馆 CIP 数据核字(2018)第 284804 号

**书　　名**：铁路轨道维修网格化管理理论与实现技术

**作　　者**：刘仍奎　王福田　编著

---

**责任编辑**：秦绪涛　　**编辑部电话**：010-51873024

**封面设计**：崔　欣

**责任校对**：焦桂荣

**责任印制**：高春晓

---

**出版发行**：中国铁道出版社（100054，北京市西城区右安门西街 8 号）

**网　　址**：http://www.tdpress.com

**印　　刷**：中国铁道出版社印刷厂

**版　　次**：2018 年 12 月第 1 版　2018 年 12 月第 1 次印刷

**开　　本**：880 mm×1 230 mm　1/32　印张：8.375　字数：212 千

**书　　号**：ISBN 978-7-113-25286-1

**定　　价**：36.00 元


---

# 编 委 会


主　　编：刘仍奎　王福田

编写人员：白　磊　李　擎　孙全欣

朱兴永　陈云峰　宋小齐

唐源洁　安　茹　王志鹏

常艳艳　高嘉蕾

# 前　　言

轨道是列车运行安全、平稳的基础。但由于受复杂因素的影响，轨道设备的劣化呈现出异质性、不确定性等特征，设备养护维修人员要想做到准确掌握每一个设备的健康状况和设备状态的演变规律，对设备未来的安全隐患做出预测，并科学安排维修活动，是极其困难的。

本书所探索的网格化管理理论，是将空间上连续分布的铁路轨道划分成长度较小的单元网格，从空间位置角度研究轨道状态的变化规律和管理方法。由于地理位置因素往往是影响铁路行车固定设备状态演变的决定性因素，基于位置，而不是基于专业，更符合铁路行车固定设备的管理需求，因此，网格化管理理论给轨道设备管理带来了新的视角。随着大数据技术、地理信息系统技术的发展，这种创新性探索对更好地解决轨道设备的养护问题变得越发重要。

在这一新的视角下，本书试图给出一种新的铁路轨道维修管理理论和方法，包括更高空间分辨率、更高时间分辨率、更多维度上的轨道设备状态评定方法；轨道设备健康评定方法；轨道设备劣化规律建模方法；轨道设备检查计划与维修计划的建模方法等等。

本书对有志于从事铁路设备管理理论研究的读者，是一本理论参考书。对有铁路运输管理专业的高校，可作为高年级本科生和研究生的教学参考书或选修课教材。对工作在铁路现场的工程技术人员和设备管理人员，可作为理论参考书。

作者衷心感谢国家自然科学基金项目《基于空间因素的轨道交通基础设施状态劣化规律建模研究》(51578057)的资助，感谢北京交通大学交通运输学院、北京交通大学轨道交通控制与安全国家重点实验室同事们的鼓励与支持，衷心感谢中国铁路兰州局集团有限公司工务系统广大技术人员的创新与实践，以及对本书编写工作的支持。

由于作者水平所限，错误再所难免，期待广大读者批评指正，以求改进。

作　　者
2018年10月
于北京交通大学交通运输学院

# 目　录

1　绪　　论 …… 1

1.1　铁路轨道的定义与作用 …… 1
1.2　我国铁路轨道养护维修面临的新挑战 …… 2
1.3　我国铁路轨道维修理念的转变 …… 5
1.4　本书的主要内容及组织结构 …… 6

2　铁路轨道维修管理概述 …… 11

2.1　铁路轨道检查业务概述 …… 11
2.2　铁路轨道质量状态评定业务概述 …… 16
2.3　铁路轨道修理业务概述 …… 30
2.4　国内外研究综述 …… 36

3　铁路轨道生产数据资源分析 …… 59

3.1　铁路轨道生产数据构成 …… 59
3.2　铁路轨道生产数据的特征分析 …… 62
3.3　当前铁路轨道生产数据资源管理存在的问题 …… 66

4　铁路基础设施网格化管理概述 …… 73

4.1　铁路基础设施的空间特征 …… 73
4.2　铁路基础设施状态劣化特点 …… 74
4.3　铁路基础设施检查与维修活动特点 …… 83
4.4　铁路基础设施检查与维修活动影响因素划分 …… 85

4.5 铁路基础设施网格化管理基本概念 …… 88
4.6 铁路基础设施时空网格化管理基本概念 …… 94
4.7 铁路网格、部件生产数据整合融合的思路 …… 97
4.8 铁路时空网格生产数据可视化思路 …… 100

**5 铁路轨道检查计划优化编制方法 …… 105**

5.1 轨道检查计划编制目前面临的主要问题 …… 105
5.2 铁路轨道检查活动间的约束关系 …… 107
5.3 铁路轨道网格化检查计划基本图优化编制模型 …… 110
5.4 案例分析 …… 127

**6 铁路轨道健康状态评定方法 …… 139**

6.1 轨道健康状态评定目前面临的主要问题 …… 139
6.2 轨道健康状态评定问题的组成要素及评定流程 …… 140
6.3 轨道网格与部件状态评定指标体系 …… 143
6.4 轨道网格与部件健康指数概念 …… 157
6.5 轨道网格(或部件)健康状态评定模型 HEF-RTGC …… 159
6.6 案例分析 …… 172

**7 铁路轨道状态劣化规律建模方法 …… 189**

7.1 轨道网格(或部件)状态短期预测模型 TAN-RTGCCP … 190
7.2 轨道网格(或部件)使用寿命评估模型 MBE-RTGCSL … 202

**8 铁路轨道维修规划优化编制方法 …… 217**

8.1 轨道维修规划编制目前面临的主要问题 …… 217
8.2 模型 ORPM-RTG 构建 …… 218
8.3 案例分析 …… 225

**参考文献 …… 237**

# 1 绪　论

## 1.1 铁路轨道的定义与作用

铁路轨道[1]是指路基、桥梁、隧道等线下结构物以上的线路部分，可分为有砟轨道和无砟轨道。有砟轨道[2,3]由钢轨、轨枕、道床、联结零件及防爬设备构成。目前我国高速铁路主要采用板式无砟轨道（CRTS Ⅰ、CRTS Ⅱ、CRTS Ⅲ 型）和双块式无砟轨道（CRTS Ⅰ、CRTS Ⅱ 型）[2,4]。板式无砟轨道[2]主要由钢轨、扣件、轨道板、CA 砂浆与底座等组成。双块式无砟轨道[5,6]主要由钢轨、扣件、双块式轨枕、道床板与支承层等组成。

铁路轨道的作用是引导机车车辆的运行，直接承受来自列车的荷载，并将荷载传至路基或者桥隧结构物。轨道结构应具有足够的强度、稳定性和耐久性，并具有固定的几何形位，保证列车安全、平稳、不间断地运行。因此，可以说轨道结构的性质和状况决定了列车运行的品质。

铁路轨道结构是长大的工程结构物，受外界地理环境因素影响较大。处于轨道最上层的钢轨由特殊的高碳钢组成，承受车辆施加的巨大压力，通过本身的挠曲，将荷载向下传递到轨枕。轨枕是钢轨的支撑结构，主要由钢筋混凝土制成。当轮载由钢轨传递到轨枕时，相邻的轨枕会共同承担，传到轨枕的压力约减小 1/2，且因为钢轨与轨枕之间接触面积较大，轨枕的应力一般不会超过其强度极限。道床通常指的是轨枕下面、路基面上铺设的石砟（道砟）垫层，主要作用是支承轨枕，把来自轨枕上部的巨大荷载均匀地分布到路基面上，大大减少了路基的变形。另外，道床的弹性还能吸收机车车辆的冲击和振动，使列车运行比较平稳，而且大大改善了机车车辆和钢轨、轨枕等部件的工作条件，延长了使用寿命。另外，轨枕地面和道砟颗粒间的摩擦阻力又为轨道提供了很大的纵、横向阻力，保障了轨道结构的坚固和稳定。

铁路轨道是边维修边工作的工程结构物。导致轨道破坏的主要原因是轨道及其各部件长期受振动和交变应力的作用。在交变应力作用下部件的破坏叫疲劳破坏，其破坏形式与静荷载下发生的强度破坏截然不同。金属材料的疲劳破坏过程可分为疲劳裂纹形成、扩展和脆断 3 个阶段，其疲劳寿命主要由应力循环中的平均应力、应力幅和循环次数 3 个因素控制。轨道各部件的破坏主要表现为疲劳破坏，是交变应力作用下损伤逐渐积累的结果。此外，振动使道砟颗粒间的摩擦系数减小，加速道床下沉，所以振动加速度也是造成轨道破坏的原因之一。

## 1.2 我国铁路轨道养护维修面临的新挑战

截至 2017 年底，全国铁路营业里程达 12.7 万 km，其中高速铁路 2.5 万 km。预计到 2020 年，全国铁路营业里程将达到 15 万 km，其中高速铁路 3 万 km[7]。预计到 2025 年，全国铁路网规模将达到 17.5 万 km 左右，其中高速铁路 3.8 万 km 左右[8]。中国高铁具有 200～250 km/h 和 300～350 km/h 两种技术类型，高速列车可实现按 3 min 追踪间隔运行[9]。我国货物运输逐步向重载化发展，当前铁路货车普遍采用 23 t 轴重，铁路管理者已成功研发构建了以大秦铁路为代表的 25 t 轴重重载铁路成套运输技术体系[10]，并在 2014 年结合 30 t 轴重重载的山西中南部铁路通道项目，成功开展了 30 t 轴重重载铁路技术的综合实验，标志着我国 30 t 轴重重载运输技术体系正在逐步完善。

随着我国铁路线路路网规模的不断增大，旅客运输的高速化发展及货物运输的重载化发展，安全风险隐患不断增加。近几年全路工作会议多次强调“三点共识”(即确立安全工作无小事的意识、树立安全第一的指导思想、明确影响安全的问题必须立即解决的工作要求)，“三个重中之重”(即要把客车安全作为安全工作的重中之重、要把加强安全管理作为安全工作的重中之重、要把抓落实作为安全管理工作的重中之重)，“安全是铁路工作的生命线，是铁路的饭碗工程，安全不好是最大的失职”“强基达标、提质增效”的工作主题。高速铁路线路修理相关规定[11, 12]明确指出要确保铁路线路的高可靠性、高稳定性、高平顺性。

为确保列车以规定的速度，安全、平稳和不间断地运行，保持和提高线路设备的质量，使轨道经常处于良好的工作状态，符合规定的技术标准，且质量均衡，并最大限度地延长各设备的使用寿命，就必须对轨道在运营过程中出现的各种变形采取相应的维修工作。轨道维修工作应贯彻“预防为主，防治结合，修养并重”的原则，对轨道状态进行定期的系统检查，按照轨道设备技术状态的变化规律和程度，制定科学的养护及修理计划，相应地进行综合维修、经常保养和临时补修，有效地预防和整治线路病害，有计划地补偿轨道设备损耗。

基于以上背景，如何在保障列车持续安全、平稳运行的前提下，合理配置维修资源、降低维修成本，对理论研究工作者与铁路现场管理者都提出了以下新的挑战。

(1)更透彻的感知

更透彻的感知是指利用任何可以随时随地感知、测量、捕获和传递信息的设备、系统或流程，全方位测量并全面采集轨道设备的全生命周期数据，实现人与设备的连接，帮助管理者更全面地收集信息，使管理者快速、及时地感知设备状态，更好地监控运营，更加主动地采取措施。

实现更透彻感知的挑战在于：

①在纵向上要采集轨道设备规划、设计、建设、运营直至报废等全生命周期的数据；

②在横向上要利用多种数据采集方式，以获取轨道设备在不同维度的状态信息。每种采集方式的采集原理、采集频率、采集内容不尽相同，可以相互补充。

(2)更全面的互联互通

更全面的互联互通是指系统和对象之间可以实现彼此“对话”，且它们能够在整个生态系统内进行共享，以加强协作。通过数据更全面的互联互通，管理者能够更广泛地进行信息交互，有效地进行信息交流，透明地共享组织的资源，以做出更好更快的决策。

实现更全面互联互通的挑战在于：

①在纵向上，轨道设备全生命周期的数据要互联互通，实现轨道设备全生命周期数据的集成、整合与共享，辅助铁路管理者实现在时间维度上更全面地把握设备历史，做到对历史数据的快速追溯，解决轨道设备设计、建设阶段和运营阶段管理不衔接的问题；

②在横向上，工务、电务、牵引供电、车务等不同专业、不同设备种类的数据要互联互通，实现不同专业、不同设备种类数据的集成、整合与共享，改变传统上按专业、部门管理存在的“信息孤岛”现象，辅助铁路管理者实现跨专业信息整合共享，达到更彻底、更准确地把握设备状态的目标。

(3)更深入的智能化

更深入的智能化是指利用先进技术获取更智能的洞察并付诸实践，进而创造新的价值。通过更“智慧”的轨道维修决策支持，能够提高管理者的洞察力，提升铁路服务安全性与可靠性，提高铁路运营效率并节约成本。

实现更深入智能化的挑战在于：

①铁路管理者要采用先进的信息技术，特别是地理信息系统

(Geographic Information System, GIS)技术与建筑信息化模型(Building Information Modeling,BIM)技术,将现实世界中的轨道设备管理流程形成对称的虚拟世界,通过现实世界与虚拟世界的相互反馈,实现真正意义上的轨道设备闭环管理,实现轨道设备生产管理的业务流程再造;

②铁路管理者要对繁多而独立零散的信息进行整合融合,采用数据挖掘技术、深度学习技术、统计学及可靠性数学理论等,发现隐藏在海量数据中新的模式、新的知识甚至新的规律,实现更准确地把握轨道设备的健康状态,更深入地洞察轨道设备状态劣化规律,更合理地编制轨道检查计划、维修计划,更高效地分配维修资源,做到既不“欠维修”又不“过维修”,确保轨道设备始终处于可靠受控状态。

## 1.3 我国铁路轨道维修理念的转变

随着列车速度的高速化发展、列车载荷的重载化发展,铁路总公司工务工作会议多次强调维修管理要坚持“预防为主、严检慎修”的基本原则,维修理念要逐步向“精细修”“准确修”“预防修”“集中修”转变。

“严检慎修”[13]是指要突出设备检查、分析在设备维修中的作用,通过检查与分析,及时准确地把握设备状态变化规律,为科学合理制定设备维修计划提供依据;同时,必须根据设备的检查和分析结果,制定设备维修作业方案,通过规定程序审批后才能实施,提高设备维修的科学性与准确性。实现“严检慎修”的挑战在于科学的评价铁路轨道设备质量健康状态,合理优化编制轨道设备的检查、维修计划,以及建立维修作业质量跟踪评价和考核机制等。在传统粗放式维修管理中,维修人员主要凭借主观经验安排维修活动,容易造成设备过维修、欠维修;同时缺少对维修作业效果在“保质期”内的跟踪评价。其中,“过维修”将会浪费维修资源;“欠维修”将会导致小病害转变为严重病害,成为铁路行车安全隐患。

“精细修”强调严格按照修理作业标准，提升维修作业质量和维修“保质期”，“准确修”强调要深入分析动静态检查数据，准确查找病害原因和位置，避免维修的盲目性，避免修错地方，产生“不恰当”的维修活动。实现“精细修”“准确修”的挑战在于研判轨道设备病害发生的准确位置及发生原因，科学制定合理的维修方案，以及建立完善轨道设备质量保证期制度等。

“预防修”是指以“设备状态”为基础的“状态修”，基于现有维修资源，根据设备当前状态及其变化趋势，科学安排养护维修活动，预防设备病害的发生与发展，确保设备处于良好的健康状态。实现“预防修”的挑战在于深入分析轨道设备各类检查数据，准确掌握轨道设备状态劣化规律，提前预判在什么时间、什么地点、发生什么类型病害等。

依据《铁路营业线施工安全管理办法》(铁运〔2012〕280 号)，“集中修”是指集中调配人员、施工机械与路料，综合利用天窗时间，集中完成线路行车设备技术改造任务与大中修的一类施工组织形式。“集中修”有利于提高施工的质量与效率，减少施工活动对运输生产的整体影响。实现“集中修”的挑战在于基于空间位置对工务、电务、牵引供电等不同专业不同种类设备进行综合评价，整体把握其健康状态，以便在一个作业地点统一安排多专业的维修活动。

## 1.4 本书的主要内容及组织结构

围绕上述提出的挑战，本书的主要内容包括以下八个方面，组织结构以及各章节之间的逻辑关系如图 1-1 所示。

(1)铁路轨道维修管理概述

本书将概述我国铁路轨道检查业务、轨道质量状态评定业务与轨道修理业务，归纳总结国内外轨道设备检查计划编制、轨道设备健康状态综合评定、轨道设备状态劣化趋势预测与轨道设备维修计划

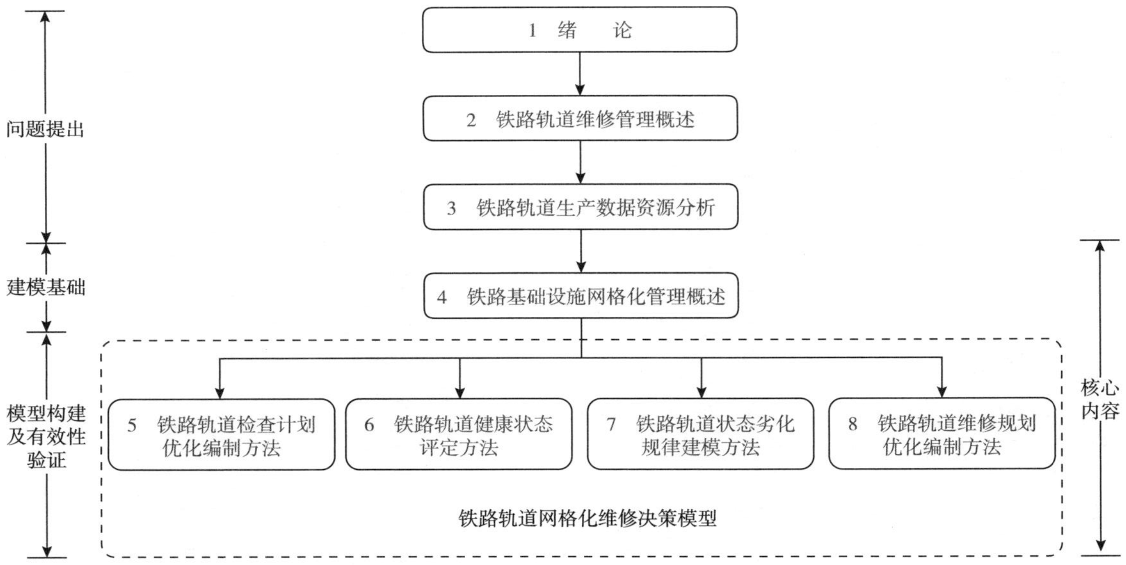


图 1-1 本书组织结构及各章节间逻辑关系

编制的既有研究成果及存在的不足。

(2)铁路轨道生产数据分析

本书将论述铁路轨道生产数据的构成，分析铁路轨道生产数据的特征，探讨当前铁路轨道生产数据资源管理存在的问题。

(3)铁路基础设施管理网格化

铁路基础设施状态劣化受地理环境、设计建造、运输组织、检修历史等多种因素的影响，具有异质性、不确定性、联动性等特点。如何更准确地描述铁路基础设施状态劣化规律是个世界性难题。

为探索上述问题的解决方法，结合铁路基础设施线性、连续、长大等特征及其状态劣化特点，本书将介绍铁路基础设施网格化管理方法，其核心在于将铁路基础设施以较小的长度单位细分，从空间位置的角度出发，对每个细分单元进行个性化的分析建模，以及精细化、精准化的管理。

(4)铁路基础设施管理时空网格化

铁路基础设施的线性、连续、带状分布的空间特征，决定了其检查与维修活动被组织安排在相对狭小、带状空间内，并具有线性、连续、重复等特点，易受到多种时间因素、空间因素影响。

为更准确地描述各影响因素对检查、维修活动的影响程度，更细致地定义检查、维修活动间的各种约束，本书将在铁路基础设施管理网格化的基础上，进一步提出铁路基础设施管理时空网格化，其核心在于将铁路基础设施检查与维修活动按照较小的时间单位、空间单位划分，对其进行精细化、个性化管理，使管理者能在较高的时间、空间分辨率下管理铁路基础设施检查与维修活动。

(5)铁路轨道网格化检查计划基本图优化编制模型

铁路轨道检查计划编制中面临的最主要挑战是实现相邻检查活动时间间隔的均衡性及可调整性的优化，另外由于受到多种随机因素的干扰，在实际执行过程中轨道检查计划可能会被多次调整，如何使检查计划变动最小，也是管理者面临的一个重要难题。

本书将分析轨道检查活动特点，描述、定义轨道检查活动间的各类约束，基于铁路基础设施时空网格化管理方法，以铁路轨道时空网格为基本单元，建立铁路轨道网格化检查计划基本图优化编制模型，在编制计划时，优化轨道检查计划的均衡性与可调整性，在调整计划时，使其与原计划相比变动最小。

(6)铁路轨道网格化健康状态评定模型

通过对轨道设备健康状态综合评定相关研究成果的分析（详见第 2.4.2 节），国内外专家学者多集中研究轨道内某一种设备或某一类性能状态（如轨道不平顺状态）的评定，缺少轨道多个状态指标的综合评定研究。

本书将基于铁路基础设施网格化管理方法，描述、定义轨道网格（或部件）的状态评定指标体系，在此基础上提出轨道网格（或部件）健康指数的概念，衡量轨道网格与部件整体健康状态，混合采用多种机器学习算法，建立轨道网格（或部件）健康状态评定模型。

(7)铁路轨道网格化状态预测模型

为更准确、个性化地描述轨道状态劣化趋势，本书将基于铁路基础设施网格化管理方法，以轨道网格（或部件）为研究对象，结合轨道设备状态劣化特点，围绕轨道网格（或部件）的状态评定指标的短期预测、长期预测展开研究，构建基于树扩张型朴素贝叶斯分类算法的轨道网格（或部件）状态短期预测模型，预测在相邻两次维修间，轨道网格（或部件）在下一个检查周期结束时的状态等级；构建基于 Markov 随机过程的轨道网格（或部件）使用寿命评估模型，评估轨道网格（或部件）的实际使用寿命。

(8)铁路轨道网格化维修规划优化编制模型

通过分析铁路轨道设备维修计划编制的相关研究成果（详见第 2.4.4 节），本书将基于铁路基础设施时空网格化管理方法，以轨道网格为研究对象，采用 Markov 随机过程理论、隐形 Markov 决策过程方法，建立铁路轨道网格化维修规划优化编制模型。

# 2 铁路轨道维修管理概述

本章将简述铁路轨道检查业务、轨道质量状态评定业务以及轨道修理业务，综述轨道检查计划编制、轨道质量状态评定、轨道劣化趋势预测及轨道维修计划编制相关问题的研究现状，总结分析既有研究成果与存在的不足。

## 2.1 铁路轨道检查业务概述

### 2.1.1 铁路轨道检查概念与分类

检查的含义为检测、量测与监测。铁路轨道检查就是应用技术手段对铁路轨道状态所进行的调查，是评定轨道质量的重要手段，也是养护维修决策前的重要程序。铁路工务段一般设有专门的检查监控车间、检查监控工区承担铁路轨道的主要检查任务[14]。

铁路轨道检查有如下两个目的：①确定轨道设备当前状态（如轨道不平顺状态），评估其对行车安全性、设备可靠性的影响；②得到轨道设备状态随时间变化的特征，管理者能够对轨道设备状态进行预测，并制订相应的维护计划。

铁路轨道检查根据轨道线路是否受到列车动载荷作用，划分为轨道动态检查和轨道静态检查[2,15]。其中，轨道动态检查是指轨道在列车动荷载作用下的状态检查，主要手段和方法包括轨道检查车（简称“轨检车”）检查、高速综合检测列车（简称“动检车”）检查、便携式添乘仪（又称“便携式线路检查仪”）检查、机载式添乘仪（又称“晃车仪”“车载式线路检查仪”）检查、钢轨探伤车检查、专项检查等。

轨道静态检查是指轨道在无列车动荷载作用下的状态检查，常见的检查方法包括轨道检查仪(简称“轨检仪”“轨检小车”)检查、钢轨探伤仪(又称“钢轨探伤小车”)检查、人工线路检查、手工检查、专项检查等。

依据铁路线路相关修理规则及相关文献[11,12,14,16～18],铁路轨道常见检查方式的检查原理、检查项目、检查周期见表 2-1。

**表 2-1 铁路轨道常见检查方式**

| 检查分类 | 检查方式 | 检查原理 | 检查项目 | 检查周期 | 备注 |
|---|---|---|---|---|---|
| 动态检查 | 轨检车检查 | 轨检车[19～21]采用“捷联式”检测系统,不再用单个检测装置来检测单个轨道几何参数,而是完全在计算机内合成轨道几何参数 | 高低、轨向、轨距、水平、三角坑、车体水平加速度、车体垂向加速度 | 以普速铁路为例,正线每月检查2次 | |
| | 动检车检查 | 动检车[22]是以动车组为载体,加装了轨道检测、轮轨动力学检测、弓网检测、信号检测、通信检测等精密测量设备 | 高低、轨向、轨距、水平、三角坑、车体水平加速度、车体垂向加速度、轮轨力、接触网受流检查、接触网动态参数、机车信号传输参数、列车速度控制信标参数、车一地通信的无线覆盖等 | 每 10～15 天检查 1 次 | |
| | 便携式添乘仪检查 | 便携式添乘仪是一种高灵敏度的,包含水平、垂直两个通道的机车车辆振动加速度计 | 车体水平加速度、车体垂向加速度 | 检查频繁,每天 1 次正线检查 | |
| | 机载式添乘仪检查 | 机载式添乘仪由安装在机车上的监控装置和地面接收装置组成[23],用于实时测量机车车体的垂直加速度、横向加速度,具有全天候监控的特点 | 机车车体水平加速度、机车车体垂向加速度 | 检查频繁,每天多次正线检查 | |

续上表

| 检查分类 | 检查方式 | 检查原理 | 检查项目 | 检查周期 | 备注 |
|---|---|---|---|---|---|
| 动态检查 | 钢轨探伤车检查 | 钢轨探伤车[24]由超声波探头、探伤信号显示及记录系统、钢轨缺陷定位和特殊标记系统、记录分析仪器等组成 | 钢轨伤损、钢轨磨耗 | 检查频次由线路年通过总重、线路允许速度决定，如年通过总重≥50 Mt或允许速度≥120 km/h，每年至少检查2次 | 检查出的伤损应采用探伤仪进行复核 |
| | 专项检查 | 一般委托第三方检测机构采用精密的检测仪器或装置进行检查 | 如无砟铁路整体道床沉降量 | 根据实际需要，安排检查 | |
| 静态检查 | 轨检仪检查 | 轨道检查仪[2]是一种配备高精度传感器、无线电通信设备和户外计算机的用于测量轨道静态几何尺寸参数的小型推车 | 高低、轨向、轨距、水平、三角坑 | 以普速铁路为例，正线每月检查1次 | |
| | 钢轨探伤仪检查 | 钢轨探伤仪[24]是指能在一股钢轨上推行并能同时对钢轨中的各种缺陷进行检测的小型超声波探伤设备。钢轨探伤仪采用超声波原理，由超声波发射器、接收器及波形显示器等组成。钢轨内部核伤或裂纹处固体与空气界面上产生发射波，反射波被接收后，可根据发射和反射的时间间隔和超声波的传播速度，计算并显示有无伤损以及伤损的位置和尺寸 | 钢轨伤损 | 检查频次由线路年通过总重、轨重决定，如年通过总重≥80 Mt，轨重为75 kg/m或60 kg/m，正线、到发线线路和道岔，每年检查10次 | 冬季应缩短探伤间隔时间 |

续上表

| 检查分类 | 检查方式 | 检查原理 | 检查项目 | 检查周期 | 备　注 |
|---|---|---|---|---|---|
| 静态检查 | 人工线路检查 | 轨距尺或数字道尺[2]是检测铁路轨道轨距、水平的主要测量工具。由于轨距尺无法直接测量出轨向(包括曲线)、高低的大小,可采用人工拉弦线的力法进行测量 | 轨距、水平、三角坑、高低、轨向等 | 以普速铁路为例,正线每月检查2次 | 当月有轨检仪检查,减免人工线路检查 |
| | 手工检查 | 人工采用看、敲、照、卸的方法,对线路上尚存伤损设备及道岔、接头等重点部份及零配件、轨缝等进行检查 | 钢轨伤损 | 以中国铁路兰州局集团有限公司为例,冬季11月1日至次年3月31日,正线每月检查1次 | |
| | 专项检查 | 一般委托第三方检测机构采用精密的检测仪器或装置进行检查 | 如铁路轨道结构振动、轨道动刚度 | 根据实际需要,安排检查 | |

### 2.1.2 铁路检查计划管理的一般业务流程

铁路轨道不同检查方式检查计划的编制流程如下。

(1)轨道静态检查计划编制流程。依据《铁路线路修理规则》(铁运〔2006〕146号)[16],车间负责安全生产的组织实施。车间按照相关管理规章规定的检查项目和检查周期、设备台账等,编制轨道静态检查计划,上报给工务段审核,通过审核后下达给各工区。检查人员执行完检查任务后,向车间、工区提交检查数据,如图2-1所示。

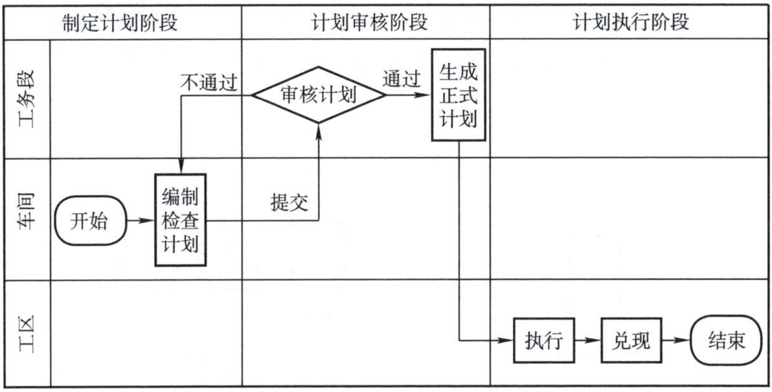


图 2-1　轨道静态检查计划业务流程

(2)便携式添乘仪检查计划编制流程。铁路局集团公司工务段编制便携式添乘仪的检查计划,计划审核通过后生成正式检查计划,下达到工务段、车间。工务段、车间相应的干部根据检查计划,到指定车次的列车机车上,使用便携式添乘仪进行轨道线路检测,检测完成后,添乘人员要向工务段提交检查数据,由分析人员进行病害分析,如图 2-2 所示。

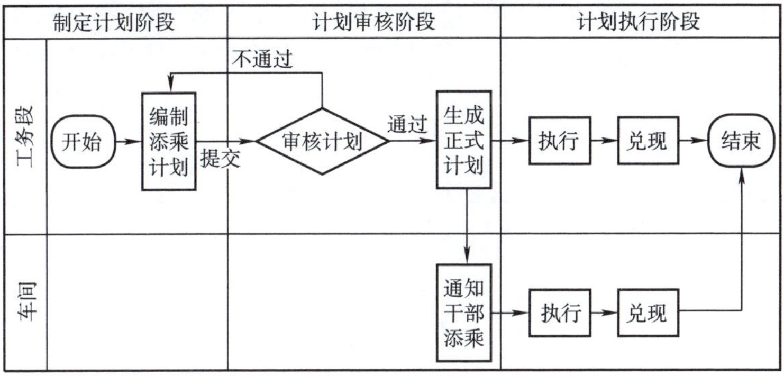


图 2-2　便携式添乘仪检查计划业务流程

(3)轨检车、动检车与钢轨探伤车检查计划编制流程。铁路局集团公司或铁路总公司编制形成轨检车、动检车与钢轨探伤车检查计划，检查人员完成检查任务后，向铁路局集团公司工务处、工务段、车间提交检查数据，如图 2-3 所示。

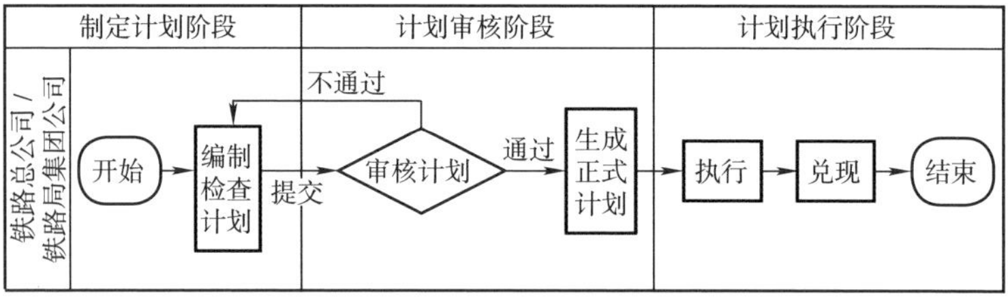


图 2-3　轨检车检查、动检车与钢轨探伤车检查业务流程

## 2.2　铁路轨道质量状态评定业务概述

依据铁路轨道设备的各类检查方式获得的数据，对轨道设备质量进行评定，是制定轨道设备维修计划的基础。依据我国铁路现场既有的管理办法、相关规章制度[11，12，16]，轨道质量状态评定包括：轨道不平顺状态评定、钢轨状态评定、轨枕状态评定、联结零件状态评定、轨道加强设备状态评定、道床状态评定、曲线状态评定、道岔状态评定等。本节将详细阐述轨道不平顺状态评定管理方法、钢轨状态评定管理办法、曲线状态评定管理方法和道岔状态评定管理方法。

### 2.2.1　轨道不平顺状态评定管理方法

由于轮轨作用的结果，轨道几何形位的基本要素（如轨距、水平、方向、高低及轨底坡等）不断地变化，变化的结果在轨道上形成了各种形式的不平顺[25]。轨道不平顺是轮轨系统的激扰源，是引起机车车辆产生振动和轮轨作用力的主要原因，是轨道结构综合性能和承载能力的重要体现[26]。轨道不平顺状态对机车车辆的安全运行、乘客的旅行舒适度有着重要影响。

在我国铁路实际生产管理中，轨道不平顺状态评定是以单个里程点、线路区段（长度一般为 200 m、1 000 m）为分析对象，利用各类检查方式获得的数据，从动态不平顺（或动态几何尺寸超限）、静态不平顺（或静态几何尺寸超限）两个维度，对轨道状态进行的分析和评价，如图 2-4 所示。轨道不平顺状态评定的数据源包括，轨检车检查数据、轨检仪检查数据、机载式添乘仪检查数据、便携式添乘仪检查数据、人工线路检查数据等。

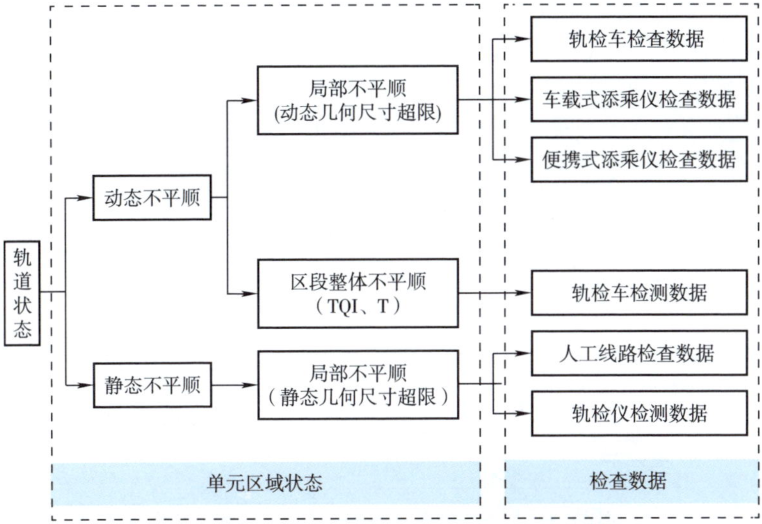


图 2-4 轨道设备状态分析业务流程

(1)轨道动态不平顺

轨道动态不平顺[25]是指在行车条件下轨道的动态质量反映，反映了轨道塑性变形和弹性变形的总和。轨道动态不平顺状态评定指标包括：局部动态不平顺超限（或动态轨道几何尺寸超限）、线路公里扣分、TQI、T 等指标。

轨道几何形位的基本要素包括轨距、水平、方向、高低及轨底坡等。轨距是指左、右股钢轨工作面下一定范围内的距离，如图 2-5 中 $G$ 所示。在 EN 13848-1[27] 中该距离为 9 mm，在中国该距离为

16 mm[16]。水平是指同一轨道横断面内左、右股钢轨顶面的高差，如图 2-5 中 *CL*1、*CL*2 所示。*CL*1 是轨道横断面Ⅰ－Ⅰ的水平值，*CL*2 是轨道横断面Ⅱ－Ⅱ的水平值。轨向是指左(右)股钢轨轨距测量点平面位置沿轨道纵向的横向凹凸不平，如图 2-5 中 *A* 所示。高低是指左(右)股钢轨顶面沿轨道纵向的凹凸不平，如图 2-5 中 *S* 所示。三角坑是一定间距 *L* 的两组横向水平之差，如图 2-5 中 *T* 所示。横断面Ⅰ－Ⅰ与横断面Ⅱ－Ⅱ之间的距离为 *L*。$CL1-CL2$ 为基长为 *L* 时，两轨道断面的水平差，即三角坑，$T=CL1-CL2$。关于这七项不平顺指标的解释参见文献[2, 27]。

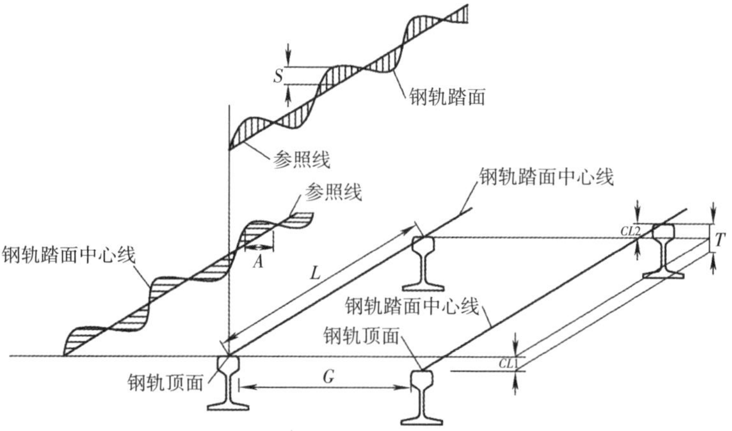


图 2-5　轨道局部不平顺指标概念示意图

轨道局部动态不平顺超限类型包括轨距、水平、高低、轨向、三角坑、车体垂向振动加速度和横向振动加速度等。我国采用 GJ-6 型轨检车[28]、GJ-5 型轨检车[19]、GJ-4 型轨检车[20]测量轨道局部动态不平顺状态。以 GJ-4 型轨检车为例，轨距采用激光式测量方法测量，水平采用补偿加速度系统测量，高低和轨向采用惯性基准原理测量。惯性基准法提供了测量高低、轨向的测量基准线，轨检车得到高低(轨向)实际变化曲线后，使用 20 m 弦长输出高低和轨向值。GJ-4 型轨检车中没有专门测量三角坑的传感器，三角坑值是由固定间隔的水平值的代数差计算得出。GJ-4 型轨检车采用 2.4 m 基长输出三角坑值，即固定间隔的长度为 2.4 m。

轨道局部动态不平顺超限等级划分为四级：Ⅰ级为保养标准，Ⅱ级为舒适度标准，Ⅲ级为临时补修标准，Ⅳ级为限速标准。表 2-2 是我国铁路根据不同速度等级确定的轨道局部动态不平顺超限管理标准。

**表 2-2　中国铁路总公司轨道动态质量容许偏差管理值**

| 项　　目 | $v_{max}$>160 km/h 正线 | | | | 120 km/h<$D_{max}$≤160 km/h 正线 | | | | $v_{max}$≤120 km/h 正线 | | | |
|---|---|---|---|---|---|---|---|---|---|---|---|---|
| | Ⅰ级 | Ⅱ级 | Ⅲ级 | Ⅳ级 | Ⅰ级 | Ⅱ级 | Ⅲ级 | Ⅳ级 | Ⅰ级 | Ⅱ级 | Ⅲ级 | Ⅳ级 |
| 轨距(mm) | +4<br>−3 | +8<br>−4 | +12<br>−6 | +15<br>−8 | +6<br>−4 | +10<br>−7 | +15<br>−8 | +20<br>−10 | +8<br>−6 | +12<br>−8 | +20<br>−10 | +24<br>−12 |
| 水平(mm) | 5 | 8 | 12 | 14 | 6 | 10 | 14 | 18 | 8 | 12 | 18 | 22 |
| 高低(mm) | 5 | 8 | 12 | 15 | 6 | 10 | 15 | 20 | 8 | 12 | 20 | 24 |
| 轨向(mm) | 5 | 7 | 10 | 12 | 5 | 8 | 12 | 16 | 8 | 10 | 16 | 20 |
| 扭曲(三角坑)(mm)<br>(基线 2.4 m) | 4 | 6 | 9 | 12 | 5 | 8 | 12 | 14 | 8 | 10 | 14 | 16 |
| 车体垂向加速度($g$) | 0.10 | 0.15 | 0.20 | 0.25 | 0.10 | 0.15 | 0.20 | 0.25 | 0.10 | 0.15 | 0.20 | 0.25 |
| 车体横向加速度($g$) | 0.06 | 0.10 | 0.15 | 0.20 | 0.06 | 0.10 | 0.15 | 0.20 | 0.06 | 0.10 | 0.15 | 0.20 |

注：①表中各种偏差限值为实际幅值的半峰值；
②高低、轨向不平顺按实际值评定；
③水平限值不含曲线上按规定设置的超高值及超高顺坡量；
④三角坑限值包含缓和曲线超高展坡造成的扭曲量；
⑤固定型辙叉的有害空间部分不检查轨距、轨向。其他检查项目及检查标准与线路相同。

线路公里扣分是指依据轨检车产生的动态局部不平顺超限数据，以 1 000 m 为基本单位，该里程范围内各级、各项不平顺超限扣分总和。其中，各项偏差等级扣分标准如下：Ⅰ级每处扣 1 分，Ⅱ级每处扣 5 分，Ⅲ级每处扣 100 分，Ⅳ级每处扣 301 分。轨道质量依据线路公里扣分划分为 3 个等级：优良、合格、失格。轨道质量等级划分标准如下：优良——扣分总数在 50 分及以内；合格——扣分总数在 51～300 分；失格——扣分总数在 300 分以上。

区段整体动态不平顺指标（如 TQI、T 等）能全面反映轨道质量状态，准确反映轨道恶化程度，可作为对轨道状态进行宏观管理和质量控制的依据，有利于合理编制区段线路的综合维修计划（如"集中修"或"天窗修"维修计划），指导线路捣固等大机作业。

我国铁路 TQI 计算是以每 200 m 为一个轨道单元区段，分别计算七项局部不平顺指标（轨距、水平、左高低、右高低、左轨向、右轨向、三角坑）的标准偏差，将这七个单项指标的标准差汇总求和[16, 29]。关于这七项不平顺指标的解释参见文献[27]。TQI 值的大小与轨道状态平顺性密切相关，表明 200 m 区段轨道状态离散的程度，即数值越大表明轨道的平顺程度越差、波动性也越大。TQI 计算如公式(2-1)所示。

$$\mathrm{TQI} = \sum_{i=1}^{7} \sigma_i$$

$$\sigma_i = \sqrt{\frac{1}{n}\sum_{j=1}^{n} x_{ij}^2 - \overline{x}_i^{\,2}} \tag{2-1}$$

$$\overline{x}_i = \frac{1}{n}\sum_{j=1}^{n} x_{ij}$$

式中 $\sigma_i$ ——单元区段内单项轨道不平顺的标准偏差（mm）；

$i$ ——不平顺指标的索引，$i = 1, 2, \cdots, 7$，依次是轨距、水平、左高低、右高低、左轨向、右轨向、三角坑；

$\overline{x}_i$ ——单元区段内各采样点第 $i$ 项不平顺指标幅值的平均值（mm）；

$x_{ij}$ ——单元区段内第 $j$ 个采样点上第 $i$ 项不平顺指标的幅值（mm）；

$n$——单元区段上的采样点个数。若相隔 0.25 m 一个采样点，$n$ 值为 800。

我国《铁路线路修理规则》(铁运〔2006〕146 号)[16]、《高速铁路有砟轨道线路维修规则(试行)》(铁运〔2013〕29 号)[12]和《高速铁路无砟轨道线路维修规则(试行)》(铁运〔2012〕83 号)[11]中规定了轨道质量指数 TQI 的管理值，见表 2-3。这里所说的管理值是指轨道单元区段质量合格与失格的门槛值，若轨道单元区段 TQI 值超过相应的管理值，则认定该轨道单元区段不平顺状态质量失格。

**表 2-3　轨道质量指数 TQI 管理值**

| 项　目 | | 高低(mm) | 轨向(mm) | 轨距(mm) | 水平(mm) | 三角坑(mm) | TQI(mm) |
|---|---|---|---|---|---|---|---|
| 管理值 | $v_{max} \leqslant 160$ km/h | 2.5×2 | 2.2×2 | 1.6 | 1.9 | 2.1 | 15.0 |
| | 160 km/h$< v_{max} <$200 km/h | 1.5×2 | 1.6×2 | 1.1 | 1.3 | 1.4 | 10.0 |
| | 200 km/h$\leqslant v_{max} \leqslant$250 km/h<br>波长范围：1.5～4.2 m | 1.4×2 | 1.0×2 | 0.9 | 1.1 | 1.2 | 8.0 |
| | 250 km/h$< v_{max} \leqslant$350 km/h<br>波长范围：1.5～4.2 m | 0.8×2 | 0.7×2 | 0.6 | 0.7 | 0.7 | 5.0 |

在中国铁路工务生产管理工作中，依据管理文件《既有线轨道不平顺质量指数标准及管理暂行标准》[30]，为确定什么时间、采取什么样的维修方式对轨道进行维修，在轨道质量指数 TQI 管理值的基础上，针对每公里线路引入了“$T$”值概念。将每公里内 5 个单元区段的 $T_{200}$ 值求和，称为“$T$”值，见公式(2-2)。

$$T = \sum_{i=1}^{5} T_{200,i} \tag{2-2}$$

其中，$T_{200,i}$ 表示每公里区段内第 $i$ 个轨道单元区段的 $T_{200}$。$T_{200}$ 取值的依据，见表 2-4。

表 2-4　200 m 单元区段 $T_{200}$ 取值定义

| TQI 值（mm） | 未超过管理值 TQI ≤ 10 | 超过管理值 10 < TQI ≤ 11 | 超过 10% 11 < TQI ≤ 12 | 超过 20% TQI > 12 |
|---|---|---|---|---|
| $T_{200}$ 值 | 0 | 40 | 50 | 61 |

注：本表以 160 km/h < $v_{max}$ < 200 km/h，TQI 管理值=10 mm 为例进行说明。

根据 $T$ 值大小评价每公里轨道状态质量，以均衡、计划、优先三种方式来制定大型养路机械维修或轨道综合维修计划，见表 2-5。

表 2-5　整公里 $T$ 值评价定义表

| 评价定义 | 每公里 $T$ 值 | 维修计划 |
|---|---|---|
| 均衡 | $T$=0 | 工务部门应避免成段扰动道床，只对超限峰值处所进行整修，从而保持线路相对稳定性 |
| 计划 | 0<$T$≤100 | 工务部门应统筹兼顾，根据 $T_{200}$ 数值的大小，合理安排维修或保养，适时对线路进行整修 |
| 优先 | $T$ > 100 | 工务部门应优先列入维修计划，尽快安排成段维修 |

(2)轨道静态不平顺

轨道静态不平顺[31]是指无轮载荷作用时，人工或者轻型测量小车测得的不平顺。静态不平顺不能如实反映暗坑、空吊板、刚度不均匀等形成的不平顺，只能部分反映路基道床不均匀残余变形积累形成的不平顺，只是行车条件下完整的轨道不平顺在无列车轮载时，部分的、不确定的表象。

轨道局部静态不平顺超限类型包括轨距、水平、高低、轨向、三角坑等。轨道局部静态不平顺超限等级划分为三级：作业验收、经常保养与临时补修。表 2-6 是我国铁路根据不同速度等级确定的轨道局部静态不平顺超限管理标准。

我国采用轨检仪、人工线路检查测量轨道局部静态不平顺状态。轨检仪分为 0 级、1 级两类[32]，0 级轨检仪用于测量线路允许速度不大于 350 km/h 的铁路，1 级轨检仪用于测量线路允许速度不大于 200 km/h 的铁路。

**表 2-6 中国铁路总公司线路轨道静态几何尺寸容许偏差管理值**

| 项目 | | $v_{max}$>160 km/h 正线 | | | 120 km/h<$v_{max}$≤160 km/h 正线 | | | $v_{max}$≤120 km/h 正线及到发线 | | | 其他站线 | | |
|---|---|---|---|---|---|---|---|---|---|---|---|---|---|
| | | 作业验收 | 经常保养 | 临时补修 | 作业验收 | 经常保养 | 临时补修 | 作业验收 | 经常保养 | 临时补修 | 作业验收 | 经常保养 | 临时补修 |
| 轨距(mm) | | +2<br>−2 | +4<br>−2 | +6<br>−4 | +4<br>−2 | +6<br>−4 | +8<br>−4 | +6<br>−2 | +7<br>−4 | +9<br>−4 | +6<br>−2 | +9<br>−4 | +10<br>−4 |
| 水平(mm) | | 3 | 5 | 8 | 4 | 6 | 8 | 4 | 6 | 10 | 5 | 8 | 11 |
| 高低(mm) | | 3 | 5 | 8 | 4 | 6 | 8 | 4 | 6 | 10 | 5 | 8 | 11 |
| 轨向(直线)(mm) | | 3 | 4 | 7 | 4 | 6 | 8 | 4 | 6 | 10 | 5 | 8 | 11 |
| 三角坑(扭曲)(mm) | 缓和曲线 | 3 | 4 | 6 | 4 | 5 | 6 | 4 | 5 | 7 | 5 | 7 | 8 |
| | 直线和圆曲线 | 3 | 4 | 6 | 4 | 6 | 8 | 4 | 6 | 9 | 5 | 8 | 10 |

注:①轨距偏差不含曲线上按规定设置的轨距加宽值,但最大轨距(含加宽值和偏差)不得超过 1 456 mm;

②轨向偏差和高低偏差为 10 m 弦测量的最大矢度值;

③三角坑偏差不含曲线超高顺坡造成的扭曲量,检查三角坑时基长为 6.25 m,但在延长 18 m 的距离内无超过表列的三角坑;

④专用线按其他站线办理。

### 2.2.2 钢轨状态评定管理方法

钢轨[24]是轨道结构的重要部件,直接承受机车、车辆荷载的作用,它的强度和状态直接关系到铁路运输的安全、平稳和畅通。钢轨支持并引导机车车辆按规定的方向运行,将来自车轮的荷载和冲击传布于轨枕和扣件之上;在自动闭塞区段,钢轨又成为轨道电路中的一部分,起到信号电流的传输作用;在电气化区段,钢轨还起到电力机车牵引电流的回流导线作用。

在我国铁路实际生产管理中,钢轨状态评定是利用各类检查方式产生的数据,从钢轨磨耗、钢轨伤损两个维度,对钢轨状态进行的分析和评价,如图 2-6 所示。钢轨状态评定的数据源包括:钢轨探伤仪检查数据、钢轨探伤车检查数据、人工线路检查数据等。

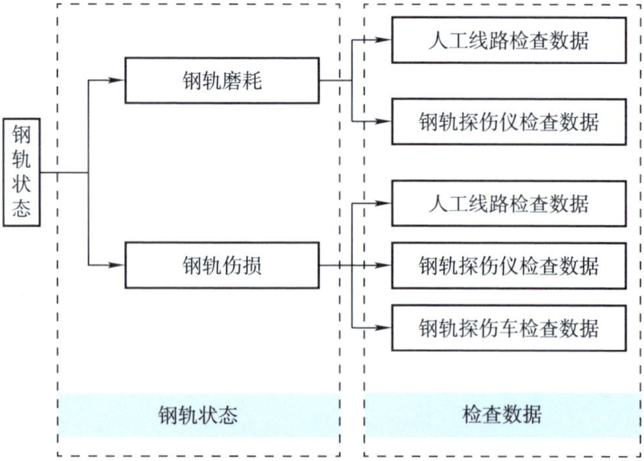


图 2-6　铁路钢轨状态分析业务流程

钢轨伤损[24]是指钢轨在使用过程中发生的折断、裂纹及其他影响和限制钢轨使用性能的各种状态。依据《钢轨伤损分类》(TB/T 1778—2010)[33]，钢轨伤损类型的分类如下：①弯曲变形；②磨耗、压溃、压陷(或凹陷)；③波浪磨耗；④接触疲劳裂纹(剥离裂纹)及其引起的掉块和疲劳断裂；⑤内部裂纹或内部缺陷(白点、夹杂物、成分偏析、淬火缺陷、焊接缺陷、焊补缺陷等)及其引起的疲劳断裂；⑥表面缺陷及其引起的疲劳断裂；⑦外伤(擦伤、碰伤等)及其引起的疲劳断裂；⑧锈蚀及其引起的疲劳断裂；⑨没有明显疲劳裂纹的脆性断裂；⑩其他。

钢轨磨耗是一类特殊的钢轨伤损病害，可细分为垂直磨耗、侧面磨耗、波形磨耗。垂直磨耗一般情况下是正常的，随着累计通过总重的增加而增加。轨道几何形位设置不当，会使垂直磨耗速率加快。侧面磨耗主要发生在小半径曲线的外股钢轨上，是目前曲线钢轨伤损的主要类型之一。列车在曲线上运行时，轮轨的摩擦与滑动是造成外轨侧磨的根本原因。列车通过小半径曲线时，通常会出现轮轨两点接触的情况，这时发生的侧磨最大。波形磨耗是指钢轨顶面出现的波状不均匀磨耗。波磨会引起很高的轮轨动力作用，加速机车车辆及轨道部件的损坏，增加养护维修费用；会引起列车的剧烈振动，使旅客有不适感，严重时还会威胁到行车安全；波磨也是轮轨噪声的来源。

按照伤损程度不同，钢轨伤损等级[33]分为轻伤、轻伤发展、重伤和折断。表 2-7 是我国不同速度等级铁路的钢轨重伤标准。表 2-8 是我国不同速度等级铁路的钢轨头部磨耗重伤标准。

**表 2-7　钢轨重伤标准**

| 伤损项目 | 重伤 | | | 备注 |
|---|---|---|---|---|
| | $v_{max}>160$ km/h | 120 km/h$<v_{max}\leqslant160$ km/h | $v_{max}\leqslant120$ km/h | |
| 钢轨头部磨耗 | 磨耗量超过表 2-8 所列限度之一者 | | | |
| 轨端或轨顶面剥落掉块 | 长度超过 25 mm 且深度超过 3 mm | 长度超过 25 mm 且深度超过 3 mm | 长度超过 30 mm 且深度超过 8 mm | |
| 钢轨顶面擦伤 | 深度超过 1 mm | 深度超过 1 mm | 深度超过 2 mm | |
| 钢轨低头 | 超过 1.5 mm | 超过 2.5 mm | 超过 3.5 mm | 用 1 m 直尺测量最低处矢度。包括轨端轨顶面压伤和磨耗在内 |
| 钢轨表面裂纹 | 有 | 有 | 有 | 包括螺孔裂纹、轨头下颚水平裂纹（透锈）、轨腰水平裂纹、轨头纵向裂纹、轨底裂纹等（不含轮轨接触疲劳引起轨顶面表面或近表面的鱼鳞裂纹） |

续上表

| 伤损项目 | 重伤 | | | 备注 |
|---|---|---|---|---|
| | $v_{max}>160$ km/h | 120 km/h$<v_{max}\leq160$ km/h | $v_{max}\leq120$ km/h | |
| 钢轨内部裂纹 | 有 | 有 | 有 | 包括核伤(黑核、白核)、钢轨纵向裂纹等 |
| 钢轨变形 | 有 | 有 | 有 | 轨头扩大、轨腰扭曲或鼓包等,经判断确认内部有暗裂 |
| 钢轨锈蚀 | 经除锈后,轨底厚度不足 8 mm 或轨腰厚度不足 14 mm | | 经除锈后,轨底厚度不足 5 mm 或轨腰厚度不足 8 mm | |

**表 2-8 钢轨头部磨耗重伤标准**

| 钢轨(kg/m) | 垂直磨耗(mm) | | | 侧面磨耗(mm) | | |
|---|---|---|---|---|---|---|
| | $v_{max}>160$ km/h 正线 | 120 km/h$<v_{max}\leq160$ km/h 正线 | $v_{max}\leq120$ km/h 正线及到发线及其他站线 | $v_{max}>160$ km/h 正线 | 120 km/h$<v_{max}\leq160$ km/h 正线 | $v_{max}\leq120$ km/h 正线及到发线及其他站线 |
| 75 | 10 | 11 | 12 | 12 | 16 | 21 |
| 75 以下~60 | 10 | 11 | 11 | 12 | 16 | 19 |
| 60 以下~50 | — | — | 10 | — | — | 17 |
| 50 以下~43 | — | — | 9 | — | — | 15 |
| 43 以下 | — | — | 8 | — | — | 13 |

## 2.2.3 曲线状态评定管理方法

曲线[34]是指铁路在平面上由一个方向转向另一个方向,中间连接的线路，其基本作用[35]是在一条铁路线路上使列车行驶方向发生变化。为了使列车安全和平稳地通过曲线，一般根据曲线半径、行车条件(包括列车种类、列数、重量和速度)和机车车辆转向架参数，在曲线上设置超高和轨距加宽[36]。

在我国铁路实际生产管理中，曲线状态评定是以单个线路曲线为分析对象，利用各类检查方式获得的数据，从静态不平顺(或静态几何尺寸超限)、动态不平顺(或动态几何尺寸超限)、曲线圆顺性(或曲线正矢)和曲线磨耗四个维度，对曲线设备状态进行的分析和评价，如图 2-7 所示。曲线状态评定的数据源包括：轨检车检查数据、轨检仪检查数据、钢轨探伤车检查数据、车载式添乘仪检查数据、便携式添乘仪检查数据、人工线路检查数据等、曲线正矢检查数据。

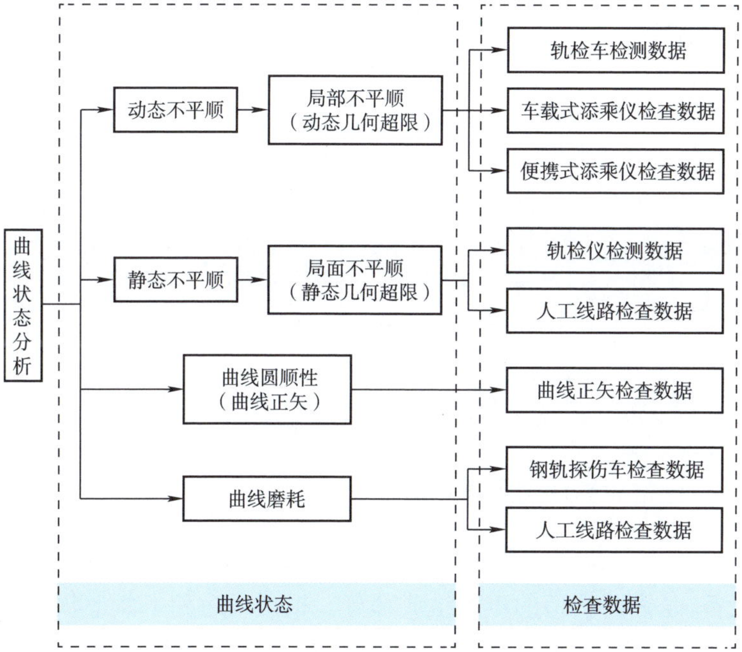


图 2-7　曲线设备状态分析业务流程

曲线局部动态不平顺超限、局部静态不平顺超限的评定方法，与轨道局部动态不平顺超限、局部静态不平顺超限的评定方法相同。曲线磨耗的评定方法与钢轨磨耗的评定方法相同。曲线磨耗主要有：上股钢轨侧面磨耗、下股钢轨头部压溃、波形磨耗等三种不同形式[37]。曲线上股钢轨的侧面磨耗，比下股钢轨或直线上的钢轨严重得多，曲线半径愈小，外轨侧面磨耗愈剧烈。

曲线圆顺性(或曲线正矢)的病害类型包括：缓和曲线实测正矢与计算正矢差、圆曲线实测正矢与计算正矢差、圆曲线正矢连续差、圆曲线最大最小正矢差。曲线圆顺性的超限的病害等级划分为3级：作业验收、经常保养和临时补修。表2-9是我国铁路200～250 km/h线路曲线正矢容许偏差管理值。

**表2-9　200～250 km/h线路曲线正矢容许偏差管理值**

| 项　目 | 实测正矢与计算正矢差(mm) | | 圆曲线正矢连续差(mm) | 圆曲线最大最小正矢差(mm) |
|---|---|---|---|---|
| | 缓和曲线 | 圆曲线 | | |
| 作业验收 | 2 | 3 | 4 | 5 |
| 经常保养 | 3 | 4 | 5 | 6 |
| 临时补修 | 5 | 6 | 7 | 8 |

注：曲线正矢用20 m弦在钢轨踏面下16 mm处测量。

### 2.2.4　道岔状态评定管理方法

道岔[38]是机车车辆从一股轨道转入或越过另一股轨道时的线路设备，是铁路轨道的重要组成部分。根据用途和平面形状，道岔分为普通单开道岔、单式对称道岔、三开道岔、交叉渡线、交分道岔等。

在我国铁路实际生产管理中，道岔状态评定是以道岔为分析对象，利用各类检查方式获得的数据，从静态不平顺状态（或静态几何尺寸超限）、道岔伤损两个维度，分析和评价道岔状态的好、坏，如图 2-8 所示。道岔状态评定的数据源包括，人工线路检查数据、轨检仪检查数据、钢轨探伤车检查数据、钢轨探伤仪检查数据等。

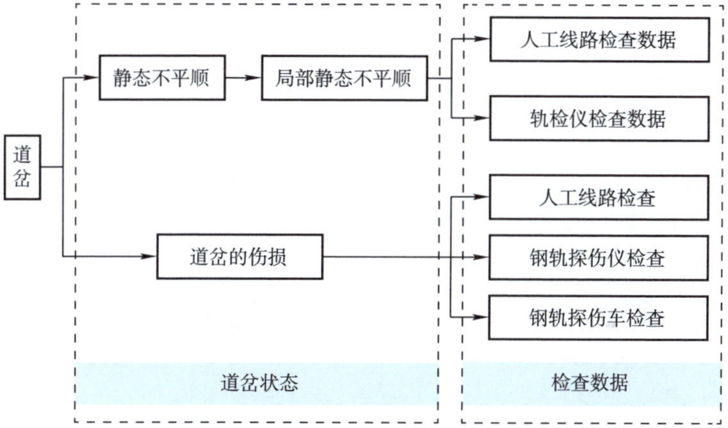


图 2-8　道岔设备状态分析业务流程

道岔局部静态不平顺的超限类型包括轨距、水平、高低、轨向直股、轨向支距、三角坑、查照间距、护背距离等。道岔局部静态不平顺的超限等级划分为 3 级：作业验收、经验保养和临时补修。表 2-10 是我国铁路根据不同速度等级确定的道岔静态几何尺寸容许偏差管理值。

道岔伤损的评定方法与钢轨伤损的评定方法相同。道岔易出现的伤损病害为尖轨的侧面磨耗和轧伤，与辙叉的垂直磨耗和压溃[37]。道岔的侧向尖轨起着迫使机车车辆转向的作用，会受到很大的横向冲击力，易产生侧面磨耗病害。尖轨轧伤的原因是尖轧跳动、尖轨与基本轨不密贴或假密贴等。辙叉的垂直磨耗和压溃，是影响辙叉使用寿命的主要病害。

表 2-10 中国铁路总公司道岔静态几何尺寸容许偏差管理值

| 项目 | | $v_{max}>160$ km/h 正线 | | | 120 km/h<$v_{max}\leqslant 160$ km/h 正线 | | | $v_{max}\leqslant 120$ km/h 正线及到发线 | | | 其他站线 | | |
|---|---|---|---|---|---|---|---|---|---|---|---|---|---|
| | | 作业验收 | 经常保养 | 临时补修 | 作业验收 | 经常保养 | 临时补修 | 作业验收 | 经常保养 | 临时补修 | 作业验收 | 经常保养 | 临时补修 |
| 轨距(mm) | | +2<br>−2 | +4<br>−2 | +5<br>−2 | +3<br>−2 | +4<br>−2 | +6<br>−2 | +3<br>−2 | +5<br>−3 | +6<br>−3 | +3<br>−2 | +5<br>−3 | +6<br>−3 |
| 水平(mm) | | 3 | 5 | 7 | 4 | 5 | 8 | 4 | 6 | 9 | 6 | 8 | 10 |
| 高低(mm) | | 3 | 5 | 7 | 4 | 5 | 8 | 4 | 6 | 9 | 6 | 8 | 10 |
| 轨向(mm) | 直线 | 3 | 4 | 6 | 4 | 5 | 8 | 4 | 6 | 9 | 6 | 8 | 10 |
| | 支距 | 2 | 3 | 4 | 2 | 3 | 4 | 2 | 3 | 4 | 2 | 3 | 4 |
| 三角坑(扭曲)(mm) | | 3 | 4 | 6 | 4 | 6 | 8 | 4 | 6 | 9 | 5 | 8 | 10 |

注:①支距偏差为现场支距与计算支距之差;

②导曲线下股高于上股的限值:作业验收为 0,经常保养为 2 mm,临时补修为 3 mm;

③三角坑偏差不含曲线超高顺坡造成的扭曲量,检查三角坑时基长为 6.25 m。但在延长 18 m 的距离内无超过表列的三角坑;

④尖轨尖处轨距的作业验收的容许偏差管理值为±轨尖处;

⑤专用线道岔按其他站线道岔办理;

⑥查照间隔(辙叉心作用面至护轨头部外侧的距离)不得小于 1 391 mm。护背距离(辙叉翼作用面至护轨头部外侧的距离)不得大于 1 348 mm,测量位置按设计图纸规定。

## 2.3 铁路轨道修理业务概述

### 2.3.1 铁路轨道修理的概念与分类

铁路轨道修理是指为保持、恢复和改善铁路轨道质量状态,延长其使用寿命,确保其实现所期望的功能,铁路管理者采取的所有养护维修活动的集合。铁路轨道修理管理[16]应遵循优化劳动组织,提高劳动生产率和施工作业质量,降低成本的原则。我国《铁路线路修理规则》(铁运〔2006〕146 号)[16]将铁路轨道修理分为大修、维修两类。

轨道设备大修的基本任务是根据运输需要及轨道设备损耗规律,有计划、按周期地对轨道设备进行更新和修理,以恢复轨道结构强度,全面改善轨道弹性,增强轨道承载能力。

普速铁路轨道设备维修[16]是在线路大修的间隔时期内,对轨道设备进行综合维修、经常保养和临时补修活动的总称,其基本任务是保持轨道设备完整和质量均衡,使列车能以规定速度安全、平稳和不间断地运行,并尽量延长线路设备使用寿命。

(1)综合维修是指根据线路变化规律和特点,以全面改善轨道弹性、调整轨道几何尺寸和更换、整修失效零部件为重点,以大型养路机械为主要作业手段,按周期、有计划地对线路进行的综合性维修,以恢复线路完好技术状态。如根据线路状态进行的全面捣固或重点捣固。

(2)经常保养是指根据线路变化情况,以养路机械为主要作业手段,对全线进行有计划、有重点的经常性养护,以保持线路质量处于均衡状态。如整治道床翻浆冒泥,均匀道砟,整理道床。

(3)临时补修是指以小型养路机械为主要作业手段,及时对线路几何尺寸超过临时补修容许偏差管理值及其他不良处所进行的临时性整修,以保证行车安全和平稳。如更换(或处理)折断、重伤钢轨及桥上、隧道内轻伤钢轨。

高速铁路轨道设备维修[11, 12]是在线路大修的间隔时期内,对轨道设备进行周期检修、经常保养和临时补修活动的总称,其基本任务是保持轨道设备状态完好,保证列车以规定速度安全、平稳、舒适和不间断地运行,并尽量延长设备使用寿命。

(1)周期检修是指根据线路及其各部件的变化规律和特点,对钢轨、道岔、扣件、道床(或无砟道岔)、无缝线路及轨道几何形位等按相应周期进行的全面检查和修理,以恢复线路完好技术状态。铁路局集团公司可根据线路设备状态、线路条件、运输条件和自然条件等具体情况调整维修周期，并报中国铁路总公司核备。如采用打磨列车对钢轨进行预打磨、预防性打磨和修理性打磨。

(2)经常保养是指根据动、静态检测结果及线路状态变化情况，对轨道设备进行的经常性修理，以保持线路质量经常处于均衡状态。如根据钢轨表面伤损、光带及线路动态检测情况，对钢轨进行修理。

(3)临时补修是指对轨道几何尺寸超过临时补修容许偏差管理值或轨道设备伤损状态影响其正常使用的处所进行临时性修理，以保证行车安全和舒适。如处理伤损钢轨(含焊缝)和失效胶接绝缘接头。

### 2.3.2 铁路轨道修理管理组织

铁路轨道设备大修应由专业施工队伍承担，由固定的生产人员组成基本队伍，并安排与施工项目相适应的施工天窗。大修施工单位必须具备如下设施：①铁路局集团公司应根据近、远期规划，统筹安排、修建必要的大修基地，大修基地应有足够的配线和场地，具备必要的生产和生活设施，交通便利；②配备与大修施工任务相适应的施工机械、交通运输工具、通信设备和相应的检修设施；③配备宿营车辆等必要的流动生活设施。

铁路轨道设备维修应由铁路局集团公司下设的工务段组织承担，实行天窗维修制度，并实行检修分开的管理体制。检修分开的基本原则是实行专业检查和机械化集中修理，实现检查与维修的一体监督。工务段设立检查监控车间(工区)、线路车间、线路工区、机械化维修车间(工区)、综合机修车间等。检查监控车间(工区)应按规定的项目和周期进行设备检查分析，并及时传递检查信息；线路车间负责安全生产的组织实施；线路工区主要负责线路设备巡查、临时补修、故障处理；机械化维修车间(工区)主要负责综合维修、配合大机维修作业和经常保养；综合机修车间负责钢轨、道岔焊补，养路机械的维修保养，工具制作、修理及线路配件修理等工作。

工务段的管辖范围:正线延长单线以 500～700 km 为宜,双线以 800～1 000 km 为宜,特殊情况下由铁路局集团公司规定;山区铁路或管辖范围内有编组站或一等级以上车站时,管辖正线长度可适当减少。线路车间的管辖范围:正线延长单线以 60～80 km 为宜,双线以 100～120 km 为宜。线路工区的管辖范围:正线延长以 10～20 km 为宜。

### 2.3.3 铁路轨道维修计划管理的业务流程

依据铁路线路修理相关规定[11, 12, 16, 39],铁路轨道维修计划按照编制的时间粒度可划分为年度维修计划、月度维修计划、周维修计划、日维修计划等。铁路轨道维修计划管理是指把一个生产计划从年、月、周到日进行逐步细化的过程,最终形成维修任务派工单。目前,我国的铁路生产实践中,铁路轨道缺乏统筹编制较长时间跨度的维修规划。

(1)工务段应根据铁路局集团公司下达的年度计划,编制年度分月维修计划,下达各线路车间(机械化维修车间)。其主要内容包括:线路、道岔综合维修数量,经常保养工作的重点安排,各项技术指标,劳力和主要材料计划。

(2)线路车间(机械化维修车间)应根据工务段下达的年度分月维修计划和各项技术指标,全面调查月度生产任务地段,根据调查的工作量和工区的能力,编制月度维修计划。其主要内容包括:综合维修及经常保养的主要项目、数量、地点、材料和人工数,工作量调查、验收的人工数,日常巡查的主要内容、材料和人工数,临时补修人工数,天窗计划。检查监控车间(工区)应根据有关规定和要求编制月度检查计划,其主要内容包括:检查的项目、范围、数量及时间,使用的仪器、量具、材料和人工数。

(3)线路车间(机械化维修车间)以月度计划为基础,结合新增重伤设备及需要及时安排整治的其他设备病害,依据各工区能力编制周计划,编制后可通过碰头会或电话沟通形式,征求相关负责人意见,最终形成次周计划。周计划中编排临时补修工作时,按照轻重缓急原则,优先安排病害峰值较大和病害较多的地段,兼顾整治地段结构性病害。

(4)检查监控工区、机械化维修工区、线路工区的日作业计划,由工区工长根据下达的周计划负责编制与提报。每日计划实施前一天完成对作业地段的工作量调查、划撬,确定所需机具、材料类型及数量,并记录在专用日工作量调查记录簿上,明确人员分工。

### 2.3.4 铁路轨道维修常见的维修策略

维修策略[40](Maintenance Strategy)是指针对产品劣化情况而制定的维修方针,包括决策依据(Criteta)、维修措施(Task)及执行时机(Plan)。决策依据是指用于评估产品劣化情况的依据,主要包括寿命、状态和故障。维修措施或维修工作是执行维修决策和达到预期效果的手段。维修执行时机或计划包括维修间隔或周期的安排、检查间隔或周期的安排等。维修策略的优化,有助于提高系统的可靠性、预防系统故障的发生和降低劣化带来的维修费用。

依据欧洲标准《Maintenance-Maintenance Terminology》(EN 13306:2010)[41],维修策略可主要分为基于故障的(事后)维修策略和预防性维修策略两种,如图 2-9 所示。

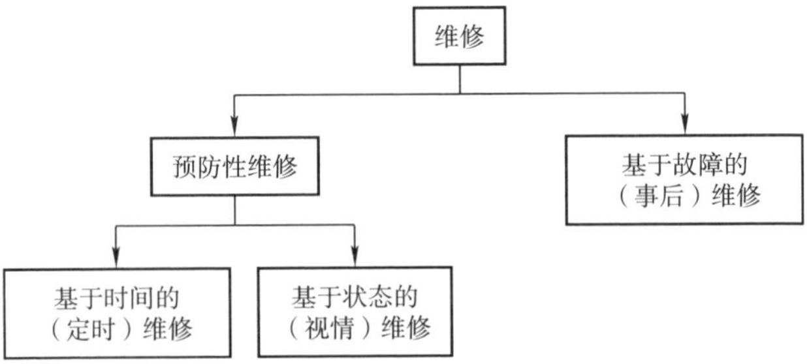


图 2-9 维修策略分类

(1)基于故障的(事后)维修策略

基于故障的(事后)维修策略(Corrective Maintenance,CM)是指不在故障前采取预防性的措施,而是等到产品发生故障或遇到损坏后,再采取措施使其恢复到规定技术状态所进行的维修活动。该维修策略对应的是铁路现场的“故障修”。

(2)预防性维修策略

预防性维修策略(Preventive Maintenance,PM)是指在发生故障之前,使产品保持在规定状态所进行的各种维修活动,一般包括:擦拭、润滑、调整、检查、定期拆修和定期更换等活动。这些活动的目的是在产品故障前,发现故障隐患并采取措施,防患于未然。预防性维修策略可进一步细分为基于时间的(定时)维修策略和基于状态的(视情)维修策略。

基于时间的(定时)维修策略(Time-based Maintenance,TBM)是指在对产品故障规律充分认识的基础上,根据规定的间隔期、固定的累计工作时间或里程,按事先安排的时间计划进行的维修,而不管产品当时的状态如何。该维修策略对应的是铁路现场的“周期修”,如铁路线路成段更换钢轨大修周期是依据固定的累计通过总重阈值确定的。

基于状态的(视情)维修策略(Condition-based Maintenance,CBM)是指采用一定的状态监测技术对产品可能发生功能故障的各种物理信息进行周期性检测、分析、诊断,据此推断其状态,并根据状态发展情况安排预防性维修。该维修策略对应的是铁路现场的“预防修”。判断是否安排预防性维修活动的策略一般为,预测的未来状态大于规定的维修阈值、预测的未来状态不大于但接近规定的维修阈值以及整个规划过程中的期望总成本最低等。目前我国铁路现场轨道维修以故障修、周期修为主,正逐步向预防修转变。

以可靠性为中心的维修(Reliability-Centered Maintenance,RCM)[42]是指根据设备及其机件的可靠性状况,以最少的维修资源消耗，运用逻辑决断分析法来确定所需的维修内容、维修类型、维修间隔期和维修级别，制订出预防性维修大纲，从而达到优化维修的目的。RCM 是基于状态的维修策略 CBM 的一种，该类维修策略的决策依据是产品的可靠性评定指标，如失效率、可用性。RCM 理论在轨道交通系统中的应用起源于国际铁路联盟 2000 年成功开展的项目“RAIL”（Reliability Centered Maintenance Approach for the Infrastructure and Logistics of Railway Operation）[43, 44]。

## 2.4 国内外研究综述

本节将围绕铁路轨道检查计划编制、轨道质量状态评定、轨道劣化趋势预测、轨道维修计划编制相关问题的国内外研究现状展开综述，总结分析既有研究取得的成果及未来的研究方向。

### 2.4.1 铁路轨道检查计划编制研究综述

#### 2.4.1.1 既有研究成果

近年来国内外专家学者对交通基础设施检查计划编制的相关研究如下。

(1)一般交通基础设施

Lam 和 Banjevic[45]提出了一个基于短视策略(Myopic Policy)的设备检查计划优化编制模型，确定采取下一次检查的间隔时间。作者采用 Weibull 比例故障率模型（Weibull Proportional Hazard Model）评估设备发生故障的风险大小，利用 Markov 随机过程(Markov Process)描述设备状态劣化规律。

Yan 等[46]以整体维修成本最小为目标函数，提出了一个非周期性的设备检查计划优化编制模型。作者将设备的整个劣化过程，按照特定的阈值划分为安全阶段、预警阶段。设备处在安全阶段内，相应的检查间隔较长；设备处在预警阶段内，相应的检查间隔较短。

Kim 和 Frangopol[47]采用概率方法(Probabilistic Approaches),提出了一个基于成本的疲劳易损设备(Fatigue-Sensitive Structures)检查计划优化编制模型,以预期总成本(包括检查成本、预期故障成本)最小为优化目标,确定在一个规划周期内的检查次数及相邻两次检查的间隔。作者采用疲劳裂纹扩展模型(Fatigue-Crack Propagation Model)描述设备状态的劣化规律。

Madanat[48]采用 Markov 决策过程方法(Markov Decision Process),提出了一个较长规划周期的道路路面维修规划优化编制模型,以规划周期内的期望总成本最小为目标函数,求解该规划周期内的检查策略、维修策略。其中,检查策略是指规划周期内的各决策时刻是否采取检查活动。

Madanat 和 Ben-Akiva[49],在 Madanat[48]研究成果基础上,考虑到不同检查方式的检查误差、检查成本不同,采用隐形 Markov 决策过程方法(Latent Markov Decision Process),提出了一个较长规划周期的道路路面的维修规划优化编制模型,以规划周期内的期望总成本最小为目标函数,求解该规划周期内的道路路面的检查策略、维修策略。其中,检查策略是指规划周期内的各决策时刻采取检查活动的检查方式。

Mishalani 和 Gong[50],在 Madanat 和 Ben-Akiva[49]研究的基础上,建立了道路路面不同检查方式的检查误差与其空间采样不确定性的函数关系,在此基础上,利用隐形 Markov 决策过程,提出一个较长规划周期的道路路面的维修规划优化编制模型,以规划周期内的期望总成本最小为目标,求解该规划周期内的道路路面的检查策略、维修策略。其中,检查策略是指规划周期内的各决策时刻采取检查活动的检查方式。

Guillaumot 等[51, 52],在 Madanat 和 Ben-Akiva[49]研究的基础上,基于道路路面状态劣化的不确定性,构建了自适应优化模型(Adaptive Optimization Model),动态调整道路路面的状态劣化模型,逼近道路路面状态的实际劣化规律，并采用隐形 Markov 决策过程方法，以规划周期内的期望总成本最小为优化目标，提出了一个较长规划周期的道路路面维修规划优化编制模型，求解该规划周期内道路路面的检查策略、维修策略。其中，检查策略是指规划周期内各决策时刻采取检查活动的检查方式。

Durango-Cohen 和 Samer M[53]，在 Madanat 和 Ben-Akiva[49] 研究成果的基础上，考虑到道路路面状态劣化的不确定性，利用拟贝叶斯方法(Quasi-Bayes Approach)，动态调整有限个已知 Markov 状态劣化模型的权重系统，描述道路路面状态劣化规律。在此基础上，采用隐形 Markov 决策过程方法，提出了一个较长规划周期的道路路面维修规划模型，以规划周期内的期望总成本最小为优化目标，求解该规划周期内道路路面的检查策略、维修策略。其中，检查策略是指规划周期内的各决策时刻是否采取检查活动。

陆晓华等[54]采用时间延迟模型(Delay-time Model)[55, 56]，提出了一个设备检查策略优化模型，以安全、检查成本为目标函数，确定设备的最优检查间隔。采用改进的遗传算法实现对模型的求解。

吕德峰等[57]提出了一个基于可用度的地铁车辆检查间隔优化模型，以地铁车辆平均维修费用率最小为目标函数，确定地铁车辆的最优检查间隔。采用免疫粒子群算法实现对模型的求解。

严骏等[58]基于以可靠性为中心的维修理论(Reliability Centered Maintenance, RCM)，结合时间延迟模型，通过计算设备潜在故障、功能故障的发生概率，提出了一个设备检查周期优化模型，以成本最小为优化目标，确定设备最佳的检查间隔。

贾超和刘兴芳[59]基于可靠度理论，提出了一个以费用最小为目标的设备检查间隔优化模型，确定设备最佳的检查间隔。

吕文元和郑睿[60]基于时间延迟维修理论，考虑了较长设备故障时间的影响，提出了一个修正的设备检查模型，确定设备合理的检查间隔。

(2)铁路轨道设备

Liu[61]研究建立了危险品货物运输脱轨风险与钢轨探伤检查频率的定量关系,在此基础上,以危险品货物运输脱轨风险最小为优化目标,提出了一个铁路钢轨探伤检查频率优化模型,确定不同铁路区段在不同风险等级下的年度最优钢轨探伤检查频率。

Liu 等[62]提出了一个铁路钢轨探伤检查计划优化编制模型,以行车安全、成本和运输效率为优化目标,确定一个规划周期内的钢轨探伤检查次数,以及在检查次数已知条件下的相邻两次钢轨探伤的检查间隔。作者采用美国国家交通研究中心[63, 64]提出的工程模型(Engineering Model)描述钢轨伤损状态劣化规律,预测相邻两次钢轨探伤检查之间的断轨数。

Podofillini 等[65]采用风险指引方法(Risk-informed Approaches)与可靠性方法(Reliability-based Approaches),提出了一个铁路钢轨探伤检查计划优化编制模型,以成本、行车安全为优化目标,确定相邻两次钢轨探伤的检查间隔。作者采用遗传算法对模型进行求解。

Kashima[66] 采用结构可靠性理论(Structural Reliability Theory),提出了一个基于全生命周期成本的铁路钢轨探伤检查间隔优化模型,确定相邻两次钢轨探伤检查间隔。

Vatn 和 Svee[67]提了一个基于风险的铁路钢轨探伤检查频率优化模型,以成本最小为优化目标,确定相邻两次钢轨探伤的检查间隔。作者采用 Excel 软件实现对模型的求解。

Soleimanmeigouni 等[68]提出了一个基于成本的轨道几何尺寸检查间隔优化模型,确定在一个规划周期内轨道几何尺寸相邻两次检查的时间间隔。作者采用维纳过程(Wiener Process)描述轨道几何尺寸状态劣化规律,采用指数分布(Exponential Distribution)描述在相邻两次检查之间轨道几何状态突然加剧劣化的可能性,采用概率模型(Probabilistic Model)描述经捣固后轨道几何尺寸的恢复情况。

Iman Arasteh 等[69]提出了一个轨道几何尺寸检查间隔优化模

型,以单位通过总重对应的成本(包括检查成本、故障修成本、预防修成本、潜在风险成本)最小为优化目标,确定轨道几何尺寸相邻两次检查的间隔。作者采用 Weibull 分布函数描述轨道几何尺寸 C 类病害的概率分布。

Peng 等[70, 71]提出了一个面向大规模路网下的铁路钢轨检查进度计划优化编制模型,以惩罚费用最小为优化目标,确定各铁路检查工作组(Rail Inspection Teams)的检查路径(包括起终点时间、起终点里程等信息)。作者采用启发式算法实现对模型的求解。

Farhangi 等[72]采用组合优化算法,提出了一个铁路轨道检查进度计划优化编制模型,以完成给定检查任务量消耗的总时间最小、检查活动的安全指数最大为优化目标。作者采用遗传算法实现对模型的求解。

本书将在第 5 章中,提出一种新的铁路轨道检查计划优化编制模型。该模型首次引入"铁路轨道检查计划基本图"的概念,系统地描述、定义铁路轨道不同检查活动的各类约束,更细致地定义铁路轨道不同检查活动的约束体系与目标函数,目标函数包括均衡性、可调整性及计划变动最小,涵盖检查计划的编制与调整,增强编制出的检查计划的实用性与指导性;创新地基于熵定义一个衡量检查计划中相邻检查活动时间间隔均衡性的指标。

2.4.1.2　既有研究评述

(1)目前针对交通基础设施检查计划优化编制问题,国内外专家学者的相关研究主要集中在以下两个方面。

①基于安全、成本等目标的交通基础设施检查方式的优化选择[48~53]。该类研究假设交通基础设施采取定期检查策略,每次检查时只能从多种不同检查方式中选择一种,不能同时选择多种检查方式。

②以安全、成本等为优化目标,交通基础设施在一定规划周期内

同一种检查方式的检查次数、相邻两次检查的时间间隔的优化确定[45～47，54，57～62，65～69]。此类研究忽略了该交通基础设施其他检查方式，对所研究检查方式相邻两次检查时间间隔的影响。

(2)国内外专家学者对检查任务、检查频率固定的交通基础设施多种检查方式检查计划优化编制的直接研究较少。

由于铁路线路的高可靠性、高稳定性和高平顺性的要求，为确保管理者及时感知铁路轨道设备质量状态，依据铁路线路修理相关规定[11，12，16]，应有计划、按周期地安排铁路轨道设备多种检查方式的检查活动。常见的检查方式包括轨检车检查、轨检仪检查、机载式添乘仪检查、便携式添乘仪检查、钢轨探伤仪检查等。因此，第①类的相关研究成果不能直接用于解决检查任务、检查频率固定的铁路轨道多种检查方式检查计划的优化编制问题。

铁路轨道各种检查方式的检查频率较高，不同检查方式的检查项目存在重合，如轨检车检查、轨检仪检查、便携式添乘仪检查都用于调查轨道几何的平顺性，钢轨探伤车检查、钢轨探伤仪检查、手工检查都用于调查钢轨伤损状况。这造成不同检查方式的相邻两次检查间隔是相互影响的。因此，第②类的相关研究成果也不能直接用于优化编制轨道多种检查方式的检查计划。

如何科学编制铁路轨道设备多种检查方式的检查计划，合理分配检查资源，避免轨道线路在较长时间跨度内未被检查，同时避免在较短时间跨度内被多次检查，需要在既有研究的基础上作进一步创新。

### 2.4.2 铁路轨道质量状态评定研究综述

#### 2.4.2.1 既有研究成果

评价[73]是指根据确定的目标来测定被测对象的属性，并将这种属性变成客观定量的计值或主观效用的行为。综合评价[74]是指对被评价对象所进行的客观、公正、合理的全面评价，如果把被评价对象视为系统，上述问题就可以表述为在若干个（同类）系统中，如何确定哪个系统的运行（或发展）状况好，哪个系统的运行（或发展）状况差。近年来国内外专家学者对交通基础设施设备健康状态综合评定开展了大量研究。

（1）一般基础设施设备

Haas 和 Hudson[75]等提出利用德尔菲法综合判定道路路面状态。Koduru 和 Xiao[76]等提出从横向裂缝（Transverse Cracking）、纵向裂缝（Longitudinal Cracking）、反射裂缝（Reflection Cracking）和路面车辙（Rutting）多个侧面评定评价道路路面状态，采用模糊逻辑理论（Fuzzy Logic Theory）和专家系统方法（Expert System Approaches），计算道路路面综合状态评定指数，对道路路面状态“好”“坏”进行排序，其中综合状态评价指数为连续值。

Sun 和 Gu[77]提出利用国际平整度指数（International Roughness Index，IRI）、路面挠度（或弯沉）指数（Deflection Index）、路面劣化率（Deterioration Ratio）、路面车辙深度（Rut Depth）和路面摩擦（或附着）系数（Friction Coefficient）五个指标评定道路路面状态，采用层次分析法（Analytic Hierarchy Process，AHP）和模糊逻辑理论（Fuzzy Logic Theory），计算最大隶属度原则指数（Maximum Grade Principle，MGP）和模糊化加权累计指数（Defuzzified Weighted Cumulative Index，DWCI），对道路路面状态进行综合评价，其中 MGP 为离散值，DWCI 为连续值。

Bianchini[78]提出利用横向裂缝（Transverse Cracking）、非轮迹处之裂缝（Nonwheel Path Cracking）、轮迹处之裂缝（Wheel Path Cracking）和路面车辙（Rutting）四个指标评定道路路面状态，采用模糊推理模型（Fuzzy Inference Model），计算路面状态比率（Pavement Condition Ratio，PCR），对道路路面状态进行综合评价，其中 PCR 为连续值。

Liang 和 Chu[79]等提出利用相对抗压强度比率（Relative

Compressive Strength Ratio)、相对碳化深度(Relative Carbonation Depth)、混凝土中氯离子含量(Chloride Ion Content of Concrete)和混凝土中钢的腐蚀电位(Corrosion Potential of Steel in Concrete)评价钢筋混凝土桥梁状态,采用模糊综合评价方法(Fuzzy Synthetic Evaluation Method),计算桥梁综合状态评定指数,对钢筋混凝土桥梁状态“好”“坏”进行排序,其中桥梁综合状态评定指数为连续值。

Zhang 和 Sun[80]等提出从外界环境影响类(Environmental Effects)、结构响应类(Structural Responses)与腐蚀程度类(Corrosion Degree)三个方面构建盾构隧道健康状态评价指标体系,采用模糊—层次分析综合模型(Fuzzy Analytic Hierarchy Process Synthetic Evaluation Model),利用隧道多种实测数据,计算隧道模糊综合评价指数(Fuzzy Synthetic Evaluation Indexes,FSEIs),综合评定盾构隧道健康状态,其中 FSEIs 为连续值。

Qiu 和 Danny[81]等提出利用国际平整度指数 IRI、路面车辙(Rutting)、鳄鱼状裂缝(Alligator Cracking)、纵向裂缝(Longitudinal Cracking)、横向裂缝(Transverse Cracking)、路面修补(Patching)、滚轮式弯沉仪检测值(Rolling Wheel Deflectometer,RWD)和路面宏观结构深度(Mean Depth of Macrotexture,MPD)指标从多个侧面评定道路路面状态,采用层次分析法(Analytic Hierarchy Process,AHP)和逼近理想解排序法(Technique for Order Preference by Similarity to Ideal Solution,TOPSIS)方法,从数据驱动的角度出发,对道路路面综合状态由好到坏进行排序,计算出的路面状态综合评价指数为连续值。

(2)铁路轨道设备状态综合评定

沈坚锋、许玉德等[82]提出利用轨道质量指数(Track Quality Index,TQI)、轨道质量指数变化率、轨道几何尺寸(左高低、右高低、左轨向、右轨向、轨距、水平、三角坑)超限数据、车载式添乘仪数据、便携式添乘仪数据、人工添乘数据,构建轨道几何状态综合评价指标

(Track Geometry Comprehensive Index，TGCI)，用于综合评价轨道几何状态，合理划分线路质量等级，有效配置养护维修资源。TGCI的计算公式如下。

$$\mathrm{TGCI} = 100 - F(\mathrm{TQI}, \mathrm{RTQI}, C, T, R, H) \tag{2-3}$$

$$F = \sum_{i=1}^{P} \omega_i E_i \tag{2-4}$$

其中，RTQI表示TQI变化率，$C$表示轨道几何尺寸超限数据，$T$表示便携式添乘仪数据，$R$表示人工添乘数据，$H$表示机载式添乘仪数据，$F$表示TQI、RTQI、$C$、$T$、$R$和$H$的加权扣分值，$E_i$表示第$i$项参数扣分值，$\omega_i$表示第$i$项参数权重，$P$表示参数数量。基于专家意见，采用AHP确定各参数项的初步权重$\omega_i$，再利用摄动法对$\omega_i$进行修正。

许贵阳、刘金朝等[83]提出利用轨道质量指数TQI、轨检车单项几何不平顺、轨检车车辆加速度、车载式添乘仪加速度、机载式添乘仪加速度和人体感觉数据定量化综合评定轨道单元状态，其计算公式见(2-5)。在此基础上，采用学习矢量量化(Learning Vector Quantization，LVQ)神经网络模型，对轨道单元状态等级进行评判。

$$\mathrm{TSC} = 100 - \sum_{i=1}^{6} \lambda_i I_i \tag{2-5}$$

其中，TSC表示轨道单元状态，$I_i$ $(i = 1,2,\cdots,6)$表示轨检车单项几何不平顺、轨检车车辆加速度、车载式添乘仪加速度、机载式添乘仪加速度和人体感觉的超限扣分，$\lambda_i$ $(i = 1,2,\cdots,6)$表示上述各扣分项的权重系数，由AHP方法确定。

康雄、王卫东等[84]等基于RAMS理论(Reliability Availability Maintainability Safety)[85]，建立了一种高速铁路轨道平顺状态综合评价体系，该评价体系指标包括轨道质量指数TQI、广义能量指数(General Energy Index，GEI)、车体加速度幅值、轴箱加速度幅值、构架横向加速度、脱轨系数、轮重减载率、轮轴横向力等。

Sadeghi 和 Askarinejad[86]利用钢轨病害数据、联结零件病害数据、轨枕病害数据、道床病害数据，从轨道结构的角度出发，构建出轨道结构指数（Track Structural Index，TSI），衡量轨道结构的整体质量状态，其计算公式如下。

$$QI_k = 100 - F\sum_{i=1}^{P} f(k,S,D) \tag{2-6}$$

$$TSI = \frac{\sum_{k=1}^{4} QI_k}{4} \tag{2-7}$$

其中，$k$ 表示轨道设备类型，$k = 1,2,3,4$，分别代表钢轨、联结零件、轨枕、道床。$QI_k$ 表示轨道设备 $k$ 的质量指数，$QI_k \in [0,100]$。$f(k,S,D)$ 表示轨道设备类型为 $k$、病害等级为 $S$、病害密度为 $D$ 的质量扣分，具体的函数表达式根据专家经验判定。$P$ 表示病害类型与病害等级的所有组合个数。$F$ 表示多种病害的修正系数，由专家经验或现场试验判定，$F \in [0,1]$。

黄守刚、王俊文、李振基等[87～89]提出利用轨道质量指数（TQI）、轨道加速度指数（Track Acceleration Index，TAI）与轨道静态检查指数（Track Static Checking Index，TSI）构建轨道综合质量指数（Track Integrating Quality Index，TIQI）来综合评定铁路线路质量，见公式（2-8）。

$$TIQI = \omega_{TQI}TQI + \omega_{TAI}TAI + \omega_{TSI}TSI \tag{2-8}$$

其中，TQI 从轨检车检查数据中获取，利用车载式添乘仪、便携式添乘仪数据计算 TAI，利用静态检查数据计算 TSI。$\omega_{TQI}$、$\omega_{TAI}$、$\omega_{TSI}$ 分别表示 TQI、TAI、TSI 的权重系数，由专家经验或现场试验判定。

本书在第 6 章中，提出一种新的铁路轨道健康状态综合评定模型。该模型提出轨道健康指数的概念；系统地描述、定义轨道状态评定指标体系；混合采用主成分分析算法、聚类算法、树扩张型朴素贝叶斯分类算法等多种机器学习算法，依据轨道健康特征相似性，对轨道健康状态进行科学评定，有效降低健康状态评定过程中管理者的主观影响。

2.4.2.2 既有研究评述

通过对上述文献分析，轨道设备健康状态综合评定研究存在以下三类不足。

(1)“被评价对象”

轨道是多种设备的集合体，包括钢轨、轨枕、道床、联结零件等。目前国内外专家学者[90～93]多集中研究轨道中某一种设备健康状态的评定，对轨道集合体健康状态的综合评定研究较少。

(2)“评价指标”

国内外专家学者[86～88]多采用病害类型、病害等级、病害数量、病害扣分及轨道质量指数 TQI 等评定铁路轨道设备健康状态。这些状态评定指标体系不能覆盖被评定对象(即轨道设备)的全部状态性能。同时，国内外专家学者[82～84，87～89]多集中研究轨道某一类性能状态(如轨道不平顺状态)的评定，缺少轨道多状态指标的综合评定研究。

(3)“综合评价模型”

现有交通基础设施设备健康状态综合评定模型中，一般采用计分方法对设备健康状态进行综合判定。各指标的相对权重系数一般采用德尔菲法、AHP、模糊逻辑、专家系统等方法确定[75～80，82，83，86～89]，这些方法都需要基于专家或现场专业工程师的经验判断，受主观影响较大，无法有效避免“拍脑袋”的判定。而各指标的相对权重系数合理与否，直接关系到设备健康状态综合评定结果的可信度。

### 2.4.3 铁路轨道劣化趋势预测研究综述

2.4.3.1 既有研究成果

目前，国内外专家学者对轨道设备状态劣化规律的研究大概分为三类。

(1)通过室内试验、理论分析,构建机理模型(Mechanistic Model)等来描述轨道设备状态劣化规律[94～107]。

许多学者基于轨道累计下沉是轨道高低不平顺发生、发展的直接原因,通过研究轨道下沉机理、轨道下沉与轨道高低不平顺劣化关系,预测轨道高低不平顺状态。高建敏与翟婉明等[100]以车辆动力学、轨道动力学、轨道下沉变形法则等理论为基础,通过分析车辆、轨道、线路基础间的动态作用关系,将轨道下沉变形模型与具有二系悬挂的车辆一轨道耦合动力学模型相关联,采用数值仿真方法研究在车辆移动荷载作用下的轨道累积下沉及由此产生的轨道状态变化,预测轨道不平顺的发展。何永春与王午生[96]研究建立了道床下沉模型、路基下沉模型以及轨道下沉量与轨道高低不平顺发展量关系模型,预测轨道高低不平顺的劣化。

Sato[95]基于对日本铁路轨道劣化的研究,提出了一个轨道区段不平顺状态劣化的经验模型,该经验模型是由速度、轨道下沉和通过总重构成的函数。Öberg 和 Andersson[99]基于轨道沉降、设备疲劳、钢轨磨耗与钢轨滚动接触疲劳四个劣化机理对轨道劣化状态进行建模,其中利用 ORE 模型预测轨道沉降和设备疲劳劣化趋势,采用钢轨踏面损伤模型预测钢轨磨耗与钢轨滚动接触疲劳劣化趋势。Zhang 与 Murray 等[97]提出了一个集成轨道劣化模型(Integrated Track Degradation Model,ITDM),综合分析轨道内钢轨、轨枕、道床劣化的相互作用,预测轨道整体状态或轨道内某一设备状态的劣化趋势。

佐藤吉彦[98]从动力学角度出发,提出了轨道破坏理论和道床沉降量模型。Dr. Shenton [107]在试验研究基础上建立了轨道下沉模型,描述了轨道下沉量与轴重、荷载重复作用次数、捣固抬升量以及影响系数的函数关系,对轨道下沉进行了仿真模拟。Chrismer 和 Selig[94]构建了道砟、底层道砟和路基的沉降机理建模。轨道沉降由道砟沉降、底层道砟沉降和路基沉降三部分构成,其中道砟沉降造成的影响最大，尤其在一系列的捣固维修后表现更为明显。Chrismer和Selig利用指数函数对道砟沉降进行建模，利用线性函数对底层道砟沉降进行建模，利用幂次函数对路基沉降进行建模。Dahlberg[105]建立了一个包含钢轨、轨下胶垫、刚性轨枕、道床和道床下沉单元的仿真模型，对道床的不均匀下沉进行了仿真研究。Augustin与Gudehus等[101]在试验研究基础上，建立了车辆—轨道动力学模型，仿真模拟了道床在车辆重复荷载作用下的累积下沉特性，分析了不同因素对道床下沉变形的影响。由道砟材料本身特性出发，Kruse与Popp[102]采用分子动力学方法建立了道砟颗粒2D模型，研究在外荷载重复作用下道砟颗粒的下沉变形行为。Schwage与Pöschel[103]采用刚体动力学方法分析在外力作用下道床颗粒的动态行为。Suiker与de Borst等[104]通过将弹一塑性材料模型应用于有限元轨道模型，对铁路轨道长时性下沉行为进行了仿真分析。

美国交通技术中心有限公司(Transportation Technology Center, Inc., TTCI)、北美铁道协会(The Association of American Railroads, AAR)和英国铁路[106]对轨道高低不平顺劣化与道床下沉量的关系开展了一些试验研究，研究成果均表明轨道高低不平顺的标准差与道床下沉量在相当长的一段时间内呈线性关系，但具体的线性系数各有不同。

(2)尝试构建一个统一通用的模型，研究较大规模路网内的轨道设备状态劣化统计规律[63, 64, 69, 90, 92, 98, 108～124]。

佐滕吉彦[98]建立了轨道区段(25 m)高低发展率统计模型，描述线路累计通过总重、列车速度、轨道构造系统等影响因素与轨道单元区段高低最大值的关系。国际铁路联盟(UIC)的技术研究中心[108]建立了轨道高低不平顺标准差与累计通过总重之间的经验模型。Jovanovic[109]根据轨道不平顺参数的特点，采用不同类型的曲线函数描述轨道区段(200 m)不平顺在相邻两次捣固间的劣化过程。Kawaguchi与Miwa等[110]采用二次指数平滑方法描述了轨道区段

(100 m)轨向标准差劣化情况。Meier-Hirmer 等[111, 112]采用 Gamma 平稳过程描述了轨道区段(200 m 和 1 000 m)高低在相邻两次捣固之间劣化率。Quiroga 与 Schnieder[113]采用指数模型描述了轨道区段(200 m)高低在两次捣固之间的劣化情况。Veit[114]采用指数模型描述了轨道区段(5 m)质量在两次捣固之间的劣化情况。Vale 和 M. Lurdes[115]采用 Dagum 分布描述轨道区段(200 m)高低不平顺状态劣化趋势。Zhang 和 Andrews 等[116]采用威布尔分布描述了在两次维修间的轨道区段(200 m)不平顺状态劣化趋势。Zhu 和 Cheng 等[117]采用高斯随机过程描述轨道高低、轨向局部不平顺状态劣化趋势。Khouy 和 Larsson-Kraik 等[69]采用威布尔分布描述了在两次捣固间的轨道区段(200 m)高低、三角坑状态劣化趋势。

许玉德与吴纪才[118]采用线性预测模型，预测轨道区段(200 m) TQI 状态的变化趋势，线性预测模型中的斜率采用平均法或最小二乘法确定。陈宪麦与王澜等[119]基于数字统计与信号处理理论，采用综合因素法综合考虑各类影响因素，描述轨道区段(200 m)高低、水平、三角坑、轨距、轨向劣化趋势。王建西与李海峰等[120]通过分析轨道不平顺状态劣化的特点，采用概率分布推移变化的方法，构建轨道不平顺状态推移矩阵，预测轨道区段(任意长度)高低、水平、三角坑、轨距、轨向概率分布的变化及其发展趋势。

Orringer 等[64, 121]提出钢轨伤损状态的劣化是一个随机过程，同时钢轨发生疲劳伤损的概率与上道时间或累计通过总重的函数关系服从 Weibull 分布。美国国家交通研究中心[63, 64]提出一种工程模型来预测给定检查周期和钢轨使用寿命下的相邻两次检查间的断轨数。Palese 和 Wright[122]对该模型进行了改进和实现。Zhao 和 Chan 等[90]通过构建一个钢轨失效统计分析模型(Stochastic Analysis of Rail Failures)，预测铝热焊钢轨接头失效率，评估钢轨经济使用寿命。Zhao 和 Chan 等[123]提出利用概率模型描述在考虑维修情况下的钢轨伤损状态劣化，通过预测钢轨重伤数进而评价货物列车出轨风险。Vesković和 Tepić等[92]提出在面临收集到的数据不充足情况下,利用外界温度、钢轨寿命、通过总重和轨道曲率构建模糊逻辑模型(Fuzzy Logic Model),预测钢轨未来折断的可能等级(一般、中等、高)。习年生、周清跃等[124]提出利用威布尔分布模型和幂函数来近似钢轨描述累计重伤率(每公里钢轨重伤量)与累计通过总重相互关系,利用预测出的钢轨累计重伤率估计钢轨使用寿命。

(3)从个性化建模的角度出发,构建描述处于某一特定里程位置(或某一特定里程范围)的轨道设备状态劣化规律模型[91,125~134]。

徐鹏与刘仍奎等[125~127]建立了一个轨道不平顺状态短期预测模型(TI-SRPM),利用一簇线性预测模型对轨道区段(0.5 m)的各项不平顺指标在相邻两次维修间未来一个轨检车检测周期内每天的幅值进行预测。常欢与刘仍奎等[128]建立了多阶段轨道不平顺线性预测模型,拟合轨道区段(200 m)的轨道质量指数 TQI 在相邻两次维修间的变化过程,利用最小二乘法确定各个阶段线性预测模型的待估参数。曲建军与高亮等[129]基于轨道不平顺状态劣化的趋势性、随机性特征,采用灰色 GM(1,1)、Markov 随机过程理论,构建改进灰色—马尔科夫链组合预测模型,预测轨道区段(200 m)TQI 的状态变化趋势。郭然与韩宝明等[130]建立了具有更新机制的基于灰色预测理论的轨道状态短时预测模型,描述轨道区段(25 m)各项不平顺状态的变化趋势,能将最新的检测数据不断融入预测序列并根据优化目标动态更新。Andrade 与 Teixeira[131]采用分层贝叶斯模型(Hierarchical Bayesian Model)对轨道区段不平顺状态劣化建模。

Schafer 和 Barkan[91,132]通过分析轨道和钢轨自身特性、所处基础设施类型(如桥梁、道岔)、维修活动、运营情况等影响因素,提出了多变量互影响 Logistic 回归模型(Multiple Term Interaction Logistic Regression Model)和混合 Logistic 回归/神经网络模型(Hybrid Logistic Regression/Neural Network Model),来预测钢轨发生折断的地点。Tyler Dick 和 Barkan 等[133,134]提出了一个服役失效预测模

型(Service Failure Prediction Model,SFPM),建立通过总重、列车速度等异质性因素与钢轨伤损状态劣化关系,预测线路发生断轨的时间和地点,但该模型没有考虑不同维修活动对伤损状态的影响。

本书在第7章中:①提出一种新的轨道状态短期预测模型。该模型结合轨道状态劣化的异质性、记忆性等特点,采用树扩张型朴素贝叶斯分类模型对每个轨道区段状态劣化趋势进行个性化建模,确定轨道未来状态与历史状态的关联规则,预测在相邻两次维修间,轨道区段在下一个检查周期结束时的状态等级。②提出一种新的轨道使用寿命评估模型。该模型结合铁路轨道设备状态劣化的异质性、不确定性等特点,把轨道状态劣化过程划分为若干阶段,利用不同的寿命分布函数描述轨道在不同状态阶段的寿命分布规律,采用Markov状态转移矩阵描述轨道状态等级变化的不确定性,评估轨道的实际使用寿命。

#### 2.4.3.2 既有研究评述

(1)第一类模型[94~107]忽略了轨道设备在实际服役过程中会受到多种异质性因素影响,可能会导致预测的未来状态误差较大。在铁路实际运营环境中,轨道与车辆、轨道内各设备间实际的相互作用有时很难定量化描述[135,136]。

(2)轨道设备状态劣化具有异质性,处在不同空间位置上的同一种类轨道设备具有不同的劣化规律。第二类模型[63,64,69,90,92,98,108~124]忽略轨道设备状态劣化的异质性,较大路网空间范围内的轨道设备状态劣化规律统计模型,可能并不适用于处在某一特定空间位置的轨道设备,一般会导致状态预测存在较大的误差。

(3)第三类对轨道设备劣化规律个性化建模的研究[91,125~134]逐步成为热点。轨道设备检测数据中存在严重里程偏差,即在来源不同的状态检测数据中的里程信息与设备实际空间位置不一致,这将导致第三类模型可能无法真正描述轨道设备状态的劣化趋势。

### 2.4.4 铁路轨道维修计划编制研究综述

#### 2.4.4.1 既有研究成果

近年来国内外专家学者对交通基础设施维修计划编制展开了大量研究。

(1)一般交通基础设施

Rashedi 和 Hegazy[137] 采用系统动力学方法(System Dynamics),提出了一个长期的面向大规模网络的基础设施大修规划优化编制模型。模型将基础设施状态划分为 5 劣化等级,状态等级 1 表示状态最好,状态等级 5 表示状态最差。作者采用相同的 Markov 状态转移概率矩阵(Transition Probability Matrix,TPM),描述大规模网络内的不同基础设施的状态等级变化规律,如公式(2-9)所示。作者采用 Vensim 软件实现对大修规划优化编制模型的构建与求解。

$$\mathrm{TPM}=\begin{bmatrix} P_{11} & P_{12} & 0 & 0 & 0 \\ 0 & P_{22} & P_{23} & 0 & 0 \\ 0 & 0 & P_{33} & P_{34} & 0 \\ 0 & 0 & 0 & P_{44} & P_{45} \\ 0 & 0 & 0 & 0 & 1 \end{bmatrix} \tag{2-9}$$

Rashedi 和 Hegazy[138] 提出了一个面向大规模网络的基础设施的维修更新规划优化编制模型,以基础设施的全生命周期成本最小为优化目标。大规模网络内的不同基础设施的状态劣化规律服从相同的 Markov 状态转移概率。作者采用 GAMS/CPLEX 软件工具实现对模型的求解。

Madanat[48] 采用 Markov 决策过程方法,提出了一个较长规划周期的道路路面维修规划优化编制模型,以规划周期内的期望总成本最小为目标函数，求解该规划周期内的检查策略、维修策略。作者采用历史数据统计得到的 Markov 状态转移概率矩阵 TPM，描述不同道路路面区段的状态劣化规律。

Madanat 和 Ben-Akiva[49]，在 Madanat[48] 研究成果基础上，基于不同检查方式的检查误差、检查成本不同，采用隐形 Markov 决策过程方法，提出了一个较长规划周期的道路路面的维修规划优化编制模型，以规划周期内的期望总成本最小为优化目标。

Mishalani 和 Gong[50]，在 Madanat 和 Ben-Akiva[49] 研究的基础上，建立了道路路面不同检查方式的检查误差与其空间采样不确定性的函数关系，在此基础上，利用隐形 Markov 决策过程，以规划周期内的期望总成本最小为优化目标，提出一个较长规划周期的道路路面的维修规划优化编制模型。

Durango-Cohen[139] 在 Madanat[48] 研究成果基础上，考虑到道路路面状态劣化的不确定性，采用开环最优反馈（Open-Loop-Optimal-Feedback）自适应优化策略，动态调整有限个已知状态劣化模型的权重系数，描述道路路面状态劣化趋势。在此基础上，采用 Markov 决策过程方法，提出了一个较长规划周期的道路路面维修规划优化编制模型，以规划周期内的期望总成本最小为目标函数。

随后，Durango-Cohen 和 Samer M[53]，在 Madanat 和 Ben-Akiva[49] 研究成果的基础上，为描述道路路面状态劣化的不确定性，利用拟贝叶斯方法，动态调整有限个已知状态劣化模型的权重系数，预测道路路面的未来状态。在此基础上，采用隐形 Markov 决策过程方法，提出了一个基于期望总成本最小的较长规划周期的道路路面维修规划优化编制模型。不同道路路面区段的劣化规律，采用相同的有限个已知劣化模型来动态调整接近。

（2）铁路轨道设备

Zhang 和 Andrews 等[116]，提出了一个面向区域路网的铁路轨道维修计划优化编制模型，该模型的目标函数包括运输服务的安全性、提前维修造成轨道单元使用寿命的损失、维修成本和维修人员在路网中的走行时间。作者采用相同的 Weibull 分布函数描述同一区域路网内不同轨道单元的状态劣化规律，见公式(2-10)。其中，$d$ 表示轨道区段状态，$d \in [0,1]$，$d=0$ 表示轨道区段处于最佳状态，$d=1$ 表示轨道区段处于不可接受状态；$\beta(d)=\beta_0+0.2d$，$\eta(d)=\eta_0(1-d)$，$\beta_0$ 和 $\eta_0$ 分别表示形状参数和尺度参数，同一区域路网的不同轨道单元的 $\beta_0$ 和 $\eta_0$ 相同。作者采用改进的遗传算法实现对模型的求解。

$$f(d,t)=\frac{\beta(d)}{\eta(d)}\left(\frac{t}{\eta(d)}\right)^{\beta(d)-1}e^{-\left(\frac{t}{\eta(d)}\right)^{\beta(d)}} \tag{2-10}$$

Caetano 和 Teixeira[140] 提出了一种铁路轨道大修优化编制模型，以轨道不可用度最小、轨道设备全生命周期成本最小为优化目标，确定铁路轨道、钢轨、轨枕的大修规划。作者利用相同的线性函数，描述较大规模路网内不同轨道单元的高低劣化趋势，见公式(2-11)。其中，$l$ 表示距上次大修或捣固后的累计通过总重(Mt)，$c_0$ 表示轨道 200 m 区段高低标准差的初始值(mm)，$c_1$ 表示劣化率(mm/Mt)。类似的，钢轨疲劳伤损和轨枕失效的双参数 Weibull 分布中的形状参数 $\alpha$，分布的尺度参数 $\eta$，对于较大规模路网内的不同轨道单元是相同的。

$$\sigma(l)=c_0+c_1 l \tag{2-11}$$

Caetano 和 Teixeira[141] 提出了一个铁路轨道捣固预防修计划优化编制模型，以成本(具体包括轨道几何尺寸检查成本、维修成本)最小、轨道可靠性最大为优化目标。较大规模路网内的不同轨道单元采用相同的线性函数来描述轨道几何劣化规律。作者采用 NSGA2 遗传算法实现对模型的求解。

Andrade 和 Teixeira[142] 提出利用逻辑回归模型(Logistic Regression)，评估铁路轨道采取计划外维修(即故障修，Unplanned Maintenance or Corrective Maintenance)的概率。逻辑回归模型的自

变量包括高低的标准差、轨向的标准差、轨道单元内是否有道岔、轨道单元内是否有桥梁,见公式(2-12)。其中,$p$ 为需要采取非计划维修的概率,$\alpha$ 为截距参数,$\beta$ 为斜率的参数向量,$X_i$ 为模型的自变量。较大规模路网内的不同轨道单元的逻辑回归模型的参数 $\alpha$ 、$\beta$ 相同。

$$p=\frac{1}{1+e^{-(\alpha+\beta X_i)}} \tag{2-12}$$

Vandoorne 和 Gräbe[143] 提出了一个铁路钢轨全生命周期随机成本评估模型,为铁路钢轨维修决策提供决策支持。较大规模路网内的不同铁路钢轨单元伤损的劣化规律,采用相同的双参数韦布尔分布来描述。作者采用 MATLAB 实现对模型的构建,利用蒙特卡洛模拟方法实现对模型的求解。

Quiroga 和 Schnieder[113] 提出了一个铁路轨道捣固维修计划的优化编制模型,采用相同的指数函数描述较大规模路网内的不同轨道区段几何尺寸高低的劣化规律,作者利用启发式算法实现对模型的求解。

郭丽梅等[144] 采用 0—1 整数非线性规划方法,提出了一个铁路轨道维修作业规划优化编制模型。模型以维修区段内的 TQI 均值最小(即 TQI 维修改善量最大)为目标,约束条件包括作业时间、劣化上限值和大型养护机械的移动距离等,采用改进的分支定界算法对模型进行了仿真分析。采用相同的线性预测模型对不同轨道单元 TQI 的变化规律进行描述。

郭然等[145] 采用整数规划方法,提出了一个面向区域路网的铁路轨道养护维修计划优化编制模型,模型在轨道维修活动及周期已知的条件下,以维修费用、股道占用费用与惩罚费用总和最小化为目标函数,考虑了可同时执行的活动、维修资源与维修时间约束,作者采用 Most Frequent Work First 启发式算法实现了模型求解。

周宇和许玉德[146, 147] 提出了一个 0—1 整数型轨道状态最优综合维修计划编制模型,用于确定铁路轨道大型养护机械的最优调度计划。该模型以维修时间与维修地点作为决策变量,以 TQI 均值最小(即 TQI 维修改善量最大)为目标函数,考虑了机械数量约束、可维修单元上限、时间约束、维修次数限制、机械可移动范围等约束,作者利用遗传算法实现了模型求解。

李海峰和许玉德[148,149]基于《铁路线路修理规则》(铁运〔2006〕146 号)[16]提出了一个铁路轨道综合维修计划优化编制模型。模型以维修区段内轨道单元的评分之和最大为目标函数,轨道单元的评分是依据轨道质量指数、历史维修情况、道床脏污率和年累计通过总重计算得出,轨道单元整体质量越差,相应的评分越高。以维修总长度、超平均分值和综合分值百分比三者之一作为约束。

许玉德和曾学贵[150]采用整数规划方法,提出了一个铁路轨道综合维修计划优化编制模型,以年度 TQI 平均值最小(即 TQI 维修改善量最大)为目标函数,考虑了机械数量、时间约束、可维修轨道单元上限、大型养路机械的可移动范围约束、维修次数约束、恶化状态上限约束等。模型假设轨道单元不平顺状态在计划期间的劣化速率是不变的。

本书将在第 8 章中,提出一种新的铁路轨道维修规划优化编制模型。该模型考虑到铁路轨道状态劣化的异质性,采用 Markov 随机过程理论,个性化地描述轨道网格状态劣化规律,利用隐形 Markov 决策过程方法,建立基于状态的维修策略模型,以一个规划周期内的期望总成本最小为优化目标,确定出规划周期内的最优检查策略、维修策略。

#### 2.4.4.2 既有研究评述

(1)铁路轨道设备维修计划编制建模大多采用组合优化方法[113,116,140,141,144~150](如整数规划方法)。此类研究假设铁路轨道设备状态劣化规律模型能准确预测轨道设备未来的状态,这忽略了轨道设备未来劣化状态的不确定性。隐形 Markov 决策过程方法以状态转移概率的形式描述交通基础设施状态预测的不确定性，以观测概率的形式描述不同检查方式的检查误差，能够确定出规划周期内的检查策略、维修策略。目前，采用隐形 Markov 决策过程方法解决铁路轨道维修计划编制问题的直接研究较少，该方法的研究多集中在道路路面的维修计划编制问题[48～50, 53, 139]。铁路轨道设备维修计划编制也可借鉴隐形 Markov 决策过程方法。

(2)目前在大部分交通基础设施维修规划的优化编制研究中，一般采用统一通用的模型[48～50, 113, 116, 137, 138, 140～144, 150]，描述较大空间范围内的交通基础设施状态劣化的统计规律。交通基础设施由于受到外界因素的影响，其状态劣化具有异质性特征[91～93, 132, 134, 151～156]，表现为处在不同空间位置的同一类交通基础设施的状态劣化趋势各异。因此，采用统一通用的劣化规律模型，无法体现出交通基础设施状态劣化的异质性，编制出的交通基础设施维修规划过于粗略，在实际维修活动中的指导性不强。

# 3　铁路轨道生产数据资源分析

本章将简要论述铁路轨道全生命周期过程中涉及的生产数据，深入分析铁路轨道生产数据的特征，并进一步总结当前铁路轨道生产数据资源管理存在的问题。

## 3.1　铁路轨道生产数据构成

本书将铁路轨道的全生命周期过程划分为三个阶段：设计阶段、建设阶段和运营阶段，如图 3-1 所示。铁路轨道全生命周期过程中产生了大量纷繁多样的数据，见表 3-1。

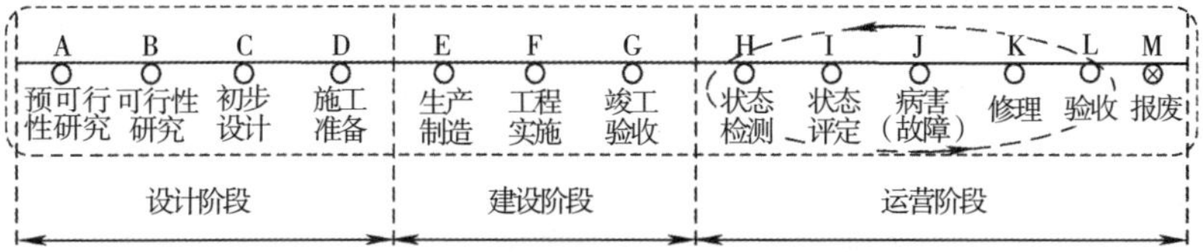


图 3-1　铁路基础设施全生命周期阶段划分图

**表 3-1　铁路轨道生产数据构成**

| 数据构成 | 数据名称 |
| --- | --- |
| 设计阶段数据 | 预可行性研究报告 |
| | 可行性研究报告 |
| | 初步设计报告 |
| | 全线工程地质图 |
| | 全线水文地质图 |
| | 线路初设图（线路平面图、线路纵断面图） |
| | 轨道初设图（包括站场轨道和区间轨道） |
| | 沿线基础地形图 |

续上表

| 数据构成 | 数据名称 |
| --- | --- |
| 设计阶段数据 | 沿线数字高程模型(DEM 数据) |
| | 卫星遥感影像数据 |
| | …… |
| 建设阶段数据 | 施工计划数据 |
| | 施工进度数据 |
| | 施工日志数据 |
| | 监理日志数据 |
| | 监理旁站记录数据 |
| | 质量检查记录数据 |
| | 安全检查记录数据 |
| | 施工进度计划图 |
| | 施工总平面布置示意图 |
| | 大型临时设施平面布置图 |
| | 施工过程中的照片 |
| | 施工过程中的视频 |
| | 道岔铺设图 |
| | 轨道工程变更设计图 |
| | 工程形象进度图 |
| | 轨道工程竣工图 |
| | …… |
| 运营阶段数据(设备台账数据) | 钢轨台账数据 |
| | 道岔台账数据 |
| | 曲线台账数据 |
| | 股道台账数据 |
| | 设备视频 |
| | 设备照片 |
| | …… |

续上表

| 数据构成 | 数据名称 |
| --- | --- |
| 运营阶段数据（检查、检测、监测数据） | 高速综合检测列车检查数据 |
| | 便携式添乘仪检查数据 |
| | 机载式添乘仪检查数据 |
| | 轨道检查车检查数据 |
| | 轨道检查仪检查数据 |
| | 钢轨探伤车检查数据 |
| | 钢轨探伤仪检查数据 |
| | 线路春秋检数据 |
| | 人工线路检查数据 |
| | 人工巡道数据 |
| | 轨温监测数据 |
| | 雨量监测数据 |
| | 大风报警数据 |
| | 异物侵限报警数据 |
| | …… |
| 运营阶段数据（设备维修数据） | 年计划数据 |
| | 月计划数据 |
| | 周计划数据 |
| | 日计划数据 |
| | 轨道车运行计划数据 |
| | …… |
| 运营阶段数据（列车流数据） | 通过总重 |
| | 列车运行速度 |
| | 列车运行密度 |
| | …… |

续上表

| 数据构成 | 数据名称 |
| --- | --- |
| 运营阶段数据（专题图数据） | 线路设备综合图 |
| | 路网管界图 |
| | 防洪图 |
| | 速度图 |
| | 车站配线图 |
| | 设备分布图 |
| | 站场平面图 |
| | 设备状态评定结果专题图 |
| | …… |

## 3.2 铁路轨道生产数据的特征分析

### 3.2.1 大数据特征

表 3-1 中除小部分数据集是静态不变的外，大部分数据集都是动态变化的，且按照一定频率更新，同时随着铁路物联网技术的逐步应用，铁路基础设施监测监控信息的自动采集范围扩大到 50%以上[157]，因此铁路轨道生产数据具有了大数据特征。根据大数据的概念[158～166]，大数据特征可归纳为多样性、规模性、混杂性和价值性，铁路轨道设备生产数据集也具有这四个大数据特征。

(1)轨道设备生产数据的多样性

多样性是指不同类型的数据和数据源，数据结构包括结构化数据、半结构化数据和非结构化数据[158]，轨道设备生产数据的多样性主要体现在以下三个方面。

①数据种类多。从设备种类角度出发，铁路轨道[167]由钢轨、轨枕、道床、联结零件、轨道板、CA 砂浆、底座、防爬设备等构成，每个设备都会产生不同种类的数据。从数据产生时间所处的设备生命周期

阶段出发，轨道设备数据分为设计阶段、建设阶段和运营阶段的数据，其中每个阶段都会产生种类众多、内容庞杂的数据。如在轨道设备运营阶段有轨道检查车（简称“轨检车”）检查数据、高速综合检测列车（简称“动检车”）检查数据、轨道检查仪（简称“轨检仪”或“轨检小车”）检查数据、机载式添乘仪检查数据、便携式添乘仪检查数据、人工线路检查数据、钢轨探伤检查数据等。

②数据格式多样。铁路轨道设备数据包括：纸质类数据如设备纸质台账、人工线路检查记录本、人工道岔检查记录本等，轨检车（或动检车）的 GEO 和 IIC 格式的数据，轨检仪的 JDT 格式、Excel 格式数据，便携式添乘仪的 G4D 格式、G5D 格式、Excel 格式数据，机载式添乘仪的 Excel 格式数据，道岔铺设图、桥梁布置图、线路设备综合图、车站竣工图等 CAD 数据等，线路录像的 AVI（或 WMV）数据，设备照片、设备病害照片等 JPG 数据等。

③数据结构多样。铁路轨道设备数据包括结构化数据、半结构化数据、非结构化数据，如描述病害有非结构化数据如图片、视频等；也有结构化数据、半结构化数据，如该病害相应各种的检查检测数据。

（2）轨道设备生产数据的规模性

规模性强调数据尽可能多，数据规模应达到 TB（Terabyte）至 PB（Petabyte）级[158]。基于大数据的分析决策，应利用所有数据，而不再依靠少量样本数据，即“样本＝总体”[164]。铁路轨道设备生产数据的规模是巨大的，轨道设备的养护维修决策需要利用其全生命周期过程产生的数据。依据《铁路信息化总体规划》（铁总信息〔2017〕152 号）[157]中的统计，2016 年全国铁路数据资源规模约为 7.5 PB，预计 2020 年全国铁路数据规模将达到 12.8 PB。例如，轨道检查车检测数据，按正线每月检测两次，相应的波形数据和超限数据存放在 Oracle 数据库，全国一年的数据量约 9 TB。轨检车检测数据仅仅只是轨道设备数据集很小的一部分，还有大量的图纸、照片、检查数据、维修数据等轨道设备全生命周期过程中产生的数据。

(3)轨道设备生产数据的混杂性

混杂性是指数据的不确定性、不一致性[164]，主要体现在以下两个方面。

①部分铁路轨道设备生产数据是有误差的，一些错误的数据会混进数据库。如轨检车检测数据中存在着里程偏差[125, 168]，体现在两方面：一方面是采样点的里程位置与线路上对应的真实空间位置间的偏差；另一方面是同一采样点上轨检车多次检测记录的里程之间的偏差。同时，轨检车检测数据中可能存在异常值，即测量值与真实值偏差较大。上述原因造成了轨检车检测数据的不精确。

②在整合不同来源的信息时，它们通常是不完全一致的，会增加数据的混乱程度。如描述同一个里程点病害的轨检车检查数据、轨检仪检查数据、机载式添乘仪数据，上述数据中的里程信息、病害峰值信息可能是不完全一致的。

(4)轨道设备生产数据的价值性

大数据强调数据的规模性和混杂性，数据不可能完全错误，至少会反映大致的发展趋势，这会帮助我们进一步接近事实的真相[164]。铁路管理者可通过构建各种算法模型，对轨道设备相关的各类数据进行"冶炼"，从数据中发现新知识，为科学制定轨道养护维修计划提供依据。如线路某一里程位置，多种检测数据均反映该位置附近有晃车点，铁路管理者可通过综合分析不同来源检测数据，能较准确的确定造成晃车的轨道几何尺寸超限的里程位置及其超限类型，避免人工上道复核晃车病害对铁路行车的干扰。

### 3.2.2 空间特征

铁路轨道生产数据具有"空间"特征属性，具体包括空间坐标、几何形状、拓扑关系三方面的信息。如曲线台账属性数据中的起点里程、终点里程，用于描述曲线的空间坐标；曲线方向、曲线半径、曲线全长，用于描述曲线的几何形状；线名、行别，用于描述曲线与线路的拓扑关系;所在区间,用于描述曲线与区间的拓扑关系。

(1)空间坐标是描述铁路轨道的空间位置信息。目前,管理者一般采用如下三种坐标系,对铁路轨道进行空间定位:一维里程坐标系、二维经纬度坐标系和三维地理坐标系。

一维里程坐标是管理者描述铁路轨道空间位置最常用的表示方法,通常采用“里程”“中心里程”“起点里程”“终点里程”等字段。

一般采用经纬度坐标描述铁路轨道的二维空间位置,可叠合国家基础地理信息,生成设备分布图、水害信息图、风险分布图等各类专题图。

三维地理坐标一般采用经纬度坐标、高程坐标,描述铁路轨道的三维空间位置。基于高速铁路对位置精度高标准的要求,我国高速铁路都建立了三维精密测量控制网[169],为高速铁路设计、施工过程的测量控制服务,同时也用于运营过程中的养护维修管理,例如线路轨道变形监控、轨道几何尺寸的三维精调。

(2)铁路轨道的几何属性特征包括形状、尺寸、角度、面积、体积等,每一类铁路轨道都具有自己独特的几何形态,几何参数也不相同,需要不同的数据字段进行描述。如轨道几何尺寸采用高低、水平、轨距、轨向、三角坑等描述,道岔几何尺寸采用查照间隔、护背距离、尖趾距离等描述。

(3)铁路轨道设备间的拓扑关系分为三类:①空间拓扑关系,用以描述铁路轨道设备间的相邻、包含和相交等空间关系,如铁路轨道设备属性数据中的线名、行别描述了铁路轨道设备与线路的空间包含关系;②顺序空间关系,用以描述铁路轨道设备间在空间上的排列次序,如前后、左右、东西、南北等方位关系;③度量空间关系,用以描述铁路轨道设备间的距离等关系,可用“相邻车站”“线间距”“相邻网格”等字段描述铁路轨道设备间的拓扑关系。如线路设备综合图描述了轨道内钢轨、轨枕、道床等设备的布局情况,不同设备间的空间拓扑关系、顺序空间关系及度量空间关系。

### 3.2.3 时间特征

铁路轨道生产数据具有"时间"特征属性,这是由于生产数据总是在某一特定时间或时间段内采集得到或计算产生的,表 3-1 中的各类数据集都具有时间特征属性。常用的描述时间特征的字段有:生产制造时间、上道时间、检查时间、修理时间、事故发生时间、灾害发生时间、设备抢修时间等。基于时间字段,轨道各类生产数据可构成时间序列,便于利用数理统计、随机过程、序列分析等数学建模方法探索设备状态变化规律、诊断设备故障原因、预警风险隐患、优化设备检查与维修计划编制等。

## 3.3 当前铁路轨道生产数据资源管理存在的问题

随着铁路信息化应用领域的扩大,以及各种传感设备、物联网技术在铁路安全检测监测领域的广泛应用,数据采集点增多,采集密度加大,数据来源不断丰富,数据内容进一步扩充,数据类型更加多样化,数据总量快速增长,铁路积累了海量的生产数据。

《铁路大数据应用实施方案》(铁总信息〔2017〕155 号)[170]指出,铁路大数据应用是实施国家大数据战略的重要组成部分,发挥大数据在提高效率、提升效益、确保安全、优化服务方面的独特作用,是新时期铁路发展的必然选择。开展铁路大数据应用,实现铁路运营和管理的精准性、高效性和预见性,需要推动铁路数据资源开放共享和开发利用,同步提升数据规模、质量和应用水平,发掘和释放数据资源的潜在价值。

在上述背景下,当前铁路轨道生产数据资源管理已不能满足新时期铁路发展的要求,存在如下问题。

### 3.3.1 铁路轨道全生命周期不同阶段数据缺少整合与关联

铁路轨道全生命周期不同阶段数据缺少整合与关联,其主要原因如下。

(1)铁路基础设施建设阶段,数据以“活动”为中心组织

铁路建设工程项目一般可分解为单位工程、分部工程、分项工程等活动[171];铁路建设阶段的计划、进度、质量、安全、投资等控制手段都是紧紧围绕专业、单位工程、分部工程、分项工程进行组织的;铁路建设阶段的工程管理类数据、安全质量管理类数据、计划财务管理类数据、物资设备类数据、综合管理类数据、监理管理类数据及竣工验收类数据等均含有描述“活动”的字段。

(2)铁路基础设施运营阶段,数据以“设备”为中心组织

铁路基础设施按专业可划分为工务设备、电务设备、牵引供电设备等。工务设备可划分为轨道设备、路基设备、桥梁设备、隧道设备、涵渠(或涵洞)设备等。有砟轨道设备可划分为钢轨、轨枕、道床、联结零件及防爬设备等。设备检查管理、设备质量管理、设备维修计划管理都是围绕“设备”展开的。设备检查计划数据、设备状态数据、月维修计划数据、周维修计划数据、日维修计划数据、派工单数据等中均含有描述“设备”的字段。

(3)我国铁路建设、运营阶段编码体系不同

我国铁路建设阶段“活动”是按工作分解结构(Work Breakdown Structure, WBS)方法进行编码的,其编码结构如图 3-2 所示。我国铁路运营阶段的设备编码结构,如图 3-3 所示。设备依照其专业属性可划分为不同类别,如工务、电务、牵引供电等;设备依照其设备属性可划分为不同类别,如钢轨、曲线、道床、桥梁、隧道等。

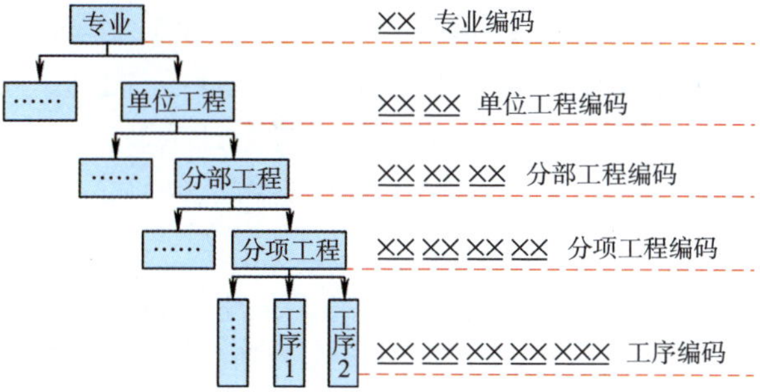


图 3-2 WBS 编码结构示例图

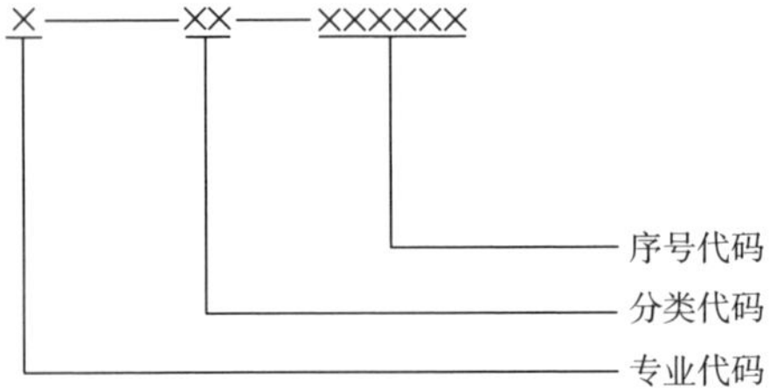


图 3-3　设备编码结构示意图

### 3.3.2　同一里程位置处或里程范围内不同设备数据缺少整合与关联

铁路基础设施状态劣化具有联动性，表现在同一里程位置处（或同一里程范围内）不同基础设施之间的劣化过程是相互影响的。若其中的一个设备出现病害或缺陷，往往会引发与其相关的设备出现病害或缺陷。例如，若线路曲线所处地段路基出现下沉病害，会引起曲线的轨道几何发生改变，可能发生过超高或欠超高，从而加剧内外侧钢轨的磨损程度导致钢轨病害，以及轨道不平顺病害。进一步，较差的轨道不平顺状态又会导致接触网故障的发生。

铁路基础设施状态劣化具有联动性的原因是，铁路基础设施具有高度关联特征，体现在同一空间位置附近的不同设备在结构组成与系统集成上高度关联。

（1）铁路基础设施在结构组成上具有高度关联性，同一空间位置多种设备紧密作用、相互影响，如图 3-4 所示。工务专业的路基和桥隧建筑物承载着电务和牵引供电专业的设备，它们的变形直接影响到它所承载的设备状态，如路基沉降可能会造成轨道几何发生变化、接触网基准发生变化，以及通信信号设备可靠性降低。

（2）铁路基础设施在系统集成上具有高度关联性。如钢轨是三个专业共同管理的设备，工务专业主要关注钢轨能否起到承载列车运行的作用；电务专业主要关注钢轨作为轨道电路一部分，能否起到信号电流的传输作用；牵引供电专业主要关注钢轨能否起到电力机

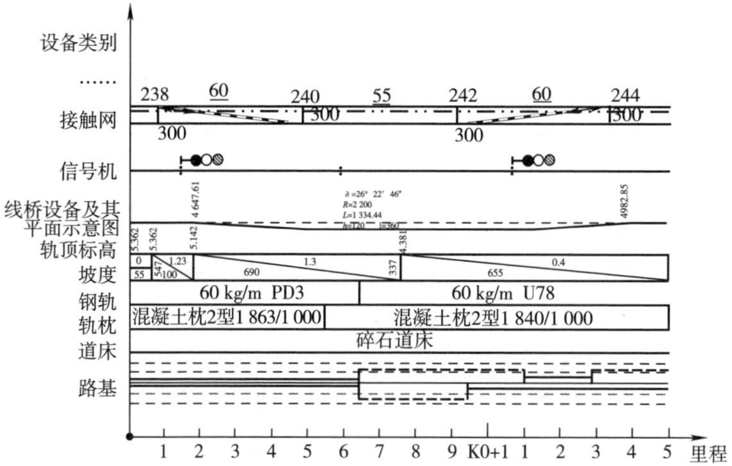


图 3-4 铁路基础设施空间叠合布局示意图

车牵引电流的回流导线作用。道岔的转辙是由三个专业共同控制的,工务专业管理基本的辙叉设备,信号专业和供电专业共同控制电气部分转辙机,信号专业发出转辙的指令,供电专业控制转辙的动力。

目前,我国铁路现场一般分专业、分设备种类来管理基础设施的养护维修,如线路专业负责轨道设备的养护维修管理,桥隧专业负责桥梁、隧道设备的养护维修管理。同时,传统的铁路基础设施状态劣化的研究方法对铁路基础设施的高度关联特征重视不够,忽略了铁路基础设施个体状态劣化联动性。这造成在实际管理工作中,同一里程位置处(或同一里程范围内)不同基础设施的数据缺少整合与关联,存在“信息孤岛”现象。

### 3.3.3 铁路轨道检查数据存在里程偏差与测量偏差

误差是指测得值与被测量的真值之间的差[172],即误差=测得值-真值。误差产生的原因可归纳为以下几方面:①由于测量装置引起的误差;②由于环境引起误差;③由于方法不完善引起的误差;④由于人员引起的误差。

按照误差的特点与性质,误差可分为系统误差、随机误差和粗大误差[172]。其中,系统误差是指在同一条件下,多次测量同一量值时,绝对值和符号保持不变,或者条件改变时,按一定规律变化的误差。随机误差是指在同一条件下,多次测量某一量值时,绝对值和符号以不可预定方式变化的误差称为随机误差。粗大误差是指超出在规定条件下预期的误差,或称“过失误差”。

铁路轨道检查数据主要存在以下两类随机误差:①里程偏差,即检测样本点的测量里程与线路上真实里程间的偏差;②测量偏差,即检测样本点的测量值与真实值间的偏差。导致这两类偏差的主要原因是车体自身条件、车型、季节因素、气候因素、检测速度、检测技术手段等因素。铁路轨道检测数据偏差的存在会增加现场工作人员的劳动强度,降低天窗的利用效率,无法准确获取特定空间位置处的设备状态检测数据,无法准确把握设备健康状态及其劣化规律。

以铁路轨道晃车数据为例,由于轨道晃车检测周期较短,轨道上一处未整治的局部不平顺病害会对应多次检测数据,但相应检测数据中的里程、车体加速度测量值可能不同,如图 3-5 所示。图中横坐标表示线路里程,纵坐标表示晃车点发现日期。不同颜色的圆点表示不同的机车类型,框中标注的数字表示机车车体水平加速度测量值。

图 3-5 展示了兰新线上河清车站 4 号道岔上同一处轨向病害由车载式添乘仪检测出的水平加速度测量值及测量里程。图中的检查数据来源于 2016 年 10 月 14 日至 2016 年 10 月 21 日期间的连续 20 次车载式添乘仪检测。

通过分析图 3-5 可知:

(1)由于机载式添乘仪传感器固定安装的机车类型不同等因素,上河清车站 4 号道岔同一处轨向病害的历次水平加速度测量值、测量里程不同,这说明轨道晃车数据中存在里程偏差、测量偏差。

(2)由于检测误差的影响,同一处轨道病害被多次检测到处于不同里程位置,容易使管理者认为是多处不同的轨道病害,增加现场上道人员病害复核的工作量,造成维修资源无法合理优化配置。

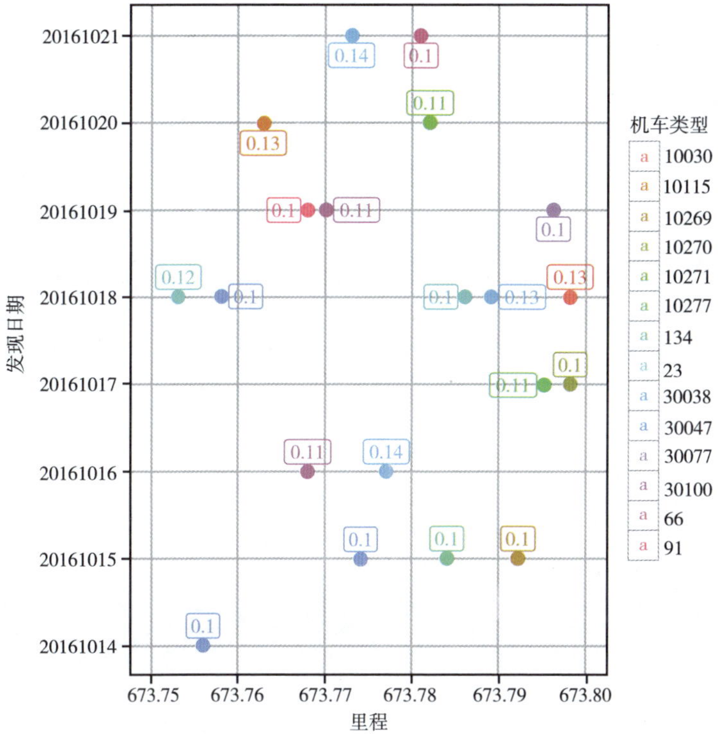


图 3-5　兰新线同一处病害的晃车数据偏差示例图
(2016 年 10 月 14 日—10 月 21 日)

# 4 铁路基础设施网格化管理概述

本章将深入分析铁路基础设施的状态劣化特点及其检查、维修活动特点，在此基础上，介绍一种与之相适应的新的铁路基础设施管理方法——铁路基础设施管理网格化，并在此基础上进一步提出铁路基础设施管理时空网格化。

## 4.1 铁路基础设施的空间特征

线性资产(Linear Assets)在学术界尚未有统一的定义。Donnelly[173]将线性资产定义为：拥有测量的起点与终点，能够分段维护的资产。IBM公司[174~176]将线性资产定义为分段维护的资产，可以沿着线性资产进行测量，以指定工作、监视、计量、标志位置等。对于线性资产，其长度在维护中起关键作用，比如铁路、公路和管道等均属于线性资产。

点资产(Point Asset)[174]是其长度在维护中不起关键作用的一种资产。对于点资产，不会向该资产的特定长度指定工作，而是向整个资产或其多个部分指定工作，比如化工厂、医院和炼油厂等均属于点资产。

本书中的铁路基础设施是指工务、电务和牵引供电专业的行车固定设备。铁路基础设施是一种典型的线性资产，在空间分布上具有线性、带状布局、连续、长大等特征，其结构外形如图4-1所示。与一般的基础设施设备相比，铁路基础设施具有如下空间特征。

(1)铁路基础设施具有线性、带状分布特征

铁路线路空间几何形状由其平面和纵断面决定，线路平面包含3种线形，分别是直线、缓和曲线和圆曲线，体现出铁路基础设施的线性分布特征。《新建铁路工程项目建设用地指标》(建标〔2008〕232)[177]对

铁路的用地面积有详细规定，如Ⅰ级双线客货共线电力牵引铁路(200 km/h)在平原地形的综合建设用地不应大于5.269 3 $hm^2$/km，这体现出铁路基础设施的带状分布特征。

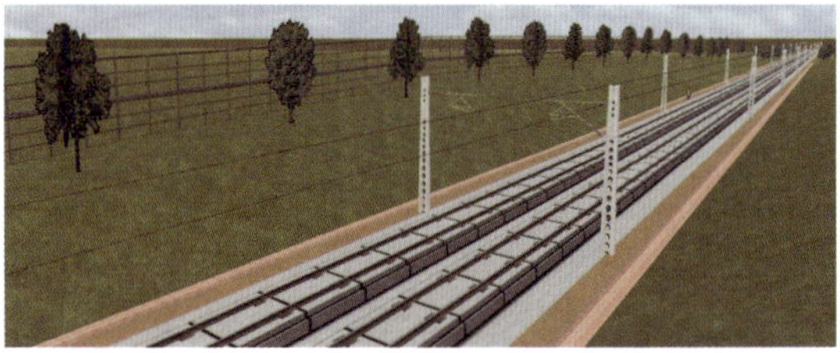

图 4-1　铁路基础设施结构外形示意图

(2)铁路基础设施具有连续特征

铁路基础设施的连续特征是指一个较大的空间范围内同一种类铁路基础设施在空间位置上的不间断或不同类型的铁路基础设施在空间位置上的互相衔接，如工务专业的轨道、道床、路基、桥梁、隧道，电务专业的轨道电路，供电专业的接触网等。

(3)铁路基础设施具有长大特征

铁路基础设施的长大特征是指设备空间几何形状的长度长、体积规模大，如道床、路基、桥梁等。根据已在全路应用的铁路工务管理信息系统(PWMIS)[178]中 2015 年的数据，全长不小于 1 km 的特大桥有 2 510 座位。其中，京沪高铁上海局集团公司管内的丹昆特大桥全长 164.851 km，共有 4 743 跨，沿途经过丹阳、常州、无锡、苏州、昆山等 5 个城市。

以上的铁路基础设施的空间特征，决定了其状态劣化具有异质性、不确定性等特点，决定了其检查、维修活动与点资产的检查、维修活动相比具有极大不同，其检查、维修活动被组织安排在相对狭小、带状空间内，易受多种时间因素、空间因素影响。

## 4.2　铁路基础设施状态劣化特点

铁路基础设施状态劣化具有异质性、不确定性、记忆性和联动性等特点，基于这些状态劣化特点，本书后续将提出铁路基础设施网格化管理。

### 4.2.1 异质性

(1)异质性定义

铁路基础设施状态劣化具有异质性，表现在处于不同空间位置上的同一种类基础设施设备状态的劣化规律不同。这是由于铁路基础设施状态劣化规律受地理环境因素、运输组织因素、设计及制造因素、养修管理因素等多种因素的影响，这些影响因素称为异质性因素。即，铁路基础设施状态是关于异质性因素的函数，如公式(4-1)所示。

$$condition_j = g_j(\chi_1, \chi_2, \cdots, \chi_i, \cdots, \chi_I) \tag{4-1}$$

其中，$condition_j$ 表示第 $j$ 铁路基础设施的状态，$\chi_i$ 表示第 $i$ 个异质性因素，$I$ 表示异质性因素总个数，$g_j$ 表示设备状态 $condition_j$ 与异质性因素 $\chi_1, \chi_2, \cdots, \chi_i, \cdots, \chi_I$ 的映射关系。铁路基础设施状态劣化的异质性有大量学者进行了研究[91～93，132，134，151～156]。

(2)异质性对状态劣化规律建模的影响

铁路基础设施是线性、连续分布的，由于异质性因素的影响，处于不同空间位置的铁路基础设施的状态劣化规律不同。这些异质性因素都与时间、空间紧密相关，不同时间、不同空间位置的异质性因素是不同的。即异质性因素是关于时间、空间的函数，如公式(4-2)所示。

$$\chi_i = f_i(time, location) \tag{4-2}$$

其中，$\chi_i$ 表示第 $i$ 个异质性因素，$f_i$ 表示异质性因素 $\chi_i$ 与时间、空间的映射关系。空间位置是异质性因素中的隐藏“基因”，对铁路基础设施劣化起着关键性的作用。空间位置是把握铁路基础设施状态劣化的关键性因素。

传统的利用室内试验[97,135,136,179]及利用较大规模路网内的铁路基础设施统计数据[63,64,90,92,121～124]描述设备状态劣化规律的方法，恰恰忽略了异质性劣化特点(即未考虑空间位置的作用)，这造成其无法准确描述特定空间位置的铁路基础设施状态变化趋势，易导致“过维修”“欠维修”等不恰当维修活动的发生。

(3)异质性因素划分

影响铁路基础设施状态劣化的异质性因素，按照类型的不同，可从人、设备设施、环境、管理四个方面进行分类。如人的因素包括：检查人员未按计划进行检查、检查人员设备病害判断不当、养护维修人员业务素质不良等。

按照是否随时间变化，影响铁路基础设施状态劣化的异质性因素可分为两类：一类异质性因素在相当长的时间内是基本保持不变的，如线路平纵断面；另一类异质性因素是随着时间变化的，如累计通过总重、气温等。

根据相关文献[69,154]，按铁路基础设施所处的生命周期不同阶段，影响状态劣化的异质性因素可分为 4 大类：

①设计类异质性因素(Design Heterogeneous Factors)；

②建设(制造)类异质性因素(Manufacturing Heterogeneous Factors)；

③运用类异质性因素(Operation Heterogeneous Factors)；

④检修类异质性因素(Inspection and Maintenance Heterogeneous Factors)。

其中，设计、建设(制造)类异质性因素一般在相当长时间内保持不变，会终生影响铁路基础设施状态劣化。运用、检修类异质性因素是随时间变化的，一般变化幅度较大。

基于国内外相关研究文献[25,134,154,180～184]及铁路现场调研，本节以铁路钢轨为例，对影响其状态劣化的各类异质性因素进行说明，见表 4-1。

**表 4-1　影响铁路钢轨状态劣化的异质性因素分类**

| 大类 | 子类 | 详　　类 | 说　　明 |
|---|---|---|---|
| 设计类 | 线路平面 | 曲线半径 | — |
| | | 曲线超高 | — |
| | 线路纵断面 | 坡度 | — |
| | | 坡长 | — |
| | | 竖曲线类型 | 如圆弧形竖曲线、抛物线形竖曲线等 |
| | | 竖曲线半径 | — |
| | | 竖曲线长度 | — |
| | 钢轨 | 钢轨所处空间位置 | 如里程，行别、股别 |
| | | 钢轨型号 | 如 U75V、PD3、U71MnG、U77MnCr 等 |
| | | 钢轨材质 | 如普通钢轨、微合金钢轨、低合金钢轨等 |
| | | 轨重 | 如 75 kg/m、60 kg/m、50 kg/m 等 |
| | | 钢轨廓形 | — |
| | 其他设备 | 道岔类型 | 如提速、提速 1、提速 2、改造、普通等 |
| | | 轨枕类型 | 如混凝土枕、木枕、混凝土桥枕、木桥枕等 |
| | | 道床类型 | 碎石道床(有砟道床)、整体道床等 |
| | | 联结零件类型 | 如夹板、螺栓、螺母、平垫圈和弹簧垫圈、扣板式扣件、拱形弹片式扣件、W 形弹条式扣件 |
| | | 轨道防爬设备类型 | 如穿销式、弹簧式等 |
| | | 路基类型 | 如路堤、路堑 |
| | | 填筑路基的材料类型 | 如岩块、细粒土、粗粒土 |
| | 轨距类型 | | 如宽轨、寸轨、米轨、套轨等 |
| | 线路类型 | | 如无缝线路、有缝线路 |
| | 线路速度等级 | | 如(0,120]速度级、(120,160]速度级、(160,200)速度级、[200,250]速度级、[300,350]速度级 |
| | 线路运营类型 | | 如客运专线、客货混跑、重载铁路、运煤专线等 |

续上表

| 大类 | 子类 | 详类 | 说明 |
| --- | --- | --- | --- |
| 建设(或制造)类 | 钢轨生产厂家 | | 如鞍钢、攀钢、包钢等 |
| | 钢轨熔炉号 | | — |
| | 钢轨制造质量 | | 如内部是否存在残余应力,是否存在杂质,内部是否存在气泡等 |
| | 钢轨出厂日期 | | — |
| | 钢轨铺设质量 | | — |
| | 钢轨上道日期(或铺设日期) | | — |
| | 钢轨焊接工艺 | | 如闪光焊(厂焊)、气压焊(现场焊)、铝热焊和窄间隙电弧焊等 |
| | 钢轨接头方式 | | 如普通接头、绝缘接头、导电接头、伸缩接头、冻结接头等 |
| 运用类 | 运输组织类 | 机车轴重 | — |
| | | 车辆轴重 | — |
| | | 累计通过总重(或通过总重) | — |
| | | 列车动载荷 | — |
| | | 列车运行速度 | — |
| | | 列车启动加速、制动减速区段 | — |
| | 外部环境 | 外界温度 | 如 24 h 气温变化 |
| | | 地质条件 | — |
| | | 水害地段 | — |
| | | 冻害地段 | — |
| | | 浅基桥洪水冲刷地段 | — |
| | | 采砂地段 | — |
| | | 灌溉干扰地段 | — |
| | | 酸雨 | — |
| | | 自然灾害 | — |

续上表

| 大类 | 子类 | 详　　类 | 说　　明 |
|---|---|---|---|
| 运用类 | 钢轨状态 | 钢轨伤损病害 | 轻伤、轻伤发展、重伤等 |
| | | 钢轨磨耗 | 垂直磨耗、侧面磨耗、总磨耗 |
| | | 钢轨轨温 | 锁定轨温、实际轨温 |
| | | 钢轨使用寿命 | — |
| | | 钢轨服役时间 | — |
| | 轨道状态 | 轨道几何尺寸 | 如轨检车波形、轨检仪波形、TQI、轨道几何局部超限据 |
| | | 轨道整体刚度 | 轨道整体刚度[185]是指轨头上某点发生单位位移时，该点所承受的车轮集中作用力 |
| | 其他设备状态 | | 如轨枕状态、联结零件状态、道床状态等 |
| 检修类 | 钢轨检查 | 钢轨检查作业 | — |
| | | 检查人员未按计划进行检查 | — |
| | | 检查人员业务素质不良 | 如钢轨病害判断不当，钢轨病害漏检，检查周期设置不合理 |
| | 钢轨维修 | 钢轨打磨作业 | — |
| | | 钢轨涂油作业 | — |
| | | 钢轨更换作业 | — |
| | | 维修人员业务素质不良 | 如钢轨焊接不合格、钢轨病害处置不及时、违章维修 |
| | 其他设备检查 | 轨检车检查作业 | — |
| | | 轨检仪检查作业 | — |
| | | 便携式添乘仪检查作业 | — |
| | | 机载式添乘仪检查作业 | — |
| | | 检查人员业务素质不良 | — |
| | 其他设备维修 | 道床清筛作业 | — |
| | | 道床捣固作业 | — |
| | | 线路精调作业 | — |
| | | 维修人员业务素质不良 | — |

### 4.2.2 不确定性

(1)不确定性定义

不确定性通常分为两大类，随机不确定性(Aleatory Uncertainty)和认知不确定性(Epistemic Uncertainty)[186~188]，其中，随机不确定性是系统和环境固有的随机性和波动性；认知不确定性是由数据缺乏、信息不完备等引起的人们对客观世界认识不完全或存在偏差造成的。

铁路基础设施状态劣化的不确定性[152]表现在：一个特定空间位置上的基础设施设备的劣化规律是很难准确描述出来的，其状态劣化是一个随机过程。这是由于铁路基础设施状态劣化受到多种异质性因素影响，在实际的运营线路上现有的检测手段并不能获得这些异质性因素的全部信息，即公式(4-1)中异质性因素 $\chi_1,\chi_2,\cdots,\chi_i,\cdots,\chi_I$ 信息不能全部获得，且异质性因素的检测数据中存在误差，定量化赋值较难。国内外许多学者均对铁路基础设施状态劣化的不确定性进行了研究和探讨，详见文献[53, 151, 153, 189]。

铁路基础设施状态劣化不确定性示意图如图 4-2 所示。图中横轴表示基础设施设备服役时间，纵轴表示基础设施设备状态劣化等级。假设基础设施设备状态分为 4 级，状态等级越高说明其状态劣化越严重。$t_A$、$t_B$ 为某一铁路基础设施相邻两次的检查日期，并且处于相邻两次维修之间。$t_A$ 时刻铁路基础设施状态劣化等级为 1，$h(t_A)=1$。由于异质性因素影响，在 $t_B$ 时刻该铁路基础设施状态劣化等级的变化有 4 种可能，分别为 path①、path②、path③或 path④，相应的状态劣化等级 $h(t_B)=1$，$h(t_B)=2$，$h(t_B)=3$ 或 $h(t_B)=4$。

(2)不确定性对状态劣化规律建模的影响

传统的通过室内试验研究铁路基础设施状态劣化机理的方法[97, 135, 136, 179]，由于未考虑到铁路基础设施状态劣化的不确定性，会

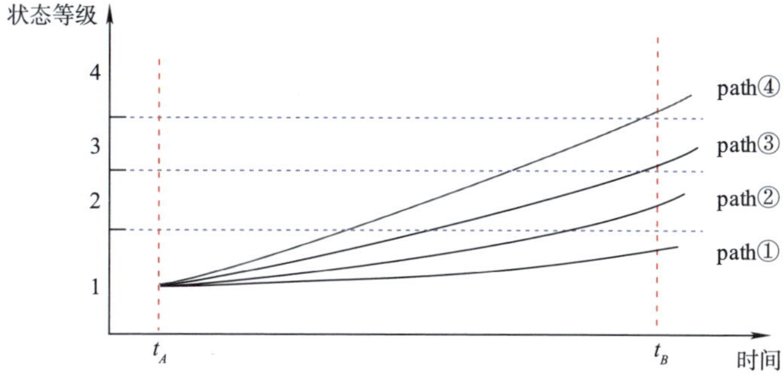


图 4-2 铁路基础设施状态劣化不确定性示意图

导致预测出的设备未来状态一般会与实际情况有较大偏差。

为准确把握铁路基础设施未来状态，根据第 4.2.1 节的分析，空间位置是影响异质性因素的关键"基因"，本书提出一种新的研究思路，在构建铁路基础设施劣化规律模型时，引入空间位置变量，定量化各类异质性因素，利用随机过程理论、空间分析方法及大数据技术等研究铁路基础设施状态劣化趋势。

### 4.2.3 记 忆 性

(1)记忆性定义

铁路基础设施状态劣化具有"记忆性"[119，125，126，128，190～194]，表现为同一设备(或同一区段)在其修理后的状态随时间劣化曲线与修理前的劣化曲线极为相似，即铁路基础设施状态在相邻两次维修后的劣化规律具有相似性。图 4-3 是铁路基础设施状态劣化记忆性示意图，图中横坐标表示其服役时间，纵坐标表示其状态评定指标，$t_1$、$t_2$、$t_3$ 表示修理活动的时间点。

对特定空间位置上的特定铁路基础设施，由于地理环境因素确定，运输组织因素、养修管理因素等异质性因素往往在一定时期内也相对稳定，影响因素的相同使得铁路基础设施在相邻两次维修后的

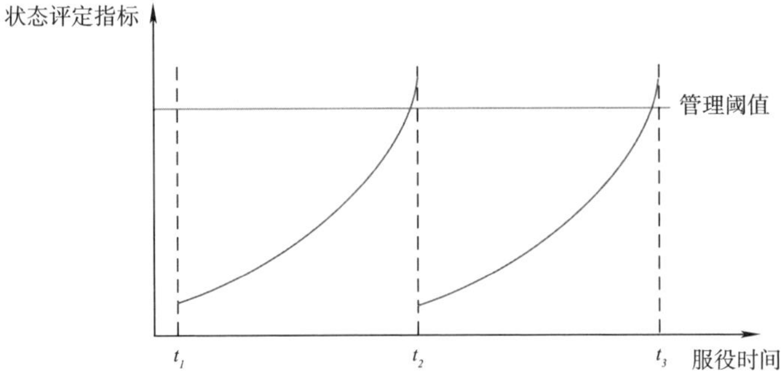

图 4-3 铁路基础设施状态劣化记忆性示意图

劣化特点往往是相似的。经过相应维修后,之前发生过的病害以后往往还会重复出现。罗林、张格明等[119,192]通过分析历年轨检车波形数据,发现经维修作业整平后的较大轨道不平顺,在一定时间的列车载荷作用下,不平顺波形在原处又重新发展起来,而且与维修整平作业前的不平顺波形非常类似,基本上是原波形的重现。

(2)记忆性对状态劣化规律建模的影响

由于铁路基础设施状态劣化具有记忆性,设备历史状态数据中隐藏了其状态劣化规律。本文提出从空间位置出发,对设备状态劣化规律进行个性化建模,采用机器学习等算法,深度挖掘大量设备历史状态数据,寻找其历史状态与未来状态的关联规则,对设备状态变化趋势进行准确预测。

### 4.2.4 联 动 性

(1)联动性定义

在一个系统内部,由于其中某元素发生的改变而导致系统中其他元素也随之改变,从而使整个系统内元素相互作用、相互影响,将系统所具备的这种特性称为联动性[195]。

如第 3.3.2 节所述,由铁路基础设施高度关联的特征,铁路基础设施状态劣化具有联动性,表现为同一空间位置处(或同一里程范围内)不同设备的劣化过程是相互影响的。即若其中的一个设备出现病害或缺陷,往往会引发与其相关的设备出现病害或缺陷,用如下例子对联动性进行简要说明。

①若线路曲线所处地段路基出现下沉病害,会引起曲线的轨道几何发生改变,可能发生过超高或欠超高,从而加剧内外侧钢轨的磨损程度导致钢轨病害,以及轨道不平顺病害。进一步,较差的轨道不平顺状态又会导致接触网故障的发生。

②道床板结、翻浆冒泥等病害会造成线路空吊、联结零件损坏等问题,加大列车对钢轨的冲击,加剧钢轨伤损形成。相应的,在列车载荷作用下,钢轨伤损病害也会加速道床的恶化[196]。

(2)联动性对状态劣化规律建模的影响

空间位置不仅对铁路基础设施个体状态劣化有重要影响,而且会导致同一空间位置处不同设备个体之间状态劣化的相互影响。传统研究方法忽略了同一空间位置处不同设备个体状态劣化的相互联系,导致预测出的设备状态一般与实际情况存在较大的偏差。

由于铁路基础设施状态劣化的联动性与设备所处的空间位置密切相关,在研究某一设备状态劣化规律时,需同时考虑同一空间位置处其他设备劣化状态的影响,即需从空间位置角度出发,以空间位置为中心整合各类相关数据,构建铁路基础设施状态劣化规律模型。

## 4.3 铁路基础设施检查与维修活动特点

活动是由共同目的联合起来并完成一定社会职能的动作的总和[197]。它是计划管理中的基本管理单元[198],在执行的过程中一般既要消耗一定的时间,又要消耗一定的资源[199]。铁路基础设施作为典型的线性资产,其检查与维修活动具有以下特点。

(1)检查与维修活动在水平方向上具有连续性,如轨检车检查、钢轨大机打磨。

(2)检查与维修活动一般从铁路的一端延伸到另外一端,如线路大机捣固。

(3)主要由具有重复特征的活动组成,如线路大机清筛活动一般是在多个区段内连续、重复进行。

(4)检查与维修活动可在一个里程—时间二维直角坐标系中进行可视化表达。二维直角坐标系中的横轴表示线路里程,纵轴表示时间。根据检查与维修活动在时间、空间进展状况的不同划分为线状、条状和块状三种类型,如图 4-4 所示。线状活动是指在消耗时间的同时在里程上也不断进展的活动,如线路大机清筛;条状活动是指在消耗时间的同时里程位置没有改变的活动,该类活动只在某一里程位置进行组织安排,如单根抽换轨枕;块状活动是指在消耗时间的同时里程范围没有改变的活动,该类活动表现为只在某一里程范围进行组织安排,如整组更换混凝土枕道岔。

(5)检查与维修活动易受时间因素、空间因素的影响,如活动速率随时间、空间变化不是恒定值,本章将在第 4.4 节展开详细论述。

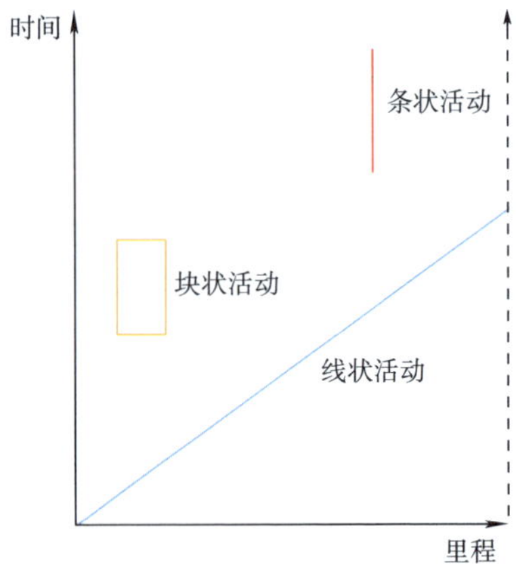


图 4-4 铁路基础设施检查与维修三种活动类型的示意图

## 4.4 铁路基础设施检查与维修活动影响因素划分

铁路基础设施是线性、连续分布的，检查与维修活动受到多种因素的影响，具体表现在：

(1)处于不同时间范围、空间位置内同一检查与维修活动的速率不是恒定的，而是变化的；

(2)处于不同时间范围、空间位置内同一检查与维修活动的频次不同，如安排在铁路线路质量薄弱地段的检查活动、维修活动，相比于其他地段频次较高。

这些影响因素都与时间、空间紧密相关，不同时间范围、不同空间位置的影响因素是不同的，且对其定量化取值困难。铁路基础设施检查与维修活动是关于这些影响因素的函数，如公式(4-3)。

$$activity_i = g_i(\chi_1, \chi_2, \cdots, \chi_i, \cdots, \chi_I) \tag{4-3}$$

其中，$activity_i$ 为铁路基础设施第 $i$ 个检查或维修活动的某种状态指标，$\chi_i$ 为第 $i$ 个影响因素，$I$ 为影响因素的总个数，$g_i$ 表示活动 $activity_i$ 与影响因素 $\chi_1, \chi_2, \cdots, \chi_i, \cdots, \chi_I$ 的映射关系。

时间范围、空间位置是优化安排铁路基础设施检查与维修活动的关键性因素。若铁路基础设施检查与维修活动的组织安排没有考虑空间因素、时间因素的影响，将导致编制出的铁路基础设施检查、维修计划较粗略，对实际的检查、维修活动缺乏指导性，无法有效控制检查、维修活动进度，无法提高天窗的使用效率等。

根据影响因素是否随时间、空间变化，结合检查与维修活动的业务特点，本书将影响因素划分为四大类，分别是时间因素(Time Variables)、空间因素(Location Variables)、时间—空间因素(Time-location Variables)和与时间—空间无关因素(General Variables)，具体划分与举例见表 4-2。

表 4-2 检查、维修活动主要影响因素划分

| 因素分类 | 定义 | 举例 |
|---|---|---|
| 时间因素 | 是指影响铁路基础设施检查与维修活动的一类只随时间变化的影响因素 | 节假日安排；<br>工作周安排[200]等 |
| 空间因素 | 是指影响铁路基础设施检查与维修活动的一类只随空间位置变化的影响因素 | 地质环境；<br>地形坡度；<br>用地地界宽度；<br>小半径曲线；<br>瞭望条件不良地段；<br>无线电通信不良地段等 |
| 时间—空间因素 | 是指影响铁路基础设施检查与维修活动的一类随时间和空间位置变化的影响因素 | 铁路基础设施状态，如晃车病害；<br>运输组织因素，如速度、列车开行密度、轴重；<br>维修活动，如线路清筛、线路捣固；<br>天气因素，如高温、降水、降雪；<br>气候因素等，如终年严寒、降水稀少等 |
| 与时间—空间无关因素 | 是指影响铁路基础设施检查与维修活动的一类不随时间和空间位置变化的影响因素 | 工作人员的业务素质；<br>检测装置因素，如检测装置工作速度；<br>施工工艺；<br>维修机械因素等，如维修机械工作速度 |

(1)时间因素

时间因素是指影响铁路基础设施检查与维修活动的一类只随时间变化的影响因素，即仅与时间有关的影响因素，见公式(4-4)。其中，$\chi_j$ 表示第 $j$ 个时间影响因素，$g_j$ 表示影响因素 $\chi_j$ 与时间的映射关系。常见的时间因素包括工作周安排、节假日安排等。

$$\chi_j = g_j(time) \tag{4-4}$$

(2)空间因素

空间因素是指影响铁路基础设施检查与维修活动的一类只随空间位置变化的影响因素，即仅与空间位置有关的影响因素，如公式

(4-5)所示。其中 $\chi_m$ 表示第 $m$ 个空间影响因素，$p_m$ 表示影响因素 $\chi_m$ 与空间的映射关系。

$$\chi_m = p_m(location) \tag{4-5}$$

常见的空间因素包括：地质环境、地形坡度、用地地界宽度、小半径曲线、瞭望条件不良地段、无线电通信不良地段等。如相比于多山地区，在平原地区更易于检查和维修活动的开展。

(3)时间—空间因素

时间—空间因素是指影响铁路基础设施检查与维修活动的一类随时间、空间位置变化的影响因素，即与时间、空间位置都有关的影响因素，见公式(4-6)。其中 $\chi_n$ 表示第 $n$ 个时间—空间影响因素，$q_n$ 表示影响因素 $\chi_n$ 与时间、空间的映射关系。

$$\chi_n = q_n(time, location) \tag{4-6}$$

常见的时间—空间因素包括：铁路基础设施的状态，运输组织因素，维修活动和天气、气候等因素等。如设备质量存在较高风险隐患的线路区段，或列车开行密度较大的线路区段，应加大检查活动的频次。线路清筛、线路捣固后，线路质量恢复到较好的水平，可适当降低检查活动频次。当货物列车占用车站股道时，该股道无法进行检查活动。下雪时，轨道线路不能安排钢轨探伤检查活动。在高温时段，无缝线路不能安排大型养护机械维修活动[16]。

(4)与时间—空间无关因素

与时间—空间无关因素是指影响铁路基础设施检查与维修活动的一类不随时间、空间位置变化的影响因素，即与时间、空间位置都无关的影响因素，如公式(4-7)所示。其中，$\chi_i$ 表示第 $i$ 个与时间—空间无关因素，$f_i$ 表示影响因素 $\chi_i$ 与非时间、非空间的映射关系。

$$\chi_i = f_i(no - time, no - location) \tag{4-7}$$

常见的与时间—空间无关因素包括：工作人员业务素质、检测装置因素、施工工艺和维修机械因素等。如工作人员的业务素质较高，对检查与维修活动速率起到一定的促进作用。

## 4.5 铁路基础设施网格化管理基本概念

本节将介绍一种新的铁路基础设施管理方法——铁路基础设施管理网格化，用于解决以往研究忽视空间要素对基础设备管理的影响问题，辅助实现铁路基础设施管理精细化建模。

### 4.5.1 铁路网格定义

基于铁路线路是线性、连续、带状布局的特点，以一个特定长度为单位，把连续的线路划分成若干相邻等长的“小区段”。每个“小区段”的里程范围内包含有工务、电务和牵引供电等不同专业的基础设施设备，可将“小区段”看成是这些基础设施设备的综合体，每个“小区段”称为一个网格单元 $G_k$，$k=1,2,\cdots,K$，其中 $K$ 为铁路线路网格单元总数，如图 4-5 所示。铁路轨道网格指的是铁路网格中的轨道部分，即由铁路轨道设备构成的集合体。

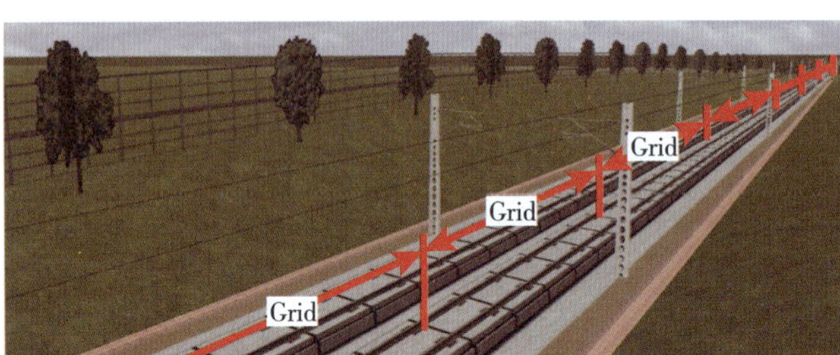


图 4-5 铁路网格划分示意图

### 4.5.2 铁路基础设施网格化管理的定义与内涵

(1)铁路基础设施网格化管理的定义

基于铁路基础设施状态劣化的异质性、不确定性、联动性等特点，本书提出铁路基础设施网格化管理方法。铁路基础设施网格化管理是指将铁路线路按照一定的标准划分成若干网格单元，利用现代信息技术和协调机制，更彻底、更及时的进行基础设施设备状态感知，实现更全面的基础设施设备状态信息互联互通，更智慧的进行基础设施设备修理决策，以最终达到保障运营安全、科学控制运营风险、整合维修资源、降低维修成本、提高管理效率的现代化铁路基础设施管理模式。

(2)铁路基础设施网格化管理的内涵

考虑到铁路基础设施状态劣化的“异质性”“不确定性”，网格化管理强调个性化、精细化管理，把线性、连续、长大设备以较小的长度单位细分，从空间位置的角度了解设备、把握设备、管理设备，使铁路管理者可以在较小的空间上，全面感知设备健康状态、定量评估设备安全风险、准确掌握设备状态演变规律以及合理组织安排设备检查维修工作。

考虑到铁路基础设施状态劣化的“联动性”，网格化管理强调工务、电务和牵引供电等多专业设备的统一管理，基于空间位置对多种设备的相关数据进行集成与整合，对多种设备状态进行整体评价，改变传统按照专业管理设备的模式，实现跨专业信息的互联互通。

网格化管理强调利用信息技术，全面采集整合铁路基础设施规划、设计、建设、运营直至报废全生命周期中的数据，从空间位置角度出发，利用大数据、机器学习等方法，探索掌握设备个性化的状态变化规律。

### 4.5.3 铁路网格划分方法

铁路网格的长度理论上应“充分”小，便于更精确地把握铁路基础设施状态劣化规律、更准确地诊断铁路基础设施病害，更有效地管理铁路基础设施维修养护工作。但充分小的网格会给铁路管理部门现有的基础设施设备管理水平与能力带来挑战。基于以下几点原因，本文将铁路网格的长度定为 200 m，以铁路的百米标作为相邻网格的分界点。

(1)铁路基础设施主要包括工务、电务和牵引供电三个专业，工务专业设备居多，占较大比例；在空间位置上，工务专业的路基和桥隧建筑物承载着电务和牵引供电专业的固定设备。因此，铁路网格的划分应重点考虑工务专业设备的管理需求。

(2)在铁路线路设备管理中，针对轨道整体质量状态，目前主要采用轨检车和动检车检测数据对轨道不平顺状态进行整体评价，其评价指标称为轨道质量指数 TQI。《铁路线路修理规则》(铁运〔2006〕146 号)[16]中规定，计算轨道质量指数 TQI 的轨道单元区段长度为 200 m。

(3)在工务线路设备的维修管理中，200 m 区段是经常采用的维修单元长度。将网格长度设定为 200 m 符合铁路养护维修管理现状。

(4)影响铁路基础设施状态劣化的各类异质性因素在 200 m 范围内的取值变化幅度相对较小，有利于将这些异质性因素定量化。

### 4.5.4 铁路网格部件的定义与划分

(1)网格部件定义

本书将铁路网格所内包含的工务、电务、牵引供电等不同专业的基础设施设备个体称为网格的部件，如钢轨、桥梁、隧道、信号机等。网格 $G_i$ 中第 $j$ 个部件用 $A_{ij}$ 表示。网格与部件之间是多对多的关系。一个网格一定包含有多个部件，一个部件也可能覆盖多个网格。例如全长为 1 km 的桥可能至少覆盖 5 个连续的网格。铁路轨道网格部件包括钢轨、轨枕(或轨道板)、道床、联结零件、防爬设备等。

(2)网格部件分类方法

铁路网格部件分类首先按照目前的工务、电务、牵引供电三个专业分为三个大类，再根据铁路基础设施管理的粒度划分为不同的小类，形成铁路网格部件分类树，以工务专业网格部件的分类为例进行说明，见表 4-3。

**表 4-3 铁路网格部件的划分(工务专业)**

| 大类 | 小类 | 部件 |
|---|---|---|
| 工务专业 | 线路设备 | 车站、钢轨、道床、轨枕、道岔、坡度、曲线、股道、无缝线路、道口设备、立交设备、水准基点、里程标志、三维精测观测桩等 |
| | 桥隧设备 | 桥梁(桥墩、桥台、桥面、梁体、护栏、支座、防撞墙、排水设备、防水层、止水带、挡块等)、隧道(洞身及洞门、排水设备、照明设备、通风设备等)、涵渠(涵身、基底等)、铁铁立交、铁公立交、其他桥隧建筑物等 |
| | 路基设备 | 路基本体设备、路基本体设备附属设备、路基排水设备、路基防护加固设备、路基基床加强设备、路基其他加固设备等 |

### 4.5.5 铁路网格事件的定义与划分

(1)网格事件定义

本书将铁路网格、部件在某一时刻产生的状态信息称为网格、部件的事件。一个事件可能是网格、部件的某种病害，也可能是与该网格、部件有关的某种管理行为。例如，在线路检查中发现网格 $G_i$ 内的某根钢轨 $A_{ij}$ 在某一时刻 $t$ 出现伤损病害 $E_{ij}^t$，该病害 $E_{ij}^t$ 被称为该钢轨部件 $A_{ij}$ 在时刻 $t$ 的一个事件。

(2)网格事件分类方法

铁路网格、部件的事件种类众多、内容庞杂，可按照铁路基础设施的设计、建设和运营三个全生命周期的不同阶段划分，如图 4-6 所示。其中，设计阶段包括：预可行性研究、可行性研究、初步设计和施工准备等事件；建设阶段包括：生产制造、工程实施、竣工验收等事件；运营阶段包括：状态检测、状态评定、病害(故障)、修理、验收等事件。

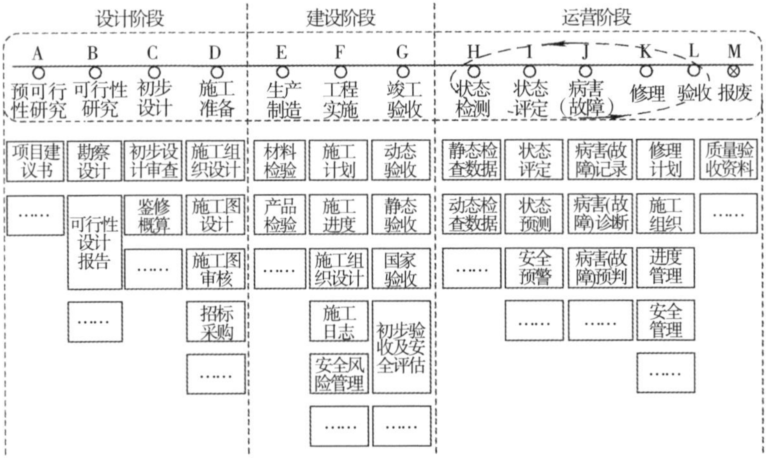


图 4-6　铁路网格、部件的事件分类示意图

## 4.5.6　铁路网格、部件和事件的相互关系

铁路网格、部件和事件三者之间的相互关系，如图 4-7 所示。图中，X 轴表示网格部件维，Y 轴表示铁路网格维，Z 轴表示时间维。网格、部件在其全生命周期过程中发生的事件充满了整个三维空间。部件 $A_{ij}$ 是网格 $G_i$ 中第 $j$ 个部件。$E_{ij}^{k-1}$、$E_{ij}^{k}$、$E_{ij}^{k+1}$ 是网格 $G_i$（或部件 $A_{ij}$）在其全生命周期过程中 $T_{k-1}$、$T_k$、$T_{k+1}$ 时刻发生的事件。

## 4.5.7　铁路基础设施网格化管理与单元化管理的区别

中国铁路总公司原工务部主任康高亮在 2010 年全路工务工作会议[201]中首次提出工务设备要推行单元化管理方法，并在随后的几年全路工务工作会议中[202～207]指出要将设备单元化管理作为技术管理的重点，要加强对设备单元检查检测数据的分析，建立动静态结合的单元质量评定方法，使作业计划更加科学合理、修理更加准确。

中国铁路总公司工电部主管工务副主任赵文芳对单元化管理做

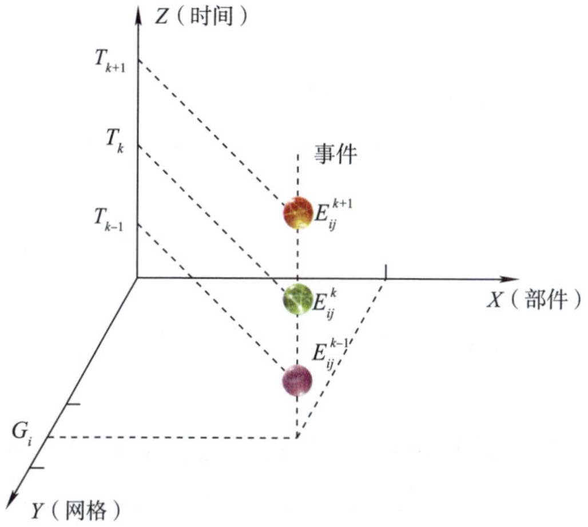


图 4-7　网格、部件和事件相互关系示意图

了进一步研究，分析探讨了工务设备单元的划分原则、划分方法[208]，提出了一种基于工务设备单元的生产管理模型[209]，以工务设备单元编码为纽带，关联整合其整个全生命周期过程中的相关数据，摸索工务设备单元的个性化变化规律，辅助管理者编制科学的维修计划，并提出了一种基于单元化管理的铁路工务管理信息系统改进方法[210]。

铁路基础设施单元的划分方法如下。

(1)对于工务设备[208, 209, 211, 212]，线路直线段按一定长度划分为一个单元，一条曲线、整组道岔及前后 50～100 m 线路、一座桥梁、一座隧道等也是一个单元。

(2)对于信号设备，一个信号设备就是一个设备单元，如道岔转换设备、信号机、轨道电路、信号标志牌、有源无源应答器、室内继电器、变压器、电源屏、UPS 等都分别是一个设备单元。

(3)对于接触网设备[213]，按照一个锚段划分为一个单元。原则以每个区段的下行方向进行锚段单元的划分，上、下行分开，靠下行方向侧的锚段关节纳入第二个设备单元。

铁路基础设施网格化管理与单元化管理的区别表现在以下几个方面。

(1)在网格化管理中,铁路网格的划分标准是恒定的,不同专业的基础设施设备均按照200 m进行划分;在单元化管理中,不同专业的基础设施设备划分标准不同。

(2)网格的划分结果是固定的,不随时间发生变化,可实现对网格全生命周期属性数据的追溯;但在单元化管理中,设备单元的划分结果是不固定的,如线路经历过拨道改道后,曲线起终点里程可能发生变化,相应的曲线单元的划分可能会发生改变,无法保证某一单元的划分随时间是固定不变的,难以实现设备单元的全生命周期管理。

(3)铁路基础设施具有线性、长大、连续带状分布特点,处于不同空间位置的同类设备的状态劣化规律不同。网格化管理强调对长大设备进行细分,进行精细化管理,符合设备状态劣化的异质性,如一座桥梁划分为若干连续的网格,分析不同网格内桥梁部分独特的劣化规律;但在单元化管理中一座桥梁是一个单元,整座桥采用一个相同的劣化规律模型。网格化管理相对于单元化管理,对长大设备的管理更加精细化。

(4)铁路网格是由其空间位置内的所有固定设备构成,设备单元仅仅是指某一特定的设备。网格化管理侧重于跨专业多设备综合管理,符合设备状态劣化的联动性,单元化管理忽略了同一空间位置处或里程范围内不同设备间状态劣化的相互影响,进而会影响管理者关于状态评定、劣化趋势把握、综合维修计划编制等方面的决策。

(5)网格化管理涵盖了单元化管理。单元化管理中的多数“单元”在网格化管理中被称为“部件”,如一座桥是一个单元,网格化管理称之为一个部件。

## 4.6 铁路基础设施时空网格化管理基本概念

为定量化取值各类影响因素,更准确地描述各影响因素对铁路基础设施检查、维修活动的影响程度，更细致地定义铁路基础设施检查、维修活动间的各种约束，本书通过分析铁路基础设施的检查、维修活动特点，在铁路基础设施管理网格化的基础上，本节进一步提出铁路基础设施管理时空网格化，使管理者能在较小的时间、空间范围内精细化管理铁路基础设施检查、维修活动，实现对线性、连续、带状布局的铁路基础设施精细化、个性化的智慧管理。

### 4.6.1 铁路时空网格定义

本书在铁路网格概念的基础上，提出铁路时空网格。它是指基于时间、空间两个维度按照一定规则将铁路基础设施全生命周期过程进行分割，形成的若干个小单元，如图 4-8 所示。图中横坐标表示线路里程，纵坐标表示时间，每个时空网格用 $G_{ij}$ 表示，$i$ 表示第 $i$ 个铁路网格，$j$ 代表网格所处时间段。铁路轨道时空网格是指基于时间、空间两个维度按照一定规则将铁路轨道全生命周期过程进行分割，形成的若干个小单元。

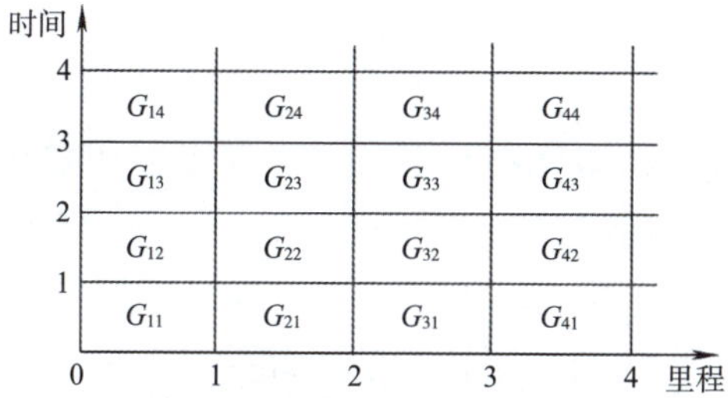

图 4-8　铁路时空网格示意图

### 4.6.2 铁路时空网格划分方法

铁路时空网格是一个基于时间—空间的基本单元，其划分方法如下。

(1)时间网格划分：根据铁路基础设施管理的实际工作要求，在时间维度上可以按照分、时、天、周、月、年对铁路基础设施全生命周期过程进行划分。在不同的应用场景中,管理者可根据实际场景需求,选择时间网格单元的大小。如研究天窗时间内维修活动的进度安排,选择的时间网格单元为小时。

(2)空间网格划分:作为在空间维度上对线性、连续铁路线路进行分割的最小单位,空间网格的划分在理论上应“充分”小,但应充分考虑检查与维修活动的业务特点和铁路现场的管理需求。铁路时空网格在空间维度上的划分与铁路网格的划分相同。如第 4.5.3 节所述,本书将铁路时空网格在空间维度上的划分长度定为 200 m,相邻网格选择铁路百米标作为分界点。

### 4.6.3 铁路基础设施时空网格化管理的定义与内涵

铁路基础设施时空网格化管理指的是在空间维度上将铁路线路按照一定规则划分成等长铁路网格,在时间维度上将铁路网格的全生命周期过程,按照一定规则离散化,形成铁路时空网格,采用信息技术与多种模型算法,更精细化地管理铁路基础设施检查、维修活动,更智慧地支持铁路基础设施维修管理,辅助实现铁路运营安全风险科学控制、维修资源合理分配、维修成本有效降低。

铁路基础设施时空网格化管理是铁路基础设施网格化管理的延伸与深化,其内涵包括以下三方面。

(1)强调个性化、精细化管理,将线性、连续、带状分布的铁路基础设施检查与维修活动按照较小的时间单位、空间单位划分,更细致地定义检查与维修活动在时间、空间上的各种约束,使管理者能在较高的时间、空间分辨率下管理铁路基础设施检查与维修活动。

(2)强调基于时间、空间位置的数据资源整合,以铁路时空网格为基本管理单元,利用信息技术将现实世界中的铁路生产管理流程形成对称的虚拟世界,把“检查计划编制→检查计划提报→检查计划审核→检查计划兑现”等数据整合、融合在一起,把“修理计划编制→修理计划提报→修理计划审核→修理(派工单)→修理质量评定”等数据整合、融合在一起,把“检查管理→健康管理→修理管理”等数据整合、融合在一起,实现数据在不同专业、不同管理部门间互联互通、充分共享。

(3)强调采用多种模型算法,对整合、融合后的数据进行分析与深度挖掘,精准把握铁路基础设施个性化状态劣化规律,精细化管理铁路基础设施检查与维修活动,优化配置维修资源,保障铁路不间断行车,为旅客提供安全舒适的出行环境。

## 4.7 铁路网格、部件生产数据整合融合的思路

依据铁路网格事件的定义,铁路网格、部件的生产数据即为铁路网格、部件的事件属性数据。事件属性数据是描述事件特征或性质的数据。通过以铁路网格(或部件)为中心、以时间为中心等,本书提出一种铁路网格、部件生产数据在空间、时间上多维度整合融合的新思路,解决第 3.3 节中提出的铁路生产数据资源管理缺少“互联互通”的难题。

基于铁路网格(或部件)的数据整合,是指以铁路网格(或部件)作为纽带,把该铁路网格(或部件)生命历程中发生的所有事件关联起来,这些事件包括该铁路网格(或部件)的设计信息、施工信息、运营后的检查检测信息、病害或故障信息、修理信息等,如图 4-9 所示,在纵向上做到对铁路网格、部件状态演变历史过程中每一个数据的快速检索,辅助铁路管理者更透彻地感知铁路网格(或部件)历史。

铁路基础设施在全生命周期阶段采集到的数据按照里程铺开是“杂乱无章”的。基于铁路网格的数据整合可将这些数据从无序变为有序(图 4-10),有效提升数据之间的联系,有利于数据的深度挖掘,为发现新的模式、新的知识和新的规律奠定基础。图 4-10 中的横坐标表示线路里程,以公里为单位,纵坐标表示时间,以天为单位,数据来源于兰新线下行里程范围 K601+000~K610+000、时间范围 2015 年 10 月 1 日至 2016 年 11 月 1 日轨道几何尺寸超限数据。图

4-10(a)是轨道几何尺寸超限数据按照里程铺开的散点图,图 4-10(b)是轨道几何尺寸超限数据按照网格铺开的散点图。

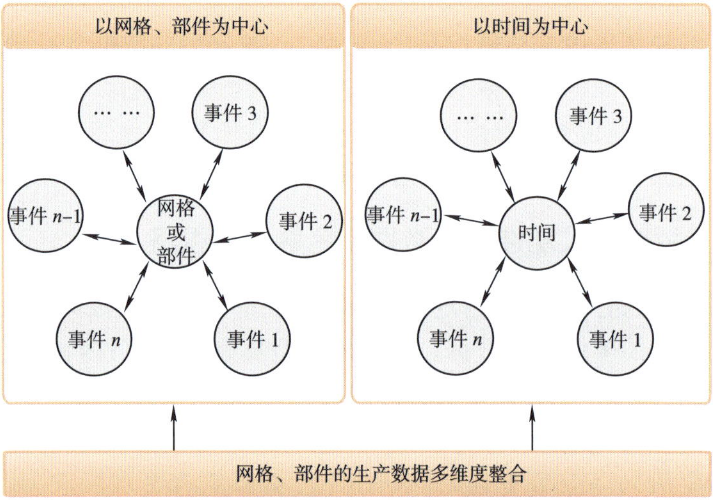


图 4-9　铁路网格、部件的生产数据多维度整合

基于时间的数据整合、融合,是指以时间作为纽带,把该时间或时间段内发生的所有事件关联起来,如图 4-9 所示,在横向上实现不同专业之间属性数据的互联互通,帮助铁路管理者能够更全面地感知到铁路网格、部件当前状态。

进一步,在铁路网格、部件、时间构成的三维坐标系中,以铁路网格为中心的数据整合可形成铁路网格数据立方体,如图 4-11 所示。图中 $Y$ 轴表示铁路网格维,$X$ 轴表示网格部件维,$Z$ 轴表示时间维,长方体表示网格 $G_i$ 的数据立方体。

以铁路网格、部件、时间为中心的数据整合融合思路,为铁路网格与部件健康状态评定建模、铁路网格与部件状态劣化规律建模、铁路网格与部件检查修理决策等奠定了基础,最大限度地体现了数据的价值和信息增值。

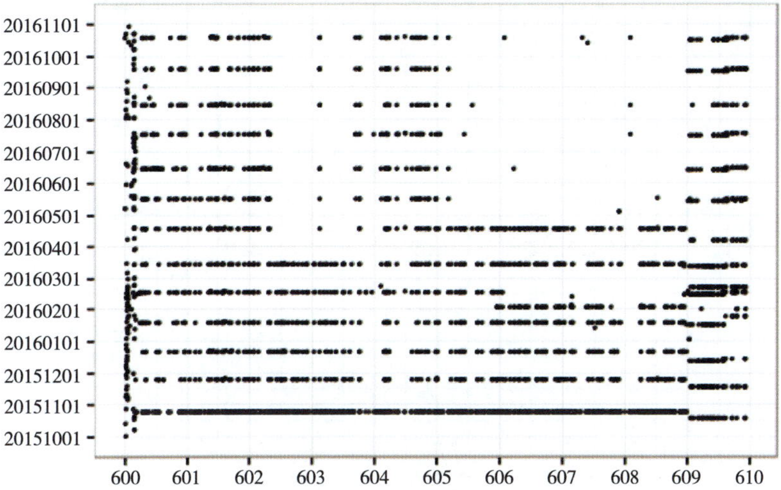


（a）按照里程铺开的轨道几何尺寸超限数据散点图

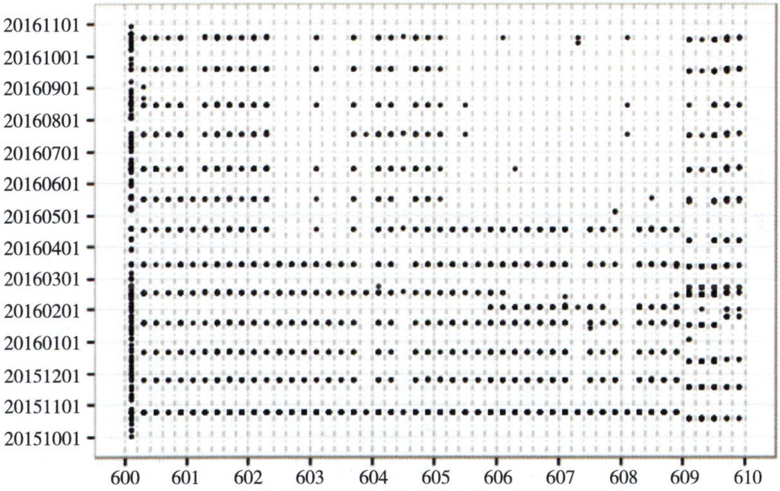


（b）按照网格铺开的轨道几何尺寸超限数据散点图

图 4-10　兰新线轨道几何尺寸超限数据从无序变为有序散点图

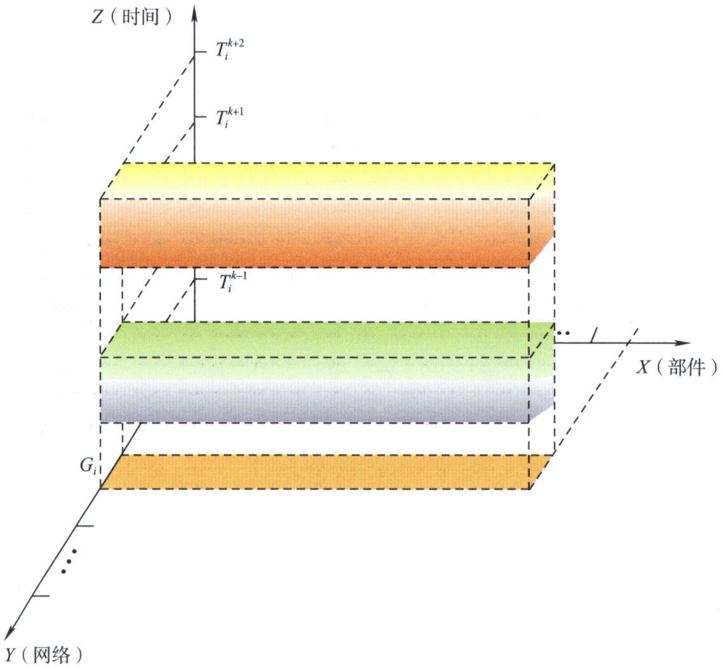


图 4-11　铁路网格数据立方示意图

## 4.8　铁路时空网格生产数据可视化思路

数据可视化是大数据分析的一类重要研究方向。目前，学术界对"数据可视化"尚未有统一的定义。Nathan Yau[214] 在《Visualize This：The Flowing Data Guide to Design，Visualization，and Statistics》中指出，现在对于数据可视化的定义越来越模糊，有部分人的观点相对保守，认为只有传统意义上的图形、图表才可以被称为可视化；而另一部分人的观点则比较开放，他们认为只要是数据的表现，不管是以数据艺术品的形式，还是以 Excel 表格的形式，都能被称作可视化。刘勘[215] 提出数据可视化是以单个图元元素的形式表示数据库中的每一个数据项，数据图像是由大量的数据集合组成的，同时数据的各属性值是以多维数据的形式表示，以不同的维度观察数据，对数据进行更深入地分析与观察。唐泽圣等[216]在《中国计算机大百科全书》中，将数据可视化定义为利用人眼的感知能力对数据进行交互的可视表达以增强认知的技术。陈为等[217]在《数据可视化》一书中，提出数据可视化是指将不可见或难以直接显示的数据转化为可感知的图形、符号、颜色、纹理等，增强数据识别效率，传递有效信息。Julie Steele 等[218]在《Beautiful Visualization: Looking at Data through the Eyes of Experts》一书中指出，数据可视化是图形化展示的数据描述，意在能够简洁明了地揭示数据中包含的复杂信息，涵盖了示意图、图表、地图等多种表现形式。

虽然数据可视化概念各有不同，但其基本思想可归纳为借助计算机图形学以及图像处理技术，不再局限于关系数据表，对数据进行整合、融合，从不同的维度观察数据，对数据进行更深入的分析，实现对三类知识的获取：①异常：判断数据集中是否存在“问题”数据；②关系：分析不同数据间的相关性；③模式：分析数据中存在的某种规律。

铁路基础设施生产数据可视化是指借助计算机图形学与图像处理技术等，在整合、融合各类生产数据的基础上，从多种维度出发把生产数据转化为可感知的图形、符号、颜色、纹理等，有效传递生产数据中的复杂信息，判断铁路基础设施的健康状态是否存在“异常”，分析各类时间、空间因素对铁路基础设施检查、维修活动的影响，寻找铁路基础设施的状态劣化规律、使用寿命分布规律与时间、空间因素的关联关系等。

基于铁路基础设施时空网格化管理方法，结合铁路基础设施检查与维修活动数据的空间特征与时间特征，本书提出一种新的铁路时空网格生产数据的可视化思路，图形化地展现铁路基础设施生产数据时空关系。用于描述铁路基础设施生产数据时空关系的坐标系及其所包含的各元素被称作铁路时空网格生产数据可视化图，其由以下几类元素组成，如图 4-12 所示。

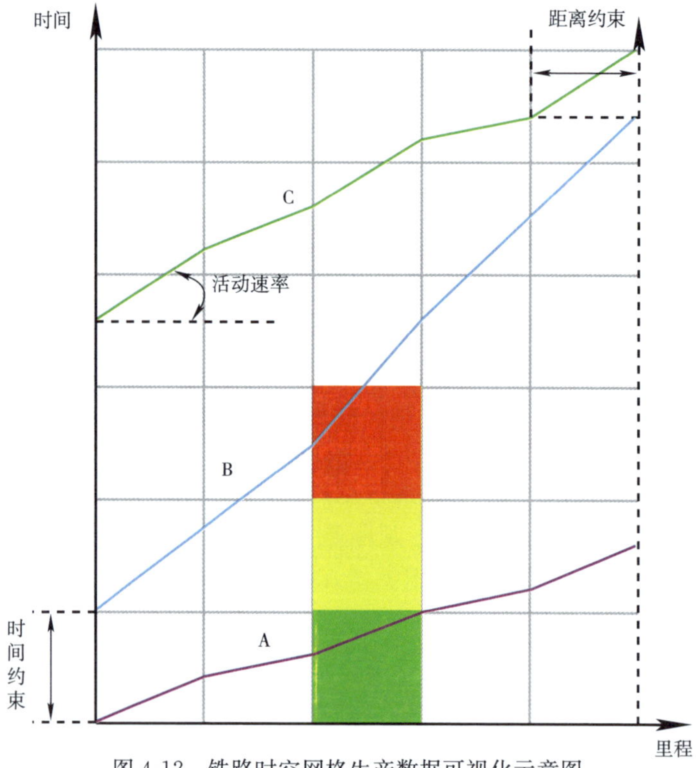


图 4-12　铁路时空网格生产数据可视化示意图

(1)直角坐标系

选用二维直角坐标系描述铁路基础设施生产数据的各类时空关系，其中，横坐标表示线路的里程位置，纵坐标表示时间，横坐标以铁路网格长度划分刻度，纵坐标以管理所需的时间粒度划分，可以是分、时、天、周、月、年等。基于横坐标、纵坐标的刻度，在直角坐标系中划分出铁路时空网格。

(2)基本要素

基本要素分为两大类：铁路时空网格类和检查、维修活动类。

①铁路时空网格类

a. 铁路时空网格的起点里程；

b. 铁路时空网格的终点里程；

c. 铁路时空网格的开始时间；

d. 铁路时空网格的结束时间；

e. 铁路时空网格区域内的设备状态（如健康状态、风险等级等）。

②检查、维修活动类

a. 活动的起点里程；

b. 活动的终点里程；

c. 活动的开始时间；

d. 活动的结束时间；

e. 活动的斜率（代表活动的生产速率）；

f. 活动的类型（如轨检车检查、线路捣固等）；

g. 活动的状态。

（3）时空关系

相应的，时空关系也分为两大类：铁路时空网格类和检查、维修活动类。

①铁路时空网格类

a. 同一时间跨度，铁路时空网格状态在不同空间位置的分布；

b. 同一里程范围，铁路时空网格状态随时间的变化情况。

②检查、维修活动类

a. 不同活动在时间维度上的约束；

b. 不同活动在空间维度上的约束。

# 5　铁路轨道检查计划优化编制方法

本章将基于第 4 章提出的铁路基础设施时空网格化管理方法，提出一种新的铁路轨道网格化检查计划优化编制模型，该模型以铁路轨道时空网格为基本单元，将铁路轨道检查活动在时间、空间上进行细分，以时间约束、检查连续性约束、工期约束、速率约束、空间约束、资源约束等构成约束体系，以均衡性、可调整性及计划变动最小为优化目标。

## 5.1　轨道检查计划编制目前面临的主要问题

优化编制铁路轨道检查计划，对及时掌握铁路轨道健康状态，有效安排轨道养护维修作业具有重要意义。铁路轨道检查计划中的检查任务、检查频率一般是固定的。为保证轨道检查计划的实用性、指导性，在其编制中面临的最主要挑战如下：

(1)需实现轨道检查计划中相邻检查活动时间间隔的均衡性及整体可调整性的优化；

(2)轨道检查计划在实际执行过程中，由于受到多种随机因素的干扰，部分检查计划可能无法兑现，需要调整剩余检查计划，当对其进行调整时，需实现调整后的计划与原计划相比变动最小。

检查计划的相邻检查活动时间间隔的均衡性是指不同检查活动的时间间隔应尽量均衡，$T_j$ 、$T_{j+1}$ 、$T_{j+2}$ 、$T_{j+3}$ 与 $T_{j+4}$ 应尽量相等(图 5-1)，避免“为了检查而检查”现象发生，避免轨道线路在较长时间跨度内未被检查，同时避免在较短时间跨度内被多次检查的情况。检查计划的可调整性是指检查计划在执行过程中，降低各种随机扰动(如恶劣天气条件)影响的能力，$\min(T_j, T_{j+1}, T_{j+2}, T_{j+3}, T_{j+4})$ 应尽量大。图 5-1 中横坐标表示线路里程，纵坐标表示时间，不同颜色的实线表示不同的检查活动。

在铁路生产实践中，铁路轨道检查计划一般由管理者根据相关修理规则与工作经验人工编制、调整，难以保证铁路轨道检查计划的均衡性、可调整性与计划变动最小。传统的网络计划方法或甘特图方法对铁路轨道这类线性资产的检查活动并不适用[219～228]。目前，国内外专家学者对铁路轨道检查计划相邻检查活动的时间间隔均衡性、可调整性及计划变动最小的优化的直接研究较少，详见第 2.4.1 节。

本章将基于第 4 章提出的铁路基础设施时空网格化管理方法，围绕多目标的铁路轨道检查计划优化编制及其可视化问题展开研究。其中，优化编制的目标包括：均衡性、可调整性及计划变动最小；考虑的约束条件包括：时间约束、工期约束、空间约束、速率约束、资源约束与检查连续性约束等。

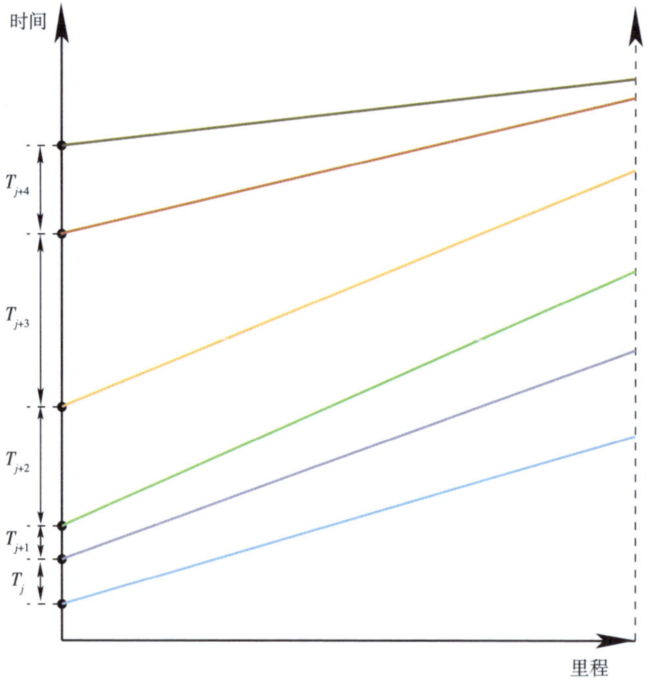


图 5-1　不同检查方式的检查活动相邻检查时间间隔示意图

## 5.2 铁路轨道检查活动间的约束关系

铁路轨道检查活动是指应用技术手段调查铁路轨道状态所进行的一系列动作的总和。它是轨道检查计划管理中的基本管理单元，具有明确的时间跨度、里程范围信息，在其执行过程中消耗一定的资源。一个检查活动是指在一定时间跨度、里程范围内，一个工作组被安排执行的检查任务。

虽然铁路轨道检查方式种类较多，不同检查方式的检查原理不同，铁路轨道检查活动除具有线性、连续、重复，且受多种时空因素影响等特点外，还具有以下几个特点。

(1)不同的检查方式的检查项目存在重合，如轨检车检查、轨检仪检查的检查项目都含有高低、轨向、轨距、水平、三角坑，钢轨探伤车、钢轨探伤仪、手工检查都检查钢轨伤损状况。

(2)为保证上道人员作业安全，某些检查方式的检查活动需安排在天窗时间内执行，如轨检仪检查、钢轨探伤仪检查；同时也存在某些检查方式的检查活动不需安排在天窗时间的情况，如轨道车检查、动检车检查、钢轨探伤车检查。

(3)不同检查方式的检查活动在时间维度上不存在先后顺序的逻辑约束，即不同检查方式的检查活动在时间上的先后顺序不影响对轨道状态的感知。

(4)在同一时间、空间里程位置处，不存在多种检查活动，如在实施钢轨探伤仪检查活动时，在同一位置处不能同时安排轨检仪检查活动。

如第 2.4.1 节所述，既有相关研究成果缺少对铁路轨道检查活动间约束的描述与定义。结合上述轨道检查活动特点的分析，本书将铁路轨道检查活动间的约束划分为时间约束、工期约束、空间约束、速率约束、资源约束、检查连续性约束等。

(1)时间约束

同一轨道线路同一检查方式的相邻两次检查的时间间隔 $T_j$ 应满足最小时间约束、最大时间约束，$T_j \geqslant \min T_j$，$T_j \leqslant \max T_j$，如图5-2(a)所示。$\max T_j$ 表示最大时间约束阈值，$\min T_j$ 表示最小时间约束阈值，阈值大小由铁路线路修理相关规定[11, 12, 16]中的不同检查方式的检查频次决定。图中横坐标表示线路里程，纵坐标表示时间，不同颜色的实线表示不同检查方式的检查活动。

违反最大时间约束将导致管理者无法及时发现轨道线路的质量问题，违反最小时间约束将导致检查资源的浪费。

(2)工期约束

根据铁路线路修理相关规定[11, 12, 16]，铁路轨道检查活动需要在规定的时间段内执行完成。管理者在编制检查计划时，由于受到多种随机因素的干扰，某些轨道线路可能在规定的时间段内未被组织安排相应的检查活动(即漏检)，$d_i > 0$，$d_{i+1} > 0$，违反了工期约束，如图 5-2(b)所示。工期的长短由不同检查方式的检查频次决定，如普速铁路轨检仪正线检查频次为 1 遍/月[16]，相应的工期为 1 个月。图中横坐标表示线路里程，纵坐标表示时间，不同颜色的实线表示不同检查方式的检查活动，紫色虚线表示检查计划的截止日期。

违反工期约束将造成原来没有风险的轨道线路有可能演变出风险隐患，原来的低风险有可能演变为高风险。

(3)空间约束

不同检查活动两两间存在最小距离约束、最小时间约束。$T_j \geqslant \min T_j$，$T_{j+1} \geqslant \min T_{j+1}$，$d_i \geqslant \min d_i$，$d_{i+1} \geqslant \min d_{i+1}$，如图 5-2(c)所示。$\min d_i$ 、$\min d_{i+1}$ 表示最小距离约束阈值，$\min T_j$ 、$\min T_{j+1}$ 表示最小时间约束阈值，阈值大小应确保不同检查活动在执行过程中不产生相互干扰或冲突。图中横坐标表示线路里程，纵坐标表示时间，不同颜色的实线表示不同检查方式的检查活动。

如果违反上述约束，检查活动之间会产生时空冲突，影响检查活动的效率与安全。

(4)速率约束

铁路轨道检查活动，由于受到多种时间、空间因素影响，其速率具有不确定性，但应满足最小速率约束、最大速率约束，$\min v_j \leqslant v_j \leqslant \max v_j$，$\min v_{j+1} \leqslant v_{j+1} \leqslant \max v_{j+1}$，如图 5-2(d)所示。$\min v_j$ 、$\min v_{j+1}$ 表示最小速率约束阈值，$\max v_j$ 、$\max v_{j+1}$ 表示最大速率约束阈值，阈值大小一般由检测仪器或装置的技术参数决定，如轨检仪通常行进速度为 3～4 km/h，最快不应大于 8 km/h[32, 229]。图中横坐标表示线路里程，纵坐标表示时间，紫色虚线表示检查计划的截止日期。

满足最大速率约束，用于保证检查质量，防止错检与漏检；满足最小速率约束，用于保证检查活动的效率。

(5)资源约束

铁路轨道检查过程中所能占用的资源使用量往往是有限的，为确保检查活动的顺利进行，同一时刻组织安排的检查活动数应小于等于工作组数(即资源使用量)，如图 5-2(e)所示。工作组是由机械设备、人员以及相关辅助生产资料构成的进行检查活动的基本单元，其代表了一定的资源配置，并对应一定的检查效率。图中横坐标表示时间，纵坐标表示工作组数，紫色虚线表示资源使用量的阈值，阈值的大小用 $RC$ 表示。

满足资源约束是检查计划可行性的基本保证，如果检查活动使用的资源量超过可用资源量，将直接导致无法对检查活动进行组织安排。

(6)检查连续性约束

铁路轨道检查活动具有线性、连续、重复等特点，其在一个单位时间 $WT$ 内，是被作为一个完整的整体而进行组织安排的，应保证其执行的连续、不间断，$T_j = 0$，$d_i = 0$，如图 5-2(f)所示。图中横坐标表示线路里程，纵坐标表示时间，紫色虚线表示单位时间的开始时间、结束时间。

如果违反上述约束，检查活动出现不连续或间断，会造成资源的浪费与检查效率的损失，增加管理成本。

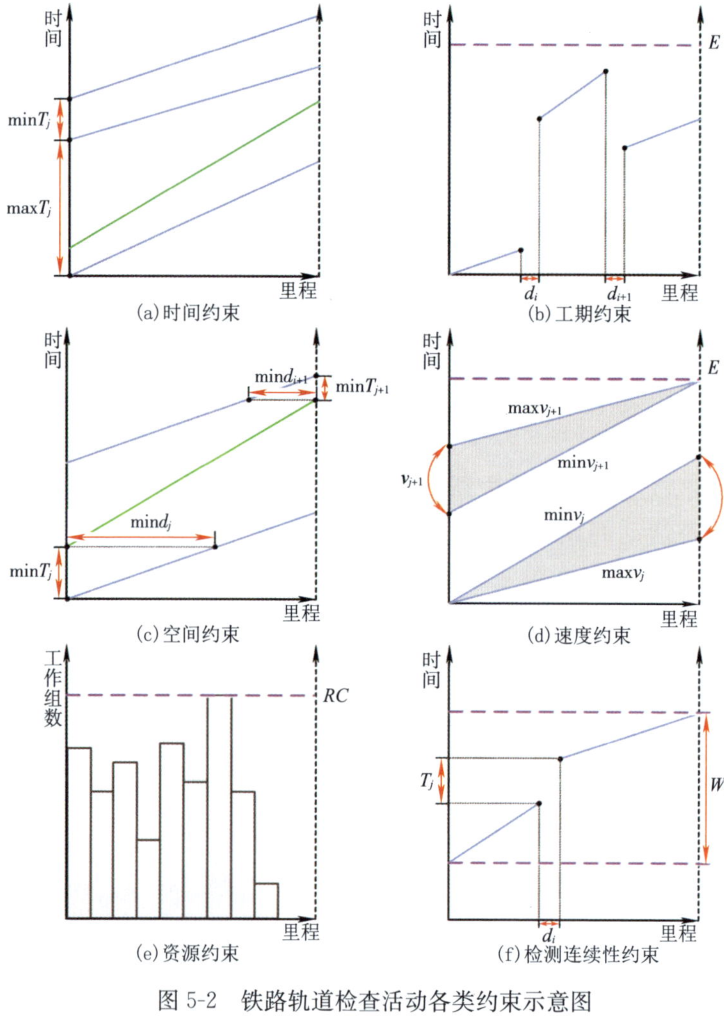


图 5-2　铁路轨道检查活动各类约束示意图

## 5.3　铁路轨道网格化检查计划基本图优化编制模型

本节将基于第 4 章提出的铁路基础设施时空网格化管理方法，

以铁路轨道时空网格为基本单元，将铁路轨道检查活动在空间、时间维度上进行细分，提出一种新的铁路轨道网格化检查计划优化编制模型（Optimal Inspection Scheduling Model for Railway Track Grids，OISM-RTG），更精细地定义铁路轨道不同检查活动在时间、空间上的各种约束以及目标函数，增强轨道检查计划的均衡性与可调整性，提高轨道检查计划的实用性，并当检查计划受多种因素干扰需要调整时，使调整后的计划与原计划相比变动最小，保证对现场实际检查活动的指导性。

### 5.3.1 模型构建思路

铁路轨道检查活动由于受多种时间、空间因素影响（如恶劣天气），可能会延迟或者临时取消，铁路轨道检查计划在实际执行中可能会被多次调整。因此，本书首次提出“铁路轨道检查计划基本图”的概念。

铁路轨道检查计划基本图是指依据检查任务量，经过初始编制、定期调整，形成的一系列具备均衡性、可调整性的检查计划图，是铁路现场检查活动执行的依据。铁路轨道检查计划图是运用坐标原理对铁路轨道检查活动时间、空间关系的图解表示，它描述了铁路轨道各个检查活动的开始时间、结束时间、起点里程、终点里程，不同检查活动占用区间的先后顺序，各个检查活动占用区间的时间长度等信息等。

本书提出的检查计划基本图与现场传统的检查计划区别的体现在以下几方面。

(1)轨道检查计划一般以“月”为编制周期。传统检查计划一般是在本月末编制下个月的检查计划，且只编制一次。本书提出的检查计划基本图是多张图，除在本月末编制外，它会随着实际检查活动的执行，定期统计检查计划兑现的偏离情况，动态调整原始的检查计划基本图，同时确保调整后的基本图尽量接近原始的基本图，减少对其他工作的影响。

(2)相较于传统检查计划，本书提出检查计划基本图能综合考虑检查活动间的各类约束关系，能更合理地分配各项检查资源，具有更强的实用性。

(3)相较于传统检查计划，本书提出检查计划基本图采用计算机技术，能大量降低管理者编制检查计划的劳动强度，能更灵活、直观地展现检查计划。

铁路轨道网格化检查计划基本图优化编制模型 OISM-RTG 由以下几部分构成，如图 5-3 所示。

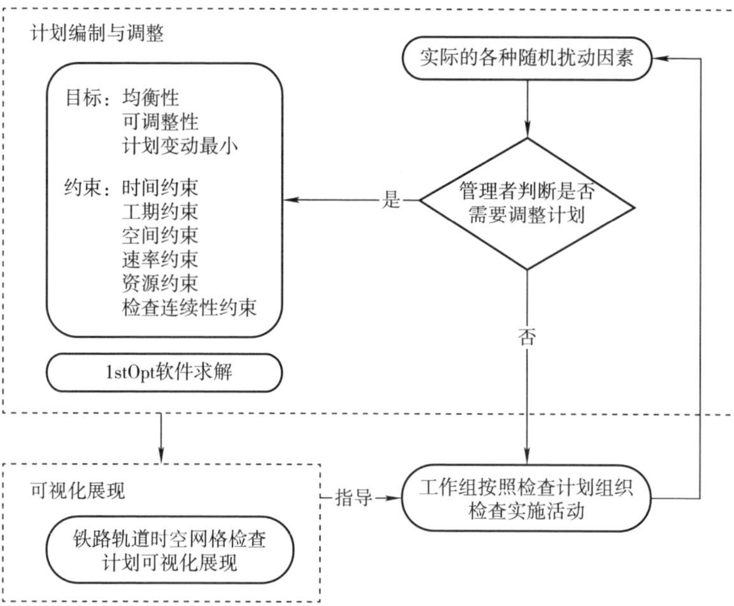


图 5-3　铁路轨道网格化检查计划基本图优化编制模型 OISM-RTG 构成

(1)计划初始编制：以均衡性、可调整性为优化目标，编制铁路轨道检查计划，确保检查计划的实用性。

(2)计划定期调整：在轨道检查计划实际执行过程中，会受到各种随机扰动因素的影响，当实际进度与计划出现偏差时，管理者判断是否需对检查计划进行调整，以防止整个检查计划混乱。铁路轨道检查计划的调整，以计划变动最小为最优目标，保证检查计划有序执行。

(3)可视化展现:基于第 4.8 节提出的铁路时空网格生产数据可视化框架模型,建立铁路轨道网格化检查计划基本图可视化子模型,对编制出的检查计划进行图形化展现。

### 5.3.2 常　　量

模型 OISM-RTG 涉及的常量如下:

$SD$ 表示检查计划的起点里程;

$ED$ 表示检查计划的终点里程;

$DR$ 表示检查活动的里程长度,其计算见公式(5-1);

$$DR = ED - SD \tag{5-1}$$

$LE$ 表示轨道网格长度,一般为 200 m;

$N$ 表示铁路线路划分的轨道网格总数,其计算见公式(5-2);

$$N = \frac{DR}{LE} \tag{5-2}$$

$G_i$ ($i \in [1,2,\cdots,N]$) 表示第 $i$ 个轨道网格;

$M$ 表示轨道检查方式的总类别数;

$C_j$ ($j \in [1,2,\cdots,M]$) 表示第 $j$ 类检查方式;

$C_{ij}$ ($i \in [1,2,\cdots,N], j \in [1,2,\cdots,M]$) 表示轨道网格 $G_i$ 的第 $j$ 类检查方式;

$E$ 表示一个计划编制周期内的单位时间总数;

$S_{ij}$ 表示在一个计划编制周期内,轨道网格 $G_i$ 的检查方式 $C_j$ 的检查遍数阈值,由于受到各种时间、空间因素的影响,不同轨道网格相同检查方式的检查频次可能不同;

$S_i$ 表示在一个计划编制周期内,轨道网格 $G_i$ 所有检查方式的检查总遍数阈值,其计算见公式(5-3);

$$S_i = \sum_{j=1}^{M} S_{ij} \tag{5-3}$$

$\min T_{ij}$ 表示在一个计划编制周期内，轨道网格 $G_i$ 的检查方式 $C_j$ 的最小检查间隔阈值；

$\max T_{ij}$ 表示在一个计划编制周期内，轨道网格 $G_i$ 的检查方式 $C_j$ 的最大检查间隔阈值；

$\max L_j$ 表示每单位时间内检查方式 $C_j$ 的最大检查网格数阈值；

$\min L_j$ 表示每单位时间内检查方式 $C_j$ 的最小检查网格数阈值；

$RC_j$ 表示执行检查方式为 $C_j$ 的检查活动的工作组数；

$RC$ 表示执行检查活动的工作组总数。

### 5.3.3 决策变量

模型 OISM-RTG 的决策变量是 $t_{ij}^e$，该变量表示轨道网格 $G_i$ 在第 $e$ 个单位时间是否执行检查方式为 $C_j$ 的检查活动，$t_{ij}^e \in [0, 1]$，见公式(5-4)。$t_{ij}^e=1$ 表示轨道网格 $G_i$ 在第 $e$ 个单位时间执行检查方式为 $C_j$ 的检查活动，$t_{ij}^e=0$ 表示轨道网格 $G_i$ 在第 $e$ 个单位时间不执行检查方式为 $C_j$ 的检查活动。

$$t_{ij}^e=\begin{cases}1, \text{执行检查活动}\\0, \text{不执行检查活动}\end{cases} \tag{5-4}$$

对于检查方式 $C_j$，其对应的最优化问题有 $N \times E$ 个布尔决策变量需要考虑，如图 5-4 所示。整个模型的检查方式有 $M$ 类，故模型 OISM-RTG 共有 $M \times N \times E$ 个布尔决策变量需要考虑。

### 5.3.4 决策表达式

模型 OISM-RTG 涉及的决策表达式如下。

$Z_{ij}$ 表示在一个检查计划编制周期内，轨道网格 $G_i$ 的检查方式 $C_j$ 的历次检查活动执行时间构成的集合。集合 $Z_{ij}$ 中元素的个数等于轨道网格 $G_i$ 的检查方式 $C_j$ 的检查遍数阈值 $S_{ij}$。集合 $Z_{ij}$ 中的元素用 $z_{ij}^n$ 表示，$n \in [1,2,\cdots,S_{ij}]$，$z_{ij}^n$ 表示轨道网格 $G_i$ 在第 $z_{ij}^n$ 个单位时间

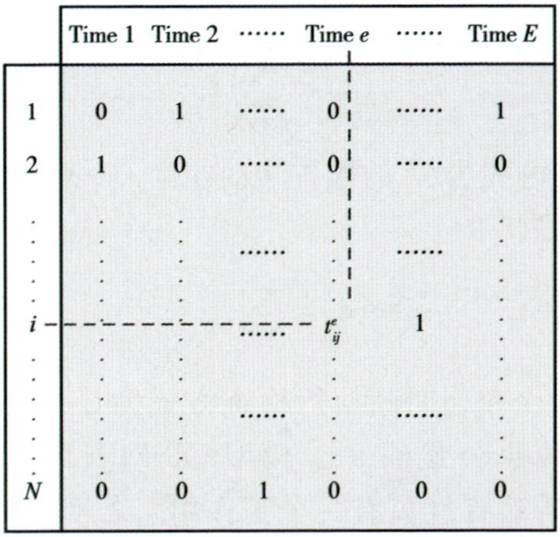


图 5-4　模型 OISM-RTG 中决策变量 $t_{ij}^e$ 示意图

执行了检查方式为 $C_j$ 的检查活动。$z_{ij}^n$ 与 $t_{ij}^e$（$e\in[1,2,\cdots,E]$）的函数关系如公式(5-5)所示。$t_{ij}^e\neq0$ 表明轨道网格 $G_i$ 在第 $e$ 个单位时间执行了检查方式为 $C_j$ 的检查活动，此时，$z_{ij}^n=e$。

$$z_{ij}^n=Inf\{e\mid t_{ij}^e\neq0,e\in[1,2,\cdots,E]\}\tag{5-5}$$

$U_i$ 表示在一个检查计划编制周期内，轨道网格 $G_i$ 所有检查方式的历次检查活动执行时间构成的集合。集合 $U_i$ 中元素的个数等于轨道网格 $G_i$ 所有检查方式的检查总遍数阈值 $S_i$。集合 $U_i$ 中的元素用 $u_i^m$ 表示，$m\in[1,2,\cdots,S_i]$，$u_i^m$ 表示轨道网格 $G_i$ 在第 $u_i^m$ 个单位时间执行了检查活动。$u_i^m$ 与 $t_{ij}^e$（$e\in[1,2,\cdots,E]$，$j\in[1,2,\cdots,M]$）的函数关系如公式(5-6)所示。$t_{ij}^e\neq0$，表明轨道网格 $G_i$ 在第 $e$ 个单位时间执行了检查方式为 $C_j$ 的检查活动，此时，$u_i^m=e$。

$$u_i^m=Inf\{e\mid t_{ij}^e\neq0,e\in[1,2,\cdots,E],j\in[1,2,\cdots,M]\}\tag{5-6}$$

$Q_{ij}$ 表示轨道网格 $G_i$ 执行检查方式为 $C_j$ 的检查活动次数，其计算见公式(5-7)。

$$Q_{ij} = \sum_{e=1}^{E} t_{ij}^{e} \tag{5-7}$$

$v_j^e$ 表示检查方式为 $C_j$ 的检查活动在第 $e$ 个单位时间检查的网格数,其计算见公式(5-8)。

$$v_j^e = \sum_{i=1}^{N} t_{ij}^{e} \tag{5-8}$$

$R_j^e$ 表示第 $e$ 个单位时间执行检查方式为 $C_j$ 的检查活动的工作组需求量,其计算见公式(5-9)。模型 OISM-RTG 假设执行检查方式为 $C_j$ 的检查活动有且只有一个工作组。若实际问题中对于检查方式 $C_j$ 有多个工作组,则根据检查任务将其划分为多个单一工作组的子问题进行处理。

$$R_j^e = Inf\left(1 \mid \sum_{i=1}^{N} t_{ij}^{e} > 0\right) \tag{5-9}$$

### 5.3.5 基于时空网格的目标函数

模型 OISM-RTG 的目标函数包括三部分,轨道检查计划相邻检查活动时间间隔均衡性、可调整性与计划变动最小。

#### 5.3.5.1 均衡性目标函数

模型 OISM-RTG 将利用熵理论,构造衡量轨道检查计划在时间维度上均衡性的指标。采用相邻两次轨道检查活动的时间间隔与计划编制周期的长度之比重新定义熵,称之为时间熵。时间熵越大说明轨道检查计划在时间维度上越均衡。

(1)熵的定义

"熵"(Entropy)[230]一词源自希腊语"变化"(Entropia),表示一个系统内在性质的改变,由德国物理学家 Rudolf Clausius 于 1865 年根据热力学第二定律引出的一个反映自发过程不可逆性的物质状态参量，用来度量一个系统中分子运动的混乱程度。

(2)信息熵的定义

“信息熵”(Information Entropy)或称为“香农熵”(Shannon Entropy)[231]，由 Claude Elwood Shannon 于 1948 年首次提出，用来度量信息的不确定性。信息的特征是能够消除掉事件的不确定性。当事件的状态或结果全部已知时，信息熵 $H$ 等于 0；当事件的可能状态或结果越多时，其不确定性越大，$H$ 就越大；当事件的可能状态或结果数量一定，且其出现的概率相等时，$H$ 取极大值。Shannon 进一步将信息熵 $H$ 数学抽象为，某事件有 $n$ 个可能结果 $X_i$ $(i \in [1,2,\cdots,n])$，每个结果出现的概率分别为 $p_i$，度量该事件不确定程度的信息熵 $H$ 的计算见公式(5-10)。

$$H = -\sum_{i=1}^{n} p_i \ln p_i \tag{5-10}$$

$$\sum_{i=1}^{n} p_i = 1, i \in [1,2,\cdots,n] \tag{5-11}$$

$$p_i \geqslant 0, i \in [1,2,\cdots,n] \tag{5-12}$$

(3)极大熵准则

极大熵准则(Maximum Entropy Criterion)是由 Edwin Thompson Jaynes[232]在 1957 年提出的。它是一种分布推断方法，当我们除了非负性和正则性以外，对于某个随机分布一无所知时，采用均匀分布最为适合，与均匀分布相对应的是熵达到极大值。即当 $p_i(i = 1,2,3,\cdots,n)$ 满足如下条件时，公式(5-10)中的 $H$ 有极大值。

$$p_1 = p_2 = \cdots = p_n = \frac{1}{n} \tag{5-13}$$

由极大熵准则可知，熵是一个很好的衡量一组数据偏系统均值程度的指标，当熵越小时，该组数据偏离均值程度越大；熵越大时，表明该组数据越是集中于均值附近，数据的分布越均衡；当一组数据完全相等时，熵的值达到最大。因此，熵值的大小能用于衡量一组数据的均衡性。

(4)轨道网格的时间熵

模型 OISM-RTG 将基于熵衡量检查计划在时间维度上的均衡性，采用相邻两次检查活动的时间间隔 $b_i^n$ 与计划编制周期内的单位时间总数 $E-1$ 之比定义的 $p_i^n$，替换公式(5-10)中的变量 $p_i$，重新定义熵。该熵称之为轨道网格 $G_i$ 的时间熵 $TH_i$，作为衡量轨道网格 $G_i$ 在一个计划编制周期内相邻两次检查活动时间间隔的均衡性指标，见公式(5-14)。时间熵 $TH_i$ 值越大，说明检查计划中相邻两次检查活动的时间间隔越均衡。$b_i^n$ 表示轨道网格 $G_i$ 第 $n+1$ 次检查活动与第 $n$ 次检查活动的时间间隔，见公式(5-15)。$p_i^n$ 表示 $b_i^n$ 与计划编制周期内的单位时间总数 $E-1$ 之比，见公式(5-16)。其中，$i \in [1,2,\cdots,N]$，$n \in [1,2,\cdots,S_i-1]$。采用 $E-1$ 定义 $p_i^n$ 的原因是，轨道网格 $G_i$ 在计划编制周期内所有 $S_i-1$ 个时间间隔 $b_i^n$ 之和等于 $E-1$。

$$TH_i = -\sum_{n=1}^{S_i-1} p_i^n \ln p_i^n \tag{5-14}$$

$$b_i^n = u_i^{n+1} - u_i^n \tag{5-15}$$

$$p_i^n = \frac{b_i^n}{E-1} \tag{5-16}$$

$$E-1 = \sum_{n=1}^{S_i-1} b_i^n \tag{5-17}$$

由极大熵准则可以得知，轨道网格 $G_i$ 的时间熵 $TH_i$ 取到极大值时，$p_i^n$($n \in [1,2,\cdots,S_i-1]$) 两两相等。即一个计划编制周期内，时间熵 $TH_i$ 的值越大，轨道网格 $G_i$ 中相邻两次检查活动的时间间隔就越接近，编制的轨道网格 $G_i$ 检查计划均衡程度就越高。

铁路线路所有轨道网格的时间熵用 $TH$ 表示，用于衡量铁路线路所有轨道网格在一个计划编制周期内检查计划的均衡性，其计算如公式(5-18)所示。

$$TH = \sum_{i=1}^{N} TH_i = -\sum_{i=1}^{N}\sum_{n=1}^{S_i-1} p_i^n \ln p_i^n \tag{5-18}$$

整个铁路线路的时间熵 $TH$ 取到极大值时，轨道网格 $G_i(i \in [1,2,\cdots,N])$ 的时间熵 $TH_i$ 达到极大值，整个铁路线路内的各轨道网格的检查计划均衡程度最高。

根据极大熵准则，在不考虑任务约束条件前提下，轨道网格 $G_i$ 的时间熵 $TH_i$ 的理想极大值 $TH_{i,\max}$，如公式(5-19)所示。

$$\begin{aligned} TH_{i,\max} &= -\sum_{n=1}^{S_i-1} \frac{\left(\dfrac{E-1}{S_i-1}\right)}{E-1} \ln\left[\frac{\left(\dfrac{E-1}{S_i-1}\right)}{E-1}\right] \\ &= -\sum_{n=1}^{S_i-1} \frac{1}{S_i-1} \ln\left(\frac{1}{S_i-1}\right) \\ &= -\ln\left(\frac{1}{S_i-1}\right) \end{aligned} \tag{5-19}$$

相应的，铁路线路所有轨道网格的时间熵 $TH$ 的理想极大值 $TH_{\max}$，如公式(5-20)所示。

$$TH_{\max} = \sum_{i=1}^{N} TH_{i,\max} = -\sum_{i=1}^{N} \ln \frac{1}{S_i-1} \tag{5-20}$$

铁路线路所有轨道网格的时间熵 $TH$ 与其理想极大值 $TH_{\max}$ 的比值，用 $THR$ 表示，如公式(5-21)所示。

$$THR = \frac{TH}{TH_{\max}} \tag{5-21}$$

模型 OISM-RTG 的均衡性目标函数，见公式(5-22)。

$$\max THR \tag{5-22}$$

#### 5.3.5.2 可调整性目标函数

铁路轨道检查计划基本图的可调整性是指铁路轨道检查计划基本图在执行过程中所能承受各种随机抗扰动因素的能力。由于受空间因素、时间因素(如恶劣天气、假期休息)的影响，铁路轨道检查活动可能会延迟或者临时取消，从而容易导致整个轨道检查计划混乱，因此编制出的检查计划具有降低各种随机扰动影响的功能。

模型 OISM-RTG 采用一个检查计划编制周期内，轨道网格相邻两次检查活动的最小时间间隔与计划编制周期内的单位时间总数 $E$ 的比值定义可调整性 $R$，作为衡量检查计划基本图变化弹性的重要指标，其计算见公式(5-23)。轨道网格相邻两次检查活动的最小时间间隔越大，说明检查计划的可调整性越强。

$$R=\min\frac{b_i^n}{E},\forall i\in[1,2,\cdots,N],\forall n\in[1,2,\cdots,S_i-1] \tag{5-23}$$

模型 OISM-RTG 的可调整性目标函数，见公式(5-24)。

$$\max R \tag{5-24}$$

#### 5.3.5.3 计划变动最小目标函数

铁路轨道检查计划基本图的计划变动最小是指铁路轨道检查活动在执行过程中，由于受到多种随机因素的扰动而不能按照原计划执行，调整后的检查计划与原计划相比偏差最小。模型 OISM-RTG 采用调整前与调整后检查计划占用轨道时空网格的变化数量，作为衡量检查计划变动程度的指标。调整后的检查计划与原计划越相近、偏差越小，对其他工作的影响就越小，现场的工作也就越有序。

模型 OISM-RTG 采用调整后的计划与原计划的 $t_{ij}^e$ 与 $t_{ij}^{e\prime}$ 之差的绝对值之和定义计划变动的大小，其计算见公式(5-25)。式中 $h$ 表示，从第 $h$ 个单位时间开始检查计划需要重新编制。

$$A=\sum_{e=h}^{E}\sum_{i=1}^{N}\sum_{j=1}^{M}\left|t_{ij}^{e}-t_{ij}^{e\,\prime}\right| \tag{5-25}$$

模型 OISM-RTG 的计划变动最小目标函数，见公式(5-26)。

$$\max\ (-A) \tag{5-26}$$

#### 5.3.5.4 基于权重的多目标函数

模型 OISM-RTG 为实现检查计划相邻检查活动时间间隔均衡性、可调整性及计划变动最小的多目标优化，采用加权求和的方式[233, 234]，将多目标优化问题转化为单目标优化问题，确定出模型 OISM-RTG 的 Pareto 最优解。模型 OISM-RTG 转化后的最优化目标函数，见公式(5-27)。式中 $\alpha$ 、$\beta$ 、$\gamma$ 为三个目标函数的权重。

$$\max\ \alpha THR+\beta R+\gamma(-A) \tag{5-27}$$

其中，

$$\alpha+\beta+\gamma=1 \tag{5-28}$$

$$0\leqslant\alpha,\beta,\gamma\leqslant 1 \tag{5-29}$$

当 $\alpha+\beta=1$，$\gamma=0$ 时，模型 OISM-RTG 用于铁路轨道检查计划基本图的初始编制，$\alpha$、$\beta$ 的值由管理者依据实际情况中均衡性与可调整性目标的重要程度进行设定。

当 $\alpha=0$，$\beta=0$，$\gamma=1$ 时，模型 OISM-RTG 用于调整初始编制的铁路轨道检查计划基本图。

### 5.3.6 基于时空网格的约束体系

本节将基于铁路轨道时空网格更细致的定义以下六类检查活动约束：时间约束、工期约束、空间约束、速率约束、资源约束与检查连续性约束，如图 5-5 所示。

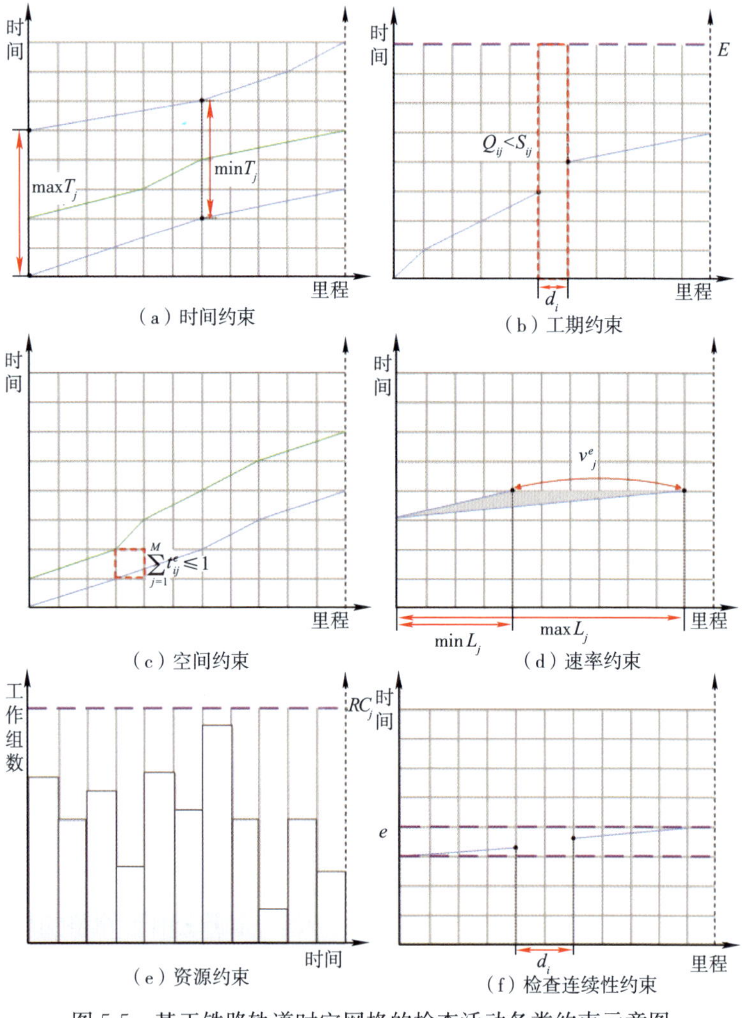


图 5-5　基于铁路轨道时空网格的检查活动各类约束示意图

### 5.3.6.1　时间约束

如图 5-5(a)所示，轨道检查活动的时间约束如下：①在一个计划编制周期内，轨道网格 $G_i$ 的检查方式 $C_j$ 的相邻两次检查时间间隔应大于等于最小检查间隔阈值 $\min T_{ij}$，见公式(5-30)；②在一个计划编制周期内，轨道网格 $G_i$ 的检查方式 $C_j$ 的相邻两次检查时间间隔应小于等于最大检查间隔阈值 $\max T_{ij}$，见公式(5-31)。在一个检查计划编制周期内，若某一检查方式规定的检查次数为 1，则不考虑该检查方式对应的检查活动的时间约束。图 5-5(a)中横坐标表示线路里程，纵坐标表示时间，不同颜色的实线表示不同检查方式的检查活动。横坐标以网格长度进行划分，纵坐标以管理所需的时间粒度进行划分，形成轨道时空网格。

$$z_{ij}^{m+1} - z_{ij}^{m} \geqslant \min T_{ij} \ \forall m \in [1,2,\cdots,S_{ij}-1] \tag{5-30}$$

$$z_{ij}^{m+1} - z_{ij}^{m} \leqslant \max T_{ij} \ \forall m \in [1,2,\cdots,S_{ij}-1] \tag{5-31}$$

#### 5.3.6.2 工期约束

轨道检查活动的工期约束包括两方面：①在一个计划编制周期内，每类检查方式都需要完成规定的检查遍数；②每类检查方式的检查活动在每次检查时，都需要检查全部的轨道网格，避免漏检。故在一个计划编制周期内，轨道网格 $G_i$ 执行检查方式为 $C_j$ 的检查活动次数 $Q_{ij}$ 应等于检查遍数的阈值 $S_{ij}$，见公式(5-32)、图 5-5(b)。图 5-5(b)中横坐标表示线路里程，纵坐标表示时间，横坐标以网格长度进行划分，纵坐标以管理所需的时间粒度进行划分，形成轨道时空网格。紫色虚线表示检查计划的截止日期。图中由于存在 $d_i > 0$，导致虚线框区域 $Q_{ij} < S_{ij}$，不满足工期约束。

$$Q_{ij} = S_{ij} \ \forall i \in [1,2,\cdots,N], j \in [1,2,\cdots,M] \tag{5-32}$$

#### 5.3.6.3 空间约束

轨道检查活动的空间约束是指在任意一个铁路轨道时空网格内，最多只能发生一个检查活动。即轨道网格 $G_i$ 在单位时间内最多只能发生一个检查活动，见公式(5-33)、图 5-5(c)。图 5-5(c)中横坐标表示线路里程，纵坐标表示时间，不同颜色的实线表示不同检查方式的检查活动。横坐标以网格长度划分刻度，纵坐标以管理所需的时间粒度划分,形成轨道时空网格。

$$\sum_{j=1}^{M} t_{ij}^{e} \leqslant 1 \; \forall i \in [1,2,\cdots,N], e \in [1,2,\cdots,E] \tag{5-33}$$

### 5.3.6.4 速率约束

模型 OISM-RTG 采用每类检查方式的检查活动在单位时间内检查的轨道网格数定义检查速率。如图 5-5(d)所示,轨道检查活动的速率约束如下:①检查方式为 $C_j$ 的检查活动在单位时间内检查的轨道网格数 $v_j^e$ 应小于等于最大速率阈值 $\max L_j$,见公式(5-34);②检查方式为 $C_j$ 的检查活动在单位时间内检查的轨道网格数 $v_j^e$ 应大于等于最小速率阈值 $\min L_j$,见公式(5-35)。图 5-5(d)中横坐标表示线路里程,纵坐标表示时间,横坐标以网格长度进行划分,纵坐标以管理所需的时间粒度进行划分,形成轨道时空网格。

$$v_j^e \leqslant \max L_j \; \forall e \in [1,2,\cdots,E], j \in [1,2,\cdots,M] \tag{5-34}$$

$$v_j^e \geqslant \min L_j \; \forall e \in [1,2,\cdots,E], j \in [1,2,\cdots,M] \tag{5-35}$$

### 5.3.6.5 资源约束

轨道检查活动的资源约束是指在单位时间内检查方式为 $C_j$ 的检查活动数 $R_j^e$ 小于等于相应的工作组数 $RC_j$,见公式(5-36)、图 5-5(e)。图 5-5(e)中横坐标表示时间,纵坐标表示工作组数。紫色虚线表示资源使用量的阈值 $RC_j$。

$$R_j^e \leqslant RC_j \; \forall e \in [1,2,\cdots,E] \tag{5-36}$$

### 5.3.6.6 检查连续性约束

铁路轨道检查连续性约束是指,每个工作组执行检查方式为 $C_j$ 的检查活动在单位时间内必须是连续、不间断的,见公式(5-37)、图 5-5(f)。图 5-5(f)中横坐标表示线路里程,纵坐标表示时间,横坐标以网格长度进行划分,纵坐标以管理所需的时间粒度进行划分,形成轨道时空网格。紫色虚线表示第 $e$ 个单位时间的开始时间、结束时间。图中由于存在 $d_i>0$，不满足检查连续性约束。

$$\sum_{i=p}^{p+v_j^e-1} t_{ij}^e = v_j^e \ \forall e \in [1,2,\cdots,E], \exists p \in [1,2,\cdots,N] \quad (5\text{-}37)$$

## 5.3.7　铁路轨道网格化检查计划基本图可视化子模型

为简洁、清晰、准确、直观展示铁路轨道检查计划中不同检查活动的时间、空间信息及不同检查活动在时间、空间维度上的各种约束信息等，指导现场各级管理人员（包括行车调度人员、工务调度人员、现场检查人员等）组织实施检查活动，基于第 4.8 节的铁路时空网格生产数据可视化框架模型，提出铁路轨道网格化检查计划基本图可视化子模型，该子模型的主要算法流程如下：

Step 1：建立二维直角坐标系，其中横坐标表示轨道网格的线路里程，纵坐标表示时间，里程维以网格长度划分刻度，时间维以管理所需的时间粒度划分，形成时空网格；

Step 2：利用铁路轨道网格化检查计划基本图优化编制模型 OISM-RTG，获取不同检查活动 $A_k$（$k=1,2,\cdots,K$；其中 $K$ 为检查活动总数）在时空网格中的开始里程坐标、开始时间坐标与结束里程坐标、结束时间坐标；

Step 3：获取检查活动 $A_k$ 的活动线型（线状、块状和条状），不同活动用不同颜色表示；

Step 4：采用 R 编程语言，利用检查活动 $A_k$ 的时空位置信息、线型、颜色等信息，实现铁路轨道检查计划基本图的自动绘制。

## 5.3.8　模型算法设计

本文提出的模型 OISM-RTG 属于组合优化问题中的非线性 0—1 规划问题。该模型中的决策变量 $t_{ij}^e \in [0,1]$，目标函数为非线性目标函数。组合优化（Combinatorial Optimization）[235～237] 是指在有限个可行解中，找出使某个目标函数达到最优的可行解的优化问题，该问题的数学描述见公式(5-38)、公式(5-39)。

$$\min f(x) \tag{5-38}$$

其中,

$$\begin{cases} g(x) \geqslant 0 \\ x \in D \end{cases} \tag{5-39}$$

其中,$f(x)$ 为目标函数,$g(x)$ 为约束函数,$x$ 为决策变量,$D$ 表示由有限个点组成的集合。0—1 规划问题是决策变量 $x$ 只能取 0 或 1 两个值的组合优化问题,当目标函数或者约束函数出现非线性函数时,称为非线性 0—1 规划。当目标函数 $f(x)$ 或约束函数 $g(x)$ 为非线性函数,且集合 $D$ 中的元素只有 0 和 1 时,该组合优化问题为非线性 0—1 规划问题。

模型 OISM-RTG 这类组合优化问题的可行解数量是有限个,最简单的求解方式应该是采用完全枚举法,找出所有的可行解并去比较它们的目标函数值,得到最优解。但是枚举是以消耗时间为代价的,当约束条件和变量个数比较少时,此方法是可行的。但是当约束条件和变量个数比较多时,很难找到解决此问题的多项式时间算法,即该问题属于非确定性算法多项式时间可解问题类(Nondeterministic Polynomial Solvable Problem Class),简记为 NP 类[238]。本章中的组合优化问题属于一类最难解的 NP 类问题,称为 NP-hard 问题[239]。

对于 NP-hard 问题的求解,一般不易设计出最优算法(Optimum Algorithm)与近似算法(Approximation Algorithm),而这些问题又有非常强的实际应用背景,此时一般采用启发式算法(Heuristic Algorithm),如遗传算法(Genetic Algorithms,GA)[240, 241]、蚁群算法(Ant Colony Optimization,ACO)[242]、粒子群算法(Particle Swarm Optimization,PSO)[243, 244]、模拟退火(Simulated Annealing,SA)[245]、禁忌搜索法(Tabu Search,TS)[246]、人工神经网络(Artificial Neural Networks,ANN)[247]、差分进化法(Differential Evolution,DE)[248]等。

本章选取 1stOpt(First Optimization)软件对模型 OISM-RTG

的组合优化问题进行求解，并利用 1stOpt 编程语言对模型 OISM-RTG 进行描述。1stOpt[249~251]是由北京七维高科科技有限公司(7D-Soft High Technology Inc.)独立开发的一套数学优化分析综合工具软件平台，具有如下几个方面的优势。

(1)模型采用自然描述语言，简单易懂，用户界面简洁友好，使用方便；可链接由多种编程语言(C＋＋、Pascal 等)编译出的外部可执行文件；可直接读存 Excel、CSV 等格式文件。

(2)Universal Global Optimization 算法拥有强大的全局优化能力[251]，对解决非线性的复杂参数估算、复杂的组合优化问题等具有强大优势。虽然还不能保证 100％的全局成功求解率，但相比目前市场上流行的软件平台或算法已有了质的突破。

(3)内嵌了多种启发式算法，如遗传算法、模拟退火、粒子群算法、禁忌搜索法、人工神经网络和差分进化法等。在具体求解过程中，不同算法对应的相关运行参数，可根据经验和实际问题进行单独调整。

## 5.4 案例分析

本案例将采用 2016 年 12 月兰新线下行 K721＋000～K765＋000 范围的轨道检查计划的相关实际数据，验证本章提出的铁路轨道网格化检查计划基本图优化编制模型 OISM-RTG 的有效性。

### 5.4.1 案例问题描述

兰新线上下行 K721＋000～K765＋000 范围的线路区段长度 $DR$＝44 km，途径嘉峪关车站(中心里程:K737＋954)、黑山湖车站(中心里程:K759＋319)，由中国铁路兰州局集团有限公司(简称“兰州局”)嘉峪关线路车间承担工务设备的日常检查、维修任务。轨道网格长度 $LE$ 为 200 m，故本实例涉及的兰新线下行的轨道网格数 $N$ 为 220。

本实例计划编制周期的总天数 $E$＝31，涉及了 4 类检查方式，分别是轨检仪检查、钢轨探伤检查、手工检查、轨检车检查。表 5-1 是 2016 年 12 月兰州局嘉峪关线路车间兰新线下行轨道线路检查任务量。其中，兰新线下行 K731＋000～K736＋000 范围的轨道质量状态较差，故该里程范围内的轨道网格的手工检查频数比其他轨道网格多一次。轨检车检查已被预先安排在 8 日、21 日，分别对兰新线下行轨道线路进行第 1 次、第 2 次检查。

本实例涉及 4 个工作组，分别是嘉峪关检查监控工区、嘉峪关线路维修工区、嘉峪关钢轨探伤工区、轨检车工作组。为观察数据集整体的分布情况，识别数据集中可能的异常值，利用箱型图工具分析这些工作组在 2015 年 1 月—2017 年 12 月期间 3 年内 581 条的历史检查速率数据，选择历史检查速率数据中的第一、第三四分位数作为检查速率的上下阈值，其中用单位天窗时间内检查的线路长度定义检查速率。图 5-6 是不同检查方式历史检查活动速率的箱型图。图中横坐标表示检查活动速率，纵坐标表示检查方式类型。表 5-2 是兰新线不同检查方式的检查速率约束。

**表 5-1　2016 年 12 月兰州局嘉峪关线路车间兰新线下行轨道线路检查任务量**

| 序号 | 检查方式 $C_j$ | 检查方式序号 $j$ | 行别 | 起点里程 $SD$ | 终点里程 $ED$ | 轨道网格序号 $i$ | 线路长度 $DR$（km） | 检查频数 $S_{ij}$（次/月） | 最大检查间隔阈值 $\max T_{ij}$（天） | 最小检查间隔阈值 $\min T_{ij}$（天） |
|---|---|---|---|---|---|---|---|---|---|---|
| 1 | 轨检仪检查 | 1 | 下行 | K721＋000 | K765＋000 | [1,2,…,220] | 44 | 1 | 35 | 15 |
| 2 | 钢轨探伤检查 | 2 | 下行 | K721＋000 | K765＋000 | [1,2,…,220] | 44 | 1 | 35 | 15 |
| 3 | 手工检查 | 3 | 下行 | K721＋000 | K730＋000 | [1,2,…,45] | 9 | 1 | 35 | 15 |
| 4 | 手工检查 | 3 | 下行 | K730＋000 | K736＋000 | [46,47,…,75] | 6 | 2 | 18 | 7 |
| 5 | 手工检查 | 3 | 下行 | K736＋000 | K765＋000 | [76,77,…,220] | 24 | 1 | 35 | 15 |
| 6 | 轨检车检查 | 4 | 下行 | K721＋000 | K765＋000 | [1,2,…,220] | 44 | 2 | 18 | 7 |

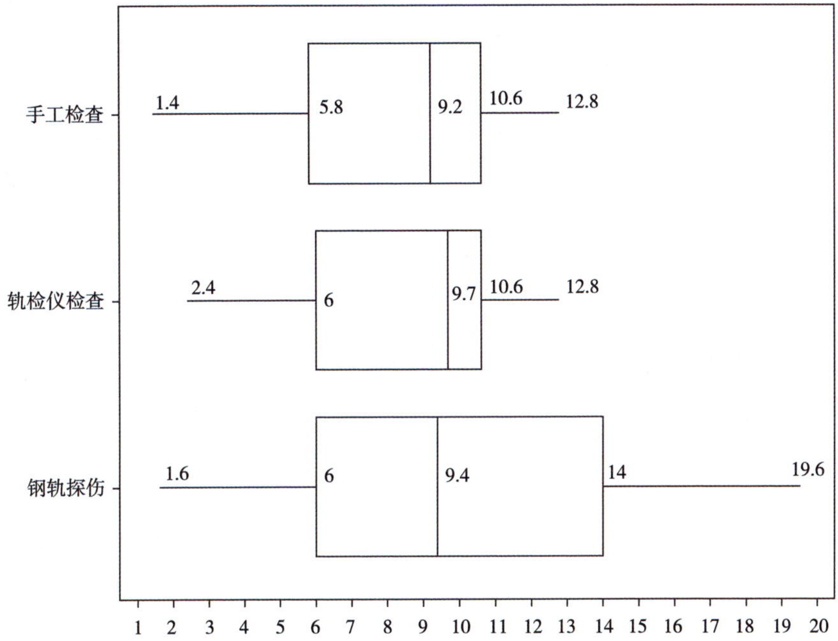


图 5-6 2015—2017 年不同检查方式的检查活动速率箱型图

**表 5-2 兰新线不同检查方式的检查速率约束**

| 序号 | 工作组 | 检查方式 $C_j$ | 检查方式序号 $j$ | 检查速率下限(km/天窗) | min$L_j$(网格数/天窗) | 检查速率上限(km/天窗) | max$L_j$(网格数/天窗) |
|---|---|---|---|---|---|---|---|
| 1 | 嘉峪关检查监控工区 | 轨检仪检查 | 1 | 6 | 30 | 10.6 | 53 |
| 2 | 嘉峪关钢轨探伤工区 | 钢轨探伤检查 | 2 | 6 | 30 | 14 | 70 |
| 3 | 嘉峪关线路维修工区 | 手工检查 | 3 | 5.8 | 29 | 10.6 | 53 |
| 4 | 轨检车工作组 | 轨检车检查 | 4 | GJ-5 型轨检车无动力源,需挂在旅客列车的尾部检测线路。检查速度取决于旅客列车速度 | | | |

综上分析，模型 OISM-RTG 的常量(即第 5.3.2 节中列出的常量)在本实例中的具体取值见表 5-3。

**表 5-3 模型 OISM-RTG 的常量在本实例中的具体取值**

| 常　量 | 具体取值 |
|---|---|
| 检查计划的起始里程 $SD$ | K721+000 |
| 检查计划的终止里程 $ED$ | K765+000 |
| 检查活动的里程长度 $DR$ | 44 km |
| 轨道网格长度 $LE$ | 200 m |
| 轨道网格总数 $N$ | 220 |
| 轨道检查方式的总类别数 $M$ | 4 |
| 计划编制周期内的总天数 $E$ | 31 |
| 轨道网格 $G_i$ 的检查方式 $C_j$ 的检查遍数阈值 $S_{ij}$ | 取值见表 5-1 |
| 轨道网格 $G_i$ 所有检查方式的检查总遍数阈值 $S_i$ | $S_i=\begin{cases}5, i\in[1,2,\cdots,45]\cup[76,77,\cdots,220]\\6, i\in[46,47,\cdots,75]\end{cases}$ |
| 轨道网格 $G_i$ 的检查方式 $C_j$ 的最小检查间隔阈值 $\min T_{ij}$ | 取值见表 5-1 |
| 轨道网格 $G_i$ 的检查方式 $C_j$ 的最大检查间隔阈值 $\max T_{ij}$ | 取值见表 5-1 |
| 每单位时间内检查方式 $C_j$ 的最小检查网格数阈值 $\min L_j$ | 取值见表 5-2 |
| 每单位时间内检查方式 $C_j$ 的最大检查网格数阈值 $\max L_j$ | 取值见表 5-2 |
| 执行检查方式为 $C_j$ 的检查活动的工作组 $RC_j$ | 1 |
| 执行检查活动的工作组总数 $RC$ | 4 |

相应的，模型 OISM-RTG 的目标函数在本实例中具体如下。

(1)均衡性

$$THR=\frac{-\sum_{i=1}^{220}\sum_{n=1}^{S_i-1}(u_i^{n+1}-u_i^n)\ln(u_i^{n+1}-u_i^n)}{311.679} \tag{5-40}$$

(2)可调整性

$$R=\min\frac{b_i^n}{31}\quad \forall i\in[1,2,\cdots,220],\forall n\in[1,2,\cdots,S_i-1] \tag{5-41}$$

(3)计划变动

$$A=\sum_{e=h}^{31}\sum_{i=1}^{220}\sum_{j=1}^{4}|t_{ij}^{e}-t_{ij}^{e}{}'| \tag{5-42}$$

(4)基于权重的多目标函数

$$\max\left(\alpha\frac{-\sum_{i=1}^{220}\sum_{n=1}^{S_i-1}(u_i^{n+1}-u_i^n)\ln(u_i^{n+1}-u_i^n)}{311.679}+\beta\min\frac{b_i^n}{31}+\gamma\left(-\sum_{e=h}^{31}\sum_{i=1}^{220}\sum_{j=1}^{4}|t_{ij}^{e}-t_{ij}^{e}{}'|\right)\right) \tag{5-43}$$

模型 OISM-RTG 的约束体系在本实例中具体如下：

$$z_{ij}^{m+1}-z_{ij}^{m}\geqslant\min T_{ij}\ \forall m\in[1,2,\cdots,S_{ij}-1] \tag{5-44}$$

$$z_{ij}^{m+1}-z_{ij}^{m}\leqslant\max T_{ij}\ \forall m\in[1,2,\cdots,S_{ij}-1] \tag{5-45}$$

$$Q_{ij}=S_{ij}\ \forall i\in[1,2,\cdots,220],j\in[1,2,\cdots,4] \tag{5-46}$$

$$\sum_{j=1}^{M}t_{ij}^{e}\leqslant 1\ \forall i\in[1,2,\cdots,220],e\in[1,2,\cdots,31] \tag{5-47}$$

$$v_j^e\leqslant\max L_j\ \forall e\in[1,2,\cdots,31],j\in[1,2,\cdots,4] \tag{5-48}$$

$$v_j^e\geqslant\min L_j\ \forall e\in[1,2,\cdots,31],j\in[1,2,\cdots,4] \tag{5-49}$$

$$R_j^e\leqslant 1\ \forall e\in[1,2,\cdots,31] \tag{5-50}$$

$$\sum_{i=p}^{p+v_j^e-1}t_{ij}^{e}=v_j^e\ \forall e\in[1,2,\cdots,31],\exists p\in[1,2,\cdots,220] \tag{5-51}$$

### 5.4.2 模型结果分析

本书采用 1stOpt 软件[249~251]实现对模型 OISM-RTG 的构建与求解，采用 R 语言[252]实现对铁路轨道检查计划基本图的可视化展现。

#### 5.4.2.1 检查计划编制

在初次编制铁路轨道检查计划基本图时，不涉及计划调整，优化目标函数中的参数 $\alpha=0.5$，$\beta=0.5$，$\gamma=0$。经计算，对应的目标函数值为 0.570，其中，均衡性目标 $THR=0.980$，可调整性目标 $R=0.161$。求解出的决策变量 $t_{ij}^{e}$（部分）见表 5-4。

图 5-7 是 2016 年 12 月铁路现场实际的轨道检查计划图。图 5-8 为模型 OISM-RTG 初始编制的铁路轨道检查计划基本图。图中横坐标表示线路里程，纵坐标表示日期，不同颜色的实线表示不同检查方式的检查活动，红色实线表示钢轨探伤检查活动，绿色实线表示轨检车检查活动，蓝色实线表示轨检仪检查活动，紫色实线表示手工检查活动。

**表 5-4 求解出的模型 OISM-RTG 的决策变量 $t_{ij}^{e}$（部分）**

| 序号 | 轨道网格起点里程 | 轨道网格序号 $i$ | 日　期 | 检查方式 $C_j$ | 检查方式序号 $j$ | $t_{ij}^{e}$ |
|---|---|---|---|---|---|---|
| 1 | K721+000 | 1 | 20161201 | 轨检仪检查 | 1 | 1 |
| 2 | K721+000 | 1 | 20161208 | 轨检车检查 | 4 | 1 |
| 3 | K721+000 | 1 | 20161215 | 钢轨探伤检查 | 2 | 1 |
| 4 | K721+000 | 1 | 20161221 | 轨检车检查 | 4 | 1 |
| 5 | K721+000 | 1 | 20161231 | 手工检查 | 3 | 1 |
| 6 | K721+200 | 2 | 20161201 | 轨检仪检查 | 1 | 1 |
| 7 | K721+200 | 2 | 20161208 | 轨检车检查 | 4 | 1 |
| 8 | K721+200 | 2 | 20161215 | 钢轨探伤检查 | 2 | 1 |
| 9 | K721+200 | 2 | 20161221 | 轨检车检查 | 4 | 1 |

续上表

| 序号 | 轨道网格起点里程 | 轨道网格序号 $i$ | 日　期 | 检查方式 $C_j$ | 检查方式序号 $j$ | $t_{ij}^{e}$ |
|---|---|---|---|---|---|---|
| 10 | K721＋200 | 2 | 20161231 | 手工检查 | 3 | 1 |
| 11 | K721＋400 | 3 | 20161201 | 轨检仪检查 | 1 | 1 |
| 12 | K721＋400 | 3 | 20161208 | 轨检车检查 | 4 | 1 |
| 13 | K721＋400 | 3 | 20161215 | 钢轨探伤检查 | 2 | 1 |
| 14 | K721＋400 | 3 | 20161221 | 轨检车检查 | 4 | 1 |
| 15 | K721＋400 | 3 | 20161231 | 手工检查 | 3 | 1 |
| 16 | K721＋600 | 4 | 20161201 | 轨检仪检查 | 1 | 1 |
| 17 | K721＋600 | 4 | 20161208 | 轨检车检查 | 4 | 1 |
| 18 | K721＋600 | 4 | 20161215 | 钢轨探伤检查 | 2 | 1 |
| 19 | K721＋600 | 4 | 20161221 | 轨检车检查 | 4 | 1 |
| 20 | K721＋600 | 4 | 20161231 | 手工检查 | 3 | 1 |
| 21 | K721＋800 | 5 | 20161201 | 轨检仪检查 | 1 | 1 |
| 22 | K721＋800 | 5 | 20161208 | 轨检车检查 | 4 | 1 |
| 23 | K721＋800 | 5 | 20161215 | 钢轨探伤检查 | 2 | 1 |
| 24 | K721＋800 | 5 | 20161221 | 轨检车检查 | 4 | 1 |
| 25 | K721＋800 | 5 | 20161231 | 手工检查 | 3 | 1 |
| 26 | K722＋000 | 6 | 20161201 | 轨检仪检查 | 1 | 1 |
| 27 | K722＋000 | 6 | 20161208 | 轨检车检查 | 4 | 1 |
| 28 | K722＋000 | 6 | 20161215 | 钢轨探伤检查 | 2 | 1 |
| 29 | K722＋000 | 6 | 20161221 | 轨检车检查 | 4 | 1 |
| 30 | K722＋000 | 6 | 20161231 | 手工检查 | 3 | 1 |

通过分析表 5-5 中的各项对比内容可知：

(1)约束条件：案例中的实际检查计划不满足工期约束、空间约束和速率约束。这是由于铁路现场检查计划的编制主要是根据现场工程师的管理经验，且缺乏有效的可视化工具，较难全面、系统地考虑本书建立的检查活动约束体系。

(2)目标函数:模型 OISM-RTG 编制出的检查计划相对于铁路现场实际的检查计划,均衡性目标提高了 22.5%,可调整性目标由 0 提高到 0.161,相应的加权目标函数值提高了 42.5%。

**表 5-5 模型 OISM-RTG 编制的检查计划与现场实际检查计划的对比**

| 对比项目 | | 模型 OISM-RTG 编制的检查计划 | 案例中现场工程师编制的实际检查计划 |
|---|---|---|---|
| 约束条件 | 时间约束 | 满足 | 满足 |
| | 工期约束 | 满足 | 不满足,如兰新线下行 K757+200～K762+000 范围内的轨道线路未安排钢轨探伤活动 |
| | 空间约束 | 满足 | 不满足,如兰新线下行 K747+200～K758+800 范围内的轨道线路在 12 月 9 日同时安排了轨检仪检查活动、手工检查活动 |
| | 速率约束 | 满足 | 不满足,如兰新线下行 K741+000～K760+000 范围内的轨道线路在12 月 26 日安排了轨检仪检查活动,其检查速率为 19 km/天窗,是检查速率上限(10.6 km/天窗)的近 2 倍 |
| | 资源约束 | 满足 | 满足 |
| | 检查连续性约束 | 满足 | 满足 |
| 目标函数 | 均衡性 | 0.980 | 0.800 |
| | 可调整性 | 0.161 | 0 |
| | 加权目标函数 | 0.570 | 0.400 |
| 可视化展现的内容 | | 通过对比图 5-7 和图 5-8,可知模型 OISM-RTG 编制的检查计划,优于铁路现场实际的检查计划 | |

综上分析,结合图 5-7、图 5-8 的可视化展现结果,模型 OISM-RTG 编制的铁路轨道检查计划,优于案例中现场工程师编制的实际检查计划,具有较好的均衡性与可调整性。

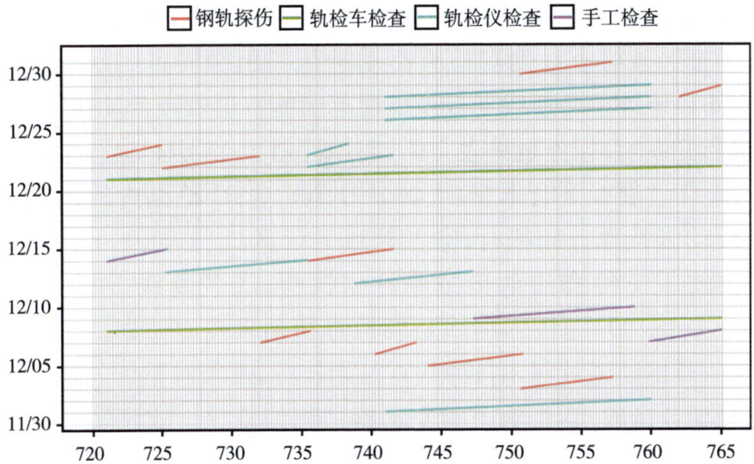


图 5-7　2016 年 12 月兰州局嘉峪关线路车间兰新线下行实际的轨道检查计划图

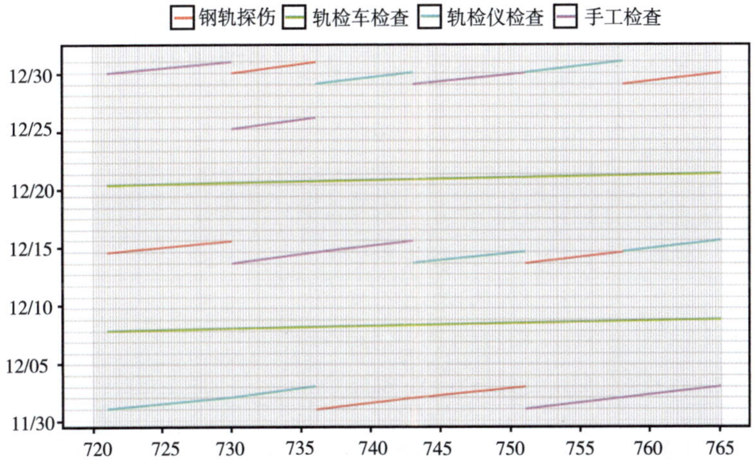


图 5-8　模型 OISM-RTG 初始编制的 2016 年 12 月兰州局嘉峪关线路车间兰新线下行轨道检查计划基本图

#### 5.4.2.2　检查计划调整

为了验证模型 OISM-RTG 的计划变动最小目标，本节以第

5.4.2.1小节模型 OISM-RTG 编制出的检查计划为背景，假设现场工程师按照该检查计划对检查活动进行了组织安排，并于 2016 年 12 月14 日统计了兰新线下行该里程范围的轨道检查活动执行情况，检查活动的剩余任务量见表 5-6。与原计划相比，实际执行中存在如下偏差：①兰新线下行 K751＋000～K758＋000 范围内的钢轨探伤检查活动未按原计划执行；②兰新线下行 K735＋000～K736＋000 范围内的手工检查活动未按原计划执行；③兰新线下行 K750＋000～K751＋000 范围内的轨检仪检查活动未按原计划执行。合计有 9 km 长的轨道线路未按原检查计划执行，重新调整后的轨道检查计划至少会造成 45 个轨道时空网格占用的变化。故该实际问题对应的目标函数理想极大值为－45。

**表 5-6　截至 2016 年 12 月 14 日兰州局嘉峪关线路车间兰新线下行轨道检查剩余任务量**

| 序号 | 检查方式 $C_j$ | 行别 | 起点里程 $SD$ | 终点里程 $ED$ | 线路长度 $DR$（km） | 尚未执行的检查次数 |
|---|---|---|---|---|---|---|
| 1 | 轨检仪检查 | 下行 | K736＋000 | K743＋000 | 7 | 1 |
| | | 下行 | K750＋000 | K765＋000 | 15 | 1 |
| 2 | 钢轨探伤检查 | 下行 | K721＋000 | K736＋000 | 15 | 1 |
| | | 下行 | K751＋000 | K765＋000 | 14 | 1 |
| 3 | 手工检查 | 下行 | K721＋000 | K736＋000 | 30 | 1 |
| | | 下行 | K735＋000 | K736＋000 | 1 | 2 |
| 4 | 轨检车检查 | 下行 | K721＋000 | K765＋000 | 44 | 1 |

采用模型 OISM-RTG 对铁路轨道检查计划基本图中的未执行的检查任务进行调整，确保计划变动最小，最优化目标函数中的参数 $\alpha=0$，$\beta=0$，$\gamma=1$。经计算，计划变动最小目标 $A=45$，相应的目标函数值为－45，已达到理想极大值。

图 5-9(a)为模型 OISM-RTG 初始编制出的轨道网格化检查计

划基本图。图 5-9(b)为调整后的轨道检查计划基本图。图中横坐标表示线路里程,纵坐标表示日期,不同颜色的实线表示不同检查方式的检查活动,红色实线表示钢轨探伤检查活动,绿色实线表示轨检车检查活动,蓝色实线表示轨检仪活动,紫色实线表示手工检查活动,黑色虚框标注出了检查计划的变动部分。通过对比图 5-9(a)和图 5-9(b)可知,调整后的检查计划基本图与初始基本图相比变动很小。

综上所述,本章提出模型 OISM-RTG 编制的轨道检查计划基本图,具有较好的均衡性与可调整性,增强了检查计划的实用性;并当检查计划需要调整时,使其与原计划相比变动最小,保证了检查计划的指导性。

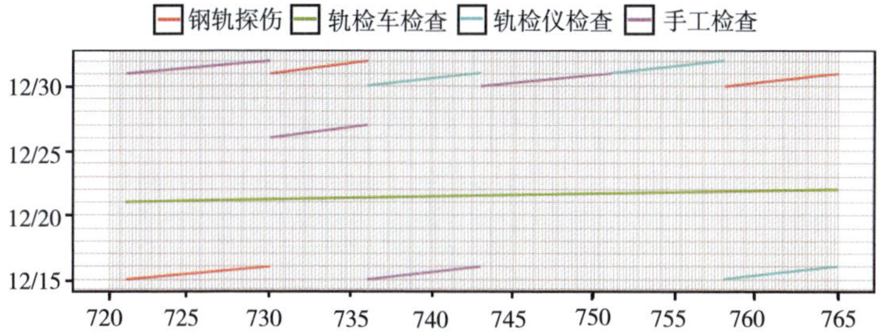


(a) 初始的检查计划基本图

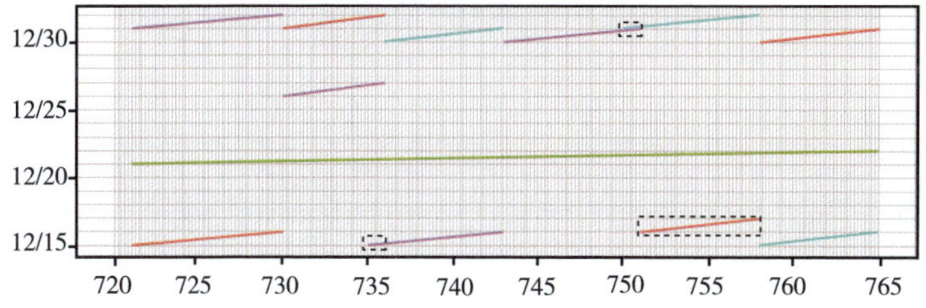


(b) 调整后的检查计划基本图

图 5-9　2016 年 12 月 15 日—12 月 31 日兰州局嘉峪关线路车间兰新线下行轨道检查计划调整前后对比图

# 6 铁路轨道健康状态评定方法

本章将基于第 4 章提出的铁路基础设施网格化管理方法，提出一种新的铁路轨道设备健康状态综合评定方法。该方法以轨道网格、轨道部件为基本对象，建立轨道网格与部件状态评定指标体系，构建轨道网格（或部件）整体健康状态综合评定模型，给每个轨道网格（或部件）整体健康状态赋予一个评价值，再据此排序或分类，以适应铁路轨道由“故障修”“周期修”的维修模式向“精细修”“准确修”“预防修”“集中修”的转变。

## 6.1 轨道健康状态评定目前面临的主要问题

铁路轨道是一种典型的线性资产，是多种设备的集合体，包括钢轨、轨枕、道床、联结零件等。铁路轨道由于在空间上呈线性连续分布特点，其状态劣化、病害发生受到多种因素影响。依据铁路总公司现行的《铁路线路修理规则》（铁运〔2006〕146 号）、《高速铁路无砟轨道线路维修规则（试行）》（铁运〔2012〕83 号）、《高速铁路有砟轨道线路维修规则（试行）》（铁运〔2013〕29 号）等，铁路现场目前主要采用病害类型、病害等级、病害数量、病害扣分，以及评定轨道区段整体不平顺性的轨道质量指数 TQI 等指标对铁路轨道设备状态进行度量[11, 12, 16]。铁路现行的轨道健康状态评定方法主要存在以下几个问题。

（1）评定对象没有反映铁路轨道是多种设备的集合体，一般是单独评定轨道内的某一类设备的状态，忽略了铁路轨道内各设备状态劣化的联动性。状态劣化的联动性是指在处于同一空间位置的轨道内不同种类设备的状态劣化是相互影响的，如道床不均匀下沉会引起轨道不平顺状态超限，因此很有必要从设备集合体的角度整体衡量轨道健康状态。

（2）评定对象的长度不一致。目前一般按照整条线、区间、里程位置点等多种长度单位评定轨道内某一类设备状态。如 TQI 值是按照 200 m 长度单位计算的，轨道几何局部超限扣分值是按照 1 000 m长度单位计算的。此外，线路区间长度范围一般为 10～30 km，按照整条线、区间为单位评定健康状态，评定对象的空间分辨率太低。按照里程位置点描述评定对象病害（如陇海线上行K1 404＋300 位置处发生轨道几何高低三级局部超限），由于受检查数据质量影响较大，无法基于里程位置点对轨道健康进行有效评定。

（3）现行的铁路轨道状态评定指标，主要反映了铁路轨道在某一时间断面的病害信息，缺少反映轨道状态变化趋势的评定指标，如缺少反映轨道病害数量变化快慢的病害变化率指标。

（4）现行的铁路轨道状态评定指标，主要侧重评定设备的使用性能、结构完整性，缺少反映设备安全性的指标，如缺少钢轨失效率、钢轨可靠度、钢轨剩余寿命。

（5）现有交通基础设施设备健康状态综合评定模型中，一般采用计分方法对设备健康状态进行综合判定。各指标的相对权重系数一般采用德尔菲法、AHP、模糊逻辑、专家系统等方法确定[75～80，82，83，86～89]，这些方法都需要基于专家或现场专业工程师的经验判断，受主观影响较大，无法有效避免“拍脑袋”的判定。而各指标的相对权重系数合理与否，直接关系到设备健康状态综合评定结果的可信度。

因此，铁路现行的轨道健康状态评定指标体系及现有的健康状态综合评定模型，难以支撑轨道维修模式向预防修、精细修、集中修的转变。本章将结合中国铁路的实际管理现状、轨道设备生产管理业务特点，提出一套新的健康状态评定指标体系法和综合状态评定方法，更科学地评价轨道健康状态。

## 6.2 轨道健康状态评定问题的组成要素及评定流程

在本书中，轨道网格与部件健康状态综合评定问题主要有四个要素组成，即评价目标、被评价对象、评价指标、综合评价模型等。

（1）评价目标

轨道网格（或部件）健康状态综合评定目标是量化评定轨道网格

(或部件)整体健康情况,对轨道网格(或部件)进行排序或分类,为轨道网格(或部件)检查、维修计划的合理编制提供数据基础。

(2)被评价对象

被评价对象指的是同一类的轨道网格(或部件),如钢轨、道床或整个轨道设备集合等。假定被评价对象分别可用 $s_1,s_2,\cdots,s_n$ $(n \geqslant 1)$ 表示。

(3)评价指标

评价轨道网格(或部件)健康状况可用状态指标向量 $X$ 表示,其中每一个分量都从某一个侧面反映轨道网格(或部件)健康状态的好坏,构成了轨道网格(或部件)健康状态评定指标体系。假设有 $m$ 项评价指标,分别用 $x_1,x_2,\cdots,x_m$ $(m > 1)$ 表示,即 $X=(x_1,x_2,\cdots,x_m)^T$。

(4)综合评价模型

简单说,轨道网格(或部件)健康状态多指标综合评定是指通过一定的数学模型(或算法)将多个状态评定指标值“合成”为一个整体性的综合状态评价值。构建的轨道网格(或部件)健康状态综合评价模型可用公式(6-1)表示。其中,$X=(x_1,x_2,\cdots,x_m)^T$ 为轨道网格(或部件)健康状态评定指标向量。

$$y=f(X) \tag{6-1}$$

若 $n$ 个待评价的轨道网格(或部件) $s_1,s_2,\cdots,s_n$ 的健康状态评定指标值用 $\{x_{ij}\}$ $(i=1,2,\cdots,n;j=1,2,\cdots,m)$,利用公式(6-1)和状态评定指标值 $\{x_{ij}\}$,可求出待评价轨道网格(或部件) $s_i$ 的综合健康状态 $y_i$,依据 $y_i$ 值,对待评价的轨道网格(或部件) $s_1,s_2,\cdots,s_n$ 进行排序或分类。

轨道网格(或部件)健康状态综合评定基本过程如下,相应的流程如图 6-1 所示:

Step 1:明确综合评价目标,准确感知轨道网格(或部件)健康状态,有效判断存在安全隐患的轨道网格(或部件),为维修计划的优化编制奠定基础;

Step 2:确定被评价的轨道网格(或部件);

Step 3:建立轨道网格(或部件)健康状态评定指标体系;

Step 4:构建轨道网格(或部件)健康状态综合评定模型;

Step 5:计算轨道网格(或部件)的整体健康状态值并进行排序或分类;

Step 6:根据轨道网格(或部件)的整体健康状态评定结果,判断是否实现评价目标。如果是,则结束;否则,跳转到 Step 1。

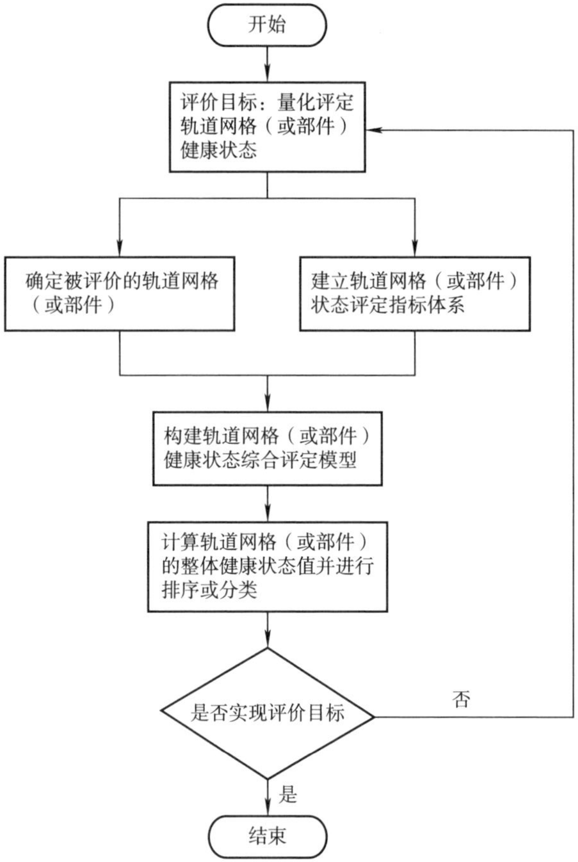


图 6-1　轨道网格化健康状态综合评定流程

## 6.3 轨道网格与部件状态评定指标体系

状态评定指标(即状态度量)不仅描述铁路轨道设备运行状态,同样指导着铁路生产部门维修决策的目标与方向,即状态评定指标影响着铁路维修人员的行为方式和目标,不恰当的状态评定指标将会导致不合理的维修活动。

本节将基于轨道网格、部件两个维度,分别从使用性能指标、结构完整性(适用性)指标、安全性指标和外观指标四个方面,构建轨道设备状态评定指标体系。

### 6.3.1 轨道网格与部件状态评定指标分类

在武器装备领域,一般从可靠性、维修性、保障性、测试性和安全性("五性")角度衡量装备的质量特性[253~258],这"五性"贯穿武器装备设计、生产、运输、使用各个阶段。

学者宾光富等[259~263]将机械设备健康定义为综合实现设备在现行使用环境条件下保持特定性能的能力程度,提出从机械设备的可靠性、维修性、技术性能、经济性、监测性、安全性 6 个方面确定机械设备健康状态评定指标。

我国现行的《公路技术状况评定标准》(JTG H20—2007)[264]中,沥青路面状态评定分为 5 个单项指标:评价路面平整度的使用性能指数(Pavement Quality or Performance Index,RQI),评价病害损坏情况的路面状况指数(Pavement Surface Condition Index,PCI)和路面车辙深度指数(Rutting Depth Index,RDI),评价承载力的路面结构强度指数(Pavement Structure Strength Index,PSSI),评价抗滑性能的抗滑指数(Skidding Resistance Index,SRI)。学者李金龙、凌天清等[265]将这些状态评定指标分别称为功能性指标、结构性指标、结构承载能力指标和安全性能指标。

借鉴上述研究成果,同时依据文献[266,267],本章将从使用性能指标(Functional Performance Indexes,FRI)、结构完整性(适用性)指标(Structural Fitness/Integrity Indexes,SFI)、安全性指标(Safety Indexes,SI)和外观指标(Aesthetics Indexes,AI)四方面,构建轨道网格与部件状态评定指标体系。

(1)轨道网格使用性能是指轨道网格为实现列车能以规定速度安全、平稳和不间断地运行的目标,在使用过程中适应或抵抗各种外界作业的能力。本书将从轨道平顺性、动力学性能角度对其进行细化。轨道平顺性类状态指标在铁路现场广泛使用。

(2)轨道网格结构完整性是指轨道网格中所含缺陷对满足规定功能要求、安全性和可靠性的影响程度。这类状态评定指标在铁路现场广泛应用,是安排轨道维修活动的重要依据,本书将按设备类别对这些指标进行归纳、整理。

(3)轨道网格安全性是指轨道网格免除铁路行车中断等不可接受风险影响的特性。轨道网格安全性评定指标用于反映轨道设备状态的变化趋势,需积累全生命周期数据才能准确把握。但铁路现行"故障修""周期修"为主的维修模式侧重于收集分析轨道设备在某一时间断面的状态数据,导致这些状态评定指标未被广泛使用。随着我国铁路维修模式逐步向精细修、准确修、预防修转变,管理者迫切需要掌握轨道设备健康状态在时间、空间上的演变趋势,安全性类评价指标则能很好满足管理者需求。

(4)轨道网格外观是指轨道网格的外在清洁度与美观程度,应当符合美学原则。保证铁路轨道设备清洁度的目的是使轨道设备在使用过程中不会因污染而缩短规定的使用寿命。在传统铁路轨道设备管理中,这类状态评定指标常常被忽略。但随着我国南方酸雨,北方风沙、雾霾的影响,以及高速铁路逐步投入运营,这类状态评定指标对轨道设备健康状态管理愈发重要。

### 6.3.2 轨道网格部件状态评定指标体系

本节将从使用性能、结构完整性、安全性、外观四个方面,构建轨道网格部件状态评定指标体系,补充完善铁路现场既有轨道部件状态评定指标。

#### 6.3.2.1 评价指标体系的基本概念

评价指标体系[268]通常是指将评价中涉及的一系列评价要素,按照一定的结构和层次关系进行排列组合而形成的一个有机整体,其中的各个指标度量被评价对象的某种特征,共同形成被评价对象的完整刻画。建立评定指标体系应遵循如下原则[268, 269]:科学性原则、完备性原则、层次性原则、独立性原则、可比性原则、可操作性原则等。

#### 6.3.2.2 轨道网格部件使用性能类评定指标

根据第 6.3.1 节中轨道网格与部件使用性能内涵,结合国内外相关研究文献[2, 24, 33]及在铁路现场调研,本文总结的轨道网格部件使用性能类评价指标,见表 6-1。

**表 6-1 轨道网格部件使用性能评价指标**

| 状态评定指标分类 | 部件类别 | 状态评定指标细分 | 指标类型 |
|---|---|---|---|
| 使用性能类评价指标 | 钢轨、轨枕、联结零件及防爬设备 | 强度 | 连续型 |
| | | 塑性 | |
| | | 硬度 | |
| | | 韧性 | |
| | | 疲劳 | |
| | 有砟道床 | 道床横向阻力 | 连续型 |
| | | 道床纵向阻力 | |
| | | 道床密实度 | |
| | | 道床刚度 | |
| | | 道床渗水性能 | |
| | 无砟道床 | 道床刚度 | 连续型 |
| | | 道床横向阻力 | |
| | | 道床纵向阻力 | |

上述状态评定指标在工务相关的标准、规范等管理文件中有明确定义。目前，在铁路现场，由于缺乏有效的检查检测设备，上述指标并未被铁路管理者广泛采用。

#### 6.3.2.3 轨道网格部件结构完整性类评价指标

根据第6.3.1节中轨道网格与部件结构完整性内涵、国内外相关研究文献[11, 24, 33]及在铁路现场调研，本文整理归纳的轨道网格部件结构完整性类评价指标见表6-2。

**表6-2 轨道网格部件结构完整性类评价指标**

| 状态评定指标分类 | 部件类型 | 状态评定指标细分 | 指标类型 |
| --- | --- | --- | --- |
| 结构完整性类评价指标 | 钢轨 | 弯曲变形 | 离散型 |
| | | 磨耗、压溃、压陷（或凹陷） | |
| | | 波浪磨耗 | |
| | | 接触疲劳裂纹（剥离裂纹）及其引起的掉块和疲劳断裂 | |
| | | 内部裂纹或内部缺陷（白点、夹杂物、成分偏析、淬火缺陷、焊接缺陷、焊补缺陷等）及其引起的疲劳断裂 | |
| | | 表面缺陷及其引起的疲劳断裂 | |
| | | 外伤（擦伤、碰伤等）及其引起的疲劳断裂 | |
| | | 锈蚀及其引起的疲劳断裂 | |
| | | 没有明显疲劳裂纹的脆性断裂 | |
| | | 其他 | |
| | 有砟道床 | 道床坍砟 | 离散型 |
| | | 道床空吊 | |
| | | 道床翻浆 | |
| | | 道床板结 | |
| | | 道床永久变形 | |
| | | 其他 | |

续上表

| 状态评定指标分类 | 部件类型 | 状态评定指标细分 | 指标类型 |
| --- | --- | --- | --- |
| 结构完整性类评价指标 | 无砟道床 | 裂缝 | 离散型 |
| | | 离缝 | |
| | | 其他 | |
| | 轨枕、联结零件及防爬设备 | 破损 | 离散型 |
| | | 缺失 | |
| | | 松动 | |
| | | 其他 | |

上述状态评定指标在工务相关的标准、规范等管理文件中有明确定义，并在铁路现场得到广泛应用，作为安排铁路轨道维修活动的重要依据，本文对这些指标进行了归纳、整理。

6.3.2.4 轨道网格部件安全性类评价指标

在《轨道交通可靠性、可用性、可维护性和安全性规范及示例》(GB/T 21562—2008/IEC 62278:2002)[270]中，给出了适用于轨道交通的一些典型安全性指标，如平均无危险性失效时间(Mean Time Between Hazardous Failure)、失效率(Hazard Rate)、恢复安全的时间(Time to Return to Safety)等。依据该标准，本文提出的铁路网格部件安全性类评价指标见表 6-3。

**表 6-3 轨道网格部件安全性类评价指标**

| 状态评定指标分类 | 部件类型 | 状态评定指标细分 | 指标类型 |
| --- | --- | --- | --- |
| 安全性评价指标 | 钢轨、道床、轨枕、联结零件及防爬设备 | 失效率 | 连续型 |
| | | 平均病害率 | |
| | | 病害变化率 | |
| | | 平均病害间隔时间 | |
| | | 病害重复度 | |
| | | 病害集中度 | |
| | | 使用寿命 | |
| | | 剩余寿命 | |
| | | 平均维修时间 | |

这些状态评定指标用于反映轨道部件状态的变化趋势,需积累全生命周期数据才能准备把握。但铁路现场“故障修”“周期修”为主的维修模式侧重于收集分析轨道部件在某一时间断面的状态数据,使这些状态评定指标未被广泛使用。随着我国铁路维修模式逐步向“精细修”“准确修”“预防修”“集中修”转变,管理者迫切需要掌握轨道部件健康状态在时间、空间的演变趋势,铁路现场传统的轨道部件状态评定指标只是用于衡量某一时间断面的健康状态,表 6-3 提出的安全性类评价指标则能很好满足管理者的需求。表 6-3 中轨道网格部件安全性类评价指标的计算公式如下。

(1)失效率

假设轨道部件寿命用 $X$ 表示,则 $X$ 为非负连续型随机变量,其分布函数设为 $F(t)$,密度函数设为 $f(t)$,若轨道部件在时刻 $t$ 之前未发生失效,则它在 $(t,t+\Delta t]$ 中失效的概率为:

$$P\{X \leqslant t+\Delta t \mid X > t\} = \frac{F(t+\Delta t)-F(t)}{1-F(t)} \sim \frac{f(t)\Delta t}{\overline{F}(t)} \tag{6-2}$$

当 $\Delta t$ 很小时,$f(t)\Delta t/\overline{F}(t)$ 可近似表示该轨道部件在 $t$ 之前未发生失效,在 $(t,t+\Delta t]$ 中失效的概率。基于这一规律,轨道部件寿命 $X$ 的失效率函数 $r(t)$(简称失效率)可另外定义如下:

$$r(t) = \frac{f(t)}{\overline{F}(t)} \tag{6-3}$$

(2)平均病害率

轨道部件平均病害率是指轨道部件在单位时间内产生病害的次数。平均病害率较高的轨道部件一般存在较严重的安全隐患,需要管理者重点关注。其计算公式为:

$$f_i(t) = \frac{\sum_{j=1}^{J} \theta_j M_i^j(t)}{t} \tag{6-4}$$

其中，$f_i(t)$ 为第 $i$ 个轨道部件的平均病害率，$i$ 为轨道网格的第 $i$ 个轨道部件，$j$ 为轨道设备的第 $j$ 类病害，$J$ 为病害类型的总数，$t$ 为时间跨度，$\theta_j$ 为第 $j$ 类病害的权重，$M_i^j(t)$ 为第 $i$ 个设备的第 $j$ 类病害在时间跨度 $t$ 内的发生次数。

(3)病害变化率

轨道部件病害变化率是指轨道部件在相邻两时刻产生病害次数的变化。该指标反映了轨道部件状态劣化速度的快慢。其计算公式为：

$$O_i = \frac{M_{i,s_2} - M_{i,s_1}}{M_{i,s_1}} \tag{6-5}$$

其中，$O_i$ 表示第 $i$ 个轨道部件的病害变化率，$M_{i,s_1}$ 表示第 $i$ 个轨道部件在 $s_1$ 时刻产生的病害数，$M_{i,s_2}$ 表示第 $i$ 个轨道部件在 $s_2$ 时刻产生的病害数。

(4)平均病害间隔时间

轨道部件平均病害间隔时间指轨道部件产生相邻两次病害之间的平均时间，该指标反映了轨道部件的时间质量，体现了轨道部件在规定时间内保持功能的一种能力。其计算公式为：

$$\mathrm{MTBF}_i(t) = \frac{t}{M_i(t)} \tag{6-6}$$

其中，$\mathrm{MTBF}_i(t)$ 为第 $i$ 个轨道设备的平均病害间隔时间，$M_i(t)$ 为第 $i$ 个轨道部件的各类病害在时间跨度 $t$ 内的发生次数。

(5)病害重复度

轨道部件病害重复度是指轨道部件在一定时间范围内同一部位出现相同病害的次数。对于轨道或路基等连续设备的病害，"同一部位"可理解为同一里程，由于采集数据时，里程难以精确定位，一般来说，当前后两次病害里程值相差绝对值小于一个特定值时，例如 50 m，可认为是重复病害。若该指标值较高，说明之前维修质量存在问题，或设备病因未诊断清楚，维修活动安排不合理，存在较严重的安全隐患。其计算公式为：

$$\Delta^i = \sum_{k=1}^{K} w_k^i \Delta_k^i \tag{6-7}$$

其中，$\Delta^i$ 为第 $i$ 个轨道部件的病害的重复度，$w_k^i$ 为第 $i$ 个轨道部件的第 $k$ 类重复病害的权重，$K$ 为重复病害类型的总个数，$\Delta_k^i$ 为预设时间范围内第 $i$ 个轨道部件的第 $k$ 类病害的重复发生的次数。

(6)病害集中度

对于有一定延展长度的轨道部件(如钢轨、曲线等)，可用病害集中度指标衡量轨道部件病害在空间上密集发生的程度。轨道部件病害集中度是指在一定时间范围内单位延展长度空间内产生病害的数量。其计算公式为：

$$\theta_i = \frac{\sum_{j=1}^{J} \omega_j^i x_j^i}{l} \tag{6-8}$$

其中，$\theta_i$ 为第 $i$ 个轨道部件的病害集中度，$\omega_j^i$ 为第 $i$ 个轨道部件的第 $j$ 类病害权重，$x_j^i$ 为预设时间范围内第 $i$ 个轨道部件的第 $j$ 类病害的个数，$l$ 为轨道网格的区段长度。

(7)使用寿命

轨道部件使用寿命 $L$ 是指轨道部件从上道服役开始，至更换下道报废的时间范围，如图 6-2 所示。轨道部件使用寿命的起始时间指的是轨道部件上道开始服役时间，而不是轨道部件的出厂时间。轨道部件使用寿命的终止时间指的是轨道部件更换报废时间。

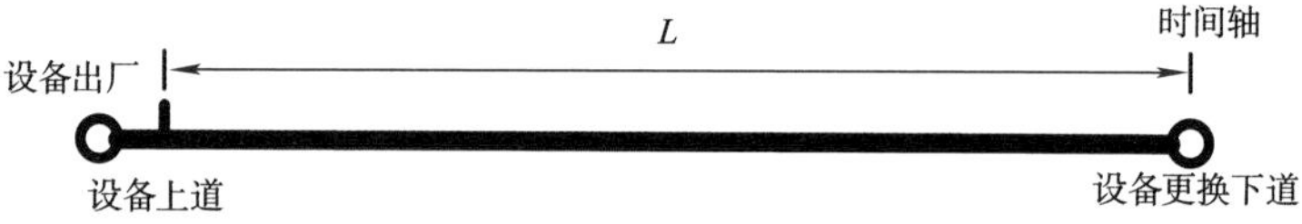


图 6-2　轨道部件使用寿命示意图

(8)剩余寿命

轨道部件的剩余寿命是指从当前时刻算起，直到轨道部件更换下道报废的全部时间。轨道部件的状态劣化具有典型的浴盆曲线特征[271]。当一条新建铁路建设完成后，在联试联调阶段，大量的问题集中出现，铁路建设部门与运营部门经过调试、修理、不同系统之间的磨合，使设备性能稳定下来，交由运营部门正式运营。之后设备状态在列车重量、速度、密度等多种因素的作用下，其状态将会逐步劣化。轨道部件的剩余寿命可通过采用指数寿命分布、威布尔寿命分布或伽玛寿命分布等模型来评估。

(9)平均维修时间

轨道部件平均维修时间指轨道部件病害从发现到被维修整治的平均时间。其计算公式为：

$$\mathrm{MTTR}_i = \frac{\sum_{m=1}^{M}[d_m^n - d_m^f]}{M} \tag{6-9}$$

其中，$\mathrm{MTTR}_i$ 为第 $i$ 个轨道部件的平均维修时间；$m$ 为第 $i$ 个轨道部件在预设时间范围内的第 $m$ 个病害；$M$ 为第 $i$ 个轨道部件在预设时间范围内发生的病害总数；$d_m^f$ 为第 $m$ 个设备病害的发现时间；$d_m^n$ 表示第 $m$ 个设备病害的整治时间。

#### 6.3.2.5 轨道网格部件外观评定类指标

根据第 6.3.1 节中轨道网格与部件外观内涵、国内外相关研究文献[2, 16]及在铁路现场调研，本文提出的铁路网格部件外观类评价指标见表 6-4。

**表 6-4 轨道网格部件外观类评价指标**

| 状态评定指标分类 | 部件类型 | 状态评定指标细分 | 指标类型 |
|---|---|---|---|
| 外观评价指标 | 钢轨 | 钢轨表面清洁度 | 离散型 |
| | 轨枕、轨道板、联结零件及防爬设备 | 轨道结构表面脏污程度 | 离散型 |
| | 有砟道床 | 道床脏污率 | 连续型 |

道床脏污率在工务相关的标准、规范等管理文件[16]中有明确定义，它是以粒径小于正常级配中最小粒径的颗粒含量的比例来衡量。道床脏污[2]是由道砟粉化、轨枕磨损物、外界脏污物浸入等产生。

书中提出的轨道结构表面脏污程度是指轨枕、轨道板、联结零件及防爬设备表面被泥土等杂物污染的程度。轨道结构表面脏污程度等级可分为较差、中等、良好，等级划分的阈值可根据铁路现场实际情况确定。

书中提出的钢轨表面清洁度是指钢轨表面被颗粒粉尘、泥土等杂物污染的程度。钢轨表面清洁度等级可分为较差、中等、良好，等级划分的阈值可根据铁路现场实际情况确定。

在传统铁路工务设备管理中，书中提出的钢轨表面清洁度、轨道结构脏污程度常常被忽略，但随着我国南方酸雨、北方风沙雾霾影响，以及高速铁路逐步投入运营，由设备表面清洁度较差造成的影响铁路行车的故障频发，如 2012—2013 年，北京局集团公司因“雾闪”“污闪”造成接触网跳闸 90 次[272]。因此，这些状态评定指标对轨道设备健康状态管理愈发重要。

### 6.3.3 轨道网格状态评定指标体系

#### 6.3.3.1 轨道网格状态评定指标体系构建

轨道网格状态是轨道内各部件状态的整体表现，由其里程范围内各部件状态共同确定。轨道网格状态评定指标体系是从评定轨道网格内所有部件整体表现的角度设计，它是对轨道部件集合综合状态的度量。

轨道网格（即轨道集合体）的状态评定研究较少，目前在铁路现场多用轨道平顺性指标（如局部超限扣分、轨道质量指数 TQI 等）衡量，但轨道平顺性指标只是对轨道网格状态一个侧面的度量。本节将从使用性能、结构完整性、安全性、外观四个方面，构建铁路轨道网格状态评定指标体系，完善铁路现场轨道设备状态评定指标的不足。

依据国内外相关研究文献[16, 24, 27, 30, 33, 86, 151]及在铁路现场调研，本书提出的轨道网格状态评定指标体系，见表 6-5。

**表 6-5 轨道网格状态评定指标体系**

| 状态评定指标分类 | 状态评定指标 | 指标类型 |
| --- | --- | --- |
| 使用性能类评价指标 | 轨道局部不平顺指标[16, 27]，如高低、轨向、轨距、水平、三角坑等 | 离散型、连续型 |
| | 轨道质量指数 TQI[16] | 连续型 |
| | TQI 变化率 | 连续型 |
| | $T_{200}$ [30, 151] | 离散型 |
| | 轨道几何局部超限个数 | 连续型 |
| | 轨道几何局部超限扣分[11, 12, 16] | 连续型 |
| | 轨道质量等级 TQR | 离散型 |
| | 脱轨系数 | 连续型 |
| | 轮重减载率 | 连续型 |
| | 轮轴横向力 | 连续型 |
| 结构完整性类评价指标 | 钢轨伤损数（如弯曲变形、裂纹、折断） | 连续型 |
| | 道床病害数（如坍砟、空吊、翻浆、裂缝、离缝等） | 连续型 |
| | 结构性病害数（即轨枕、轨道板、联结零件及防爬设备病害数） | 连续型 |
| | 轨道结构指数 TSI[86] | 连续型 |
| 安全性类评价指标 | 失效率[151] | 连续型 |
| | 平均病害率 | 连续型 |
| | 病害变化率 | 连续型 |
| | 平均病害间隔时间 | 连续型 |
| | 病害集中度 | 连续型 |
| | 病害重复度 | 连续型 |
| | 使用寿命 | 连续型 |
| | 平均维修时间 | 连续型 |

续上表

| 状态评定指标分类 | 状态评定指标 | 指标类型 |
|---|---|---|
| 外观及环境类评价指标 | 钢轨表面清洁度 | 离散型 |
| | 道床脏污率 | 连续型 |
| | 轨道结构表面脏污程度(轨枕、轨道板、联结零件及防爬设备) | 离散型 |
| | 地质类型 | 离散型 |
| | 气象及气候类型 | 离散型 |
| | 可能影响轨道状态的路外环境(如水井) | 离散型 |

#### 6.3.3.2 状态评定指标说明

(1)使用性能类评定指标

除轨道质量等级 TQR 外,其余使用性能类评定指标在工务相关的标准、规范等管理文件中均有定义,但在本书中其计算公式中的长度参数应按照网格 200 m 长度重新设计,如轨道几何局部超限扣分由以往按 1 000 m 为单位计算,修改为按 200 m 为单位计算。

(2)轨道质量等级

轨道质量等级(Track Quality Rank,TQR)是在指标 TQI 基础上改进的衡量轨道区段质量的指标,用于整体评定轨道线路质量,目前已被我国部分铁路局集团公司采用,作为编制轨道养护维修计划的重要依据。

轨道质量等级 TQR 是依据轨道 TQI 值,轨检仪、车载式添乘仪、机载式添乘仪局部超限病害个数确定的。表 6-6 是兰州局轨道质量等级 TQR 的判定依据。轨道质量等级 TQR 划分为Ⅰ～Ⅳ级,轨道质量依次递减,Ⅰ级轨道单元质量最好,Ⅳ级轨道单元质量最差。

**表 6-6 兰州局轨道质量等级 TQR 判定依据**

| TQR | 判定依据 |
|---|---|
| Ⅰ级 | TQI<6.5,且轨检仪检测超限处<8,且车载、便携式添乘仪检测偏差处<6 |

续上表

| TQR | 判定依据 |
|---|---|
| Ⅱ级 | TQI≥6.5，或轨检仪检测超限处≥8，或车载、便携式添乘仪检测偏差处≥6 |
| Ⅲ级 | TQI≥6.5，轨检仪检测超限处≥8；或TQI≥6.5，车载、便携式添乘仪检测偏差处≥6；或轨检仪检测超限处≥8，车载、便携式添乘仪检测偏差处≥6；或轨检仪检测超限处≥20 |
| Ⅳ级 | TQI≥6.5，且轨检仪检测超限处≥8，且车载、便携式添乘仪检测偏差处≥6；或轨检仪检测超限处≥30 |

(3)轨道结构指数

轨道结构指数(TSI)是由Sadeghi和Askarinejad[86]提出的，利用钢轨伤损数据、联结零件伤损数据、轨枕伤损数据、道床病害数据，从轨道结构的角度出发，通过计算一个综合指数来反映该区段的轨道结构质量状态。本书中的TSI以200 m长度为计算单位。TSI体现了轨道网格内设备的整体性、关联性。

$$\mathrm{TSI}=\frac{\sum_{k=1}^{4} QI_k}{4} \tag{6-10}$$

其中，$k$表示轨道部件类型，$k=1,2,3,4$，分别代表钢轨、连结零件、轨枕、道床。$QI_k$表示轨道部件$k$的质量指数，$QI_k\in[0,100]$，其中100表示轨道部件$k$无任何病害，状态良好。$QI_k$与轨道部件$k$的不同病害等级的病害密度有关。

(4)失效率、使用寿命

轨道网格失效率、使用寿命的定义与计算方法，将在第7章轨道网格(或部件)使用寿命评估模型中详细描述。

(5)平均病害率

轨道网格平均病害率$f(t)$是指轨道网格在单位时间内产生病害的次数，平均病害率较高的轨道网格一般存在较严重的安全隐患。其计算公式为：

$$f_i(t)=\sum_{i=1}^{I}\omega_i f_i(t)=\sum_{i=1}^{I}\omega_i\frac{\sum_{j=1}^{J}\theta_j M_i^j(t)}{t} \tag{6-11}$$

其中，$f(t)$ 为平均病害率，$i$ 为轨道网格的第 $i$ 个轨道设备，$I$ 为轨道网格内设备总数，$j$ 为轨道网格的第 $j$ 类病害，$J$ 为病害类型的总数，$t$ 为时间跨度，$\omega_i$ 为第 $i$ 个设备的权重，$\theta_j$ 为第 $j$ 类病害的权重，$M_i^j(t)$ 为第 $i$ 个设备的第 $j$ 类病害在时间跨度 $t$ 内的发生次数。

(6)平均病害间隔时间

轨道网格平均病害间隔时间 MTBF $(t)$ 是指轨道网格产生相邻两次病害之间的平均时间，该指标反映了轨道网格的时间质量，体现了轨道网格在规定时间内保持功能的一种能力。其计算公式为：

$$\mathrm{MTBF}(t)=\frac{t}{M(t)} \tag{6-12}$$

其中，MTBF $(t)$ 为轨道网格平均病害间隔时间；$M(t)$ 为轨道网格内各设备病害在时间跨度 $t$ 内的发生次数。

(7)病害重复度

轨道网格病害重复度 $\Delta$ 是指轨道网格在一定时间范围内出现相同病害的次数。若该指标值较高，说明之前维修质量存在问题，或设备病因未诊断清楚，维修活动安排不合理，存在较严重的安全隐患，需要高度关注。其计算公式为：

$$\Delta=\sum_{i=1}^{I}\beta_i\Delta^i=\sum_{i=1}^{I}\beta_i\sum_{k=1}^{K}w_k^i\Delta_k^i \tag{6-13}$$

其中，$\Delta$ 为轨道网格病害重复度，$\beta_i$ 为第 $i$ 个设备的病害重复度的权重，$\Delta^i$ 为第 $i$ 个设备的病害的重复度，$w_k^i$ 为第 $i$ 个设备的第 $k$ 类重复病害的权重，$K$ 为重复病害类型的总个数，$\Delta_k^i$ 为预设时间范围内第 $i$ 个设备的第 $k$ 类病害的重复度。

(8)病害集中度

轨道网格病害集中度 $\theta$ 是指轨道网格在一定时间范围内单位长

度产生病害的数量,用于衡量轨道网格病害在空间上密集发生的程度。其计算公式为:

$$\theta=\sum_{i=1}^{I}\alpha_i\theta_i=\sum_{i=1}^{I}\alpha_i\frac{\sum_{j=1}^{J}\omega_j^i x_j^i}{l} \tag{6-14}$$

其中,$\theta$ 为轨道网格病害集中度,$\alpha_i$ 为第 $i$ 个设备的权重,$\theta_i$ 为第 $i$ 个设备的病害集中度,$\omega_j^i$ 为第 $i$ 个设备的第 $j$ 类病害权重,$x_j^i$ 为预设时间范围内第 $i$ 个设备的第 $j$ 类病害的个数,$l$ 为轨道网格的区段长度。

(9)平均维修时间

轨道网格平均维修时间 MTTR 是指轨道网格内各设备病害从发现到被维修整治的平均时间。其计算公式为:

$$\text{MTTR}=\frac{\sum_{m=1}^{M}[d_m^n-d_m^f]}{M} \tag{6-15}$$

其中,MTTR 为轨道网格平均维修时间,$m$ 为轨道网格在预设时间范围内的第 $m$ 个病害,$M$ 为轨道网格在预设时间范围内发生的病害总数,$d_m^f$ 为第 $m$ 个设备病害的发现时间,$d_m^n$ 表示第 $m$ 个设备病害的整治时间。

(10)外观类评定指标

道床脏污率在工务相关的标准、规范等管理文件中有明确定义,但在本书中,其指标以网格 200 m 长度进行重新计算。本书提出的钢轨表面清洁度是指 200 m 网格长度内的钢轨表面被颗粒粉尘、泥土等杂物污染的程度。本书提出的轨道结构表面脏污程度是指 200 m网格长度内的轨枕、联结零件及防爬设备表面被泥土等杂物污染的程度。

## 6.4 轨道网格与部件健康指数概念

### 6.4.1 轨道网格部件健康指数概念

表 6-1~表 6-4 中的各状态评定指标是从不同的侧面描述轨道

网格部件健康状态的。本书提出轨道网格部件健康指数(Track Component Health Index,TCHI)的概念,用于综合评定轨道网格部件健康状态。在本书中,将 TCHI 划分为 $S$ 个离散值,TCHI 是对表 6-1～表 6-4 中的各状态评定指标的综合分析,不同的 TCHI 值代表轨道网格部件不同的健康特征,其计算公式如下:

$$\mathrm{TCHI} = g(p_1, p_2, \cdots, p_j, \cdots, p_N) \tag{6-16}$$

其中,$p_j$ 表示轨道网格部件第 $j$ 个状态评定指标,其中 $j \in \{1,2,\cdots,p_j,\cdots,N\}$;$N$ 表示轨道网格部件状态评定指标总数;$g$ 表示 $p_1,p_2,\cdots,p_j,\cdots,p_N$ 与 TCHI 的映射关系。评定 TCHI 的模型算法将在文中第 6.5 节详细论述。

### 6.4.2 轨道网格健康指数概念

表 6-5 中的各状态评定指标是从不同的侧面描述轨道网格健康状态的。为综合评定轨道网格健康状态,本书提出轨道网格健康指数(Track Grid Health Index,TGHI)的概念。在本书中,将 TGHI 划分为 $S$ 个离散值,TGHI 是对表 6-5 中的各状态评定指标的综合分析,不同的 TGHI 值代表轨道网格不同的健康特征,其计算公式如下:

$$\mathrm{TGHI} = f(q_1, q_2, \cdots, q_i, \cdots, q_M) \tag{6-17}$$

其中,$q_i$ 表示表 6-5 中的第 $i$ 个轨道网格状态评定指标,其中 $i \in \{1,2,\cdots,M\}$;$M$ 表示轨道网格状态评定指标总数;$f$ 表示 $q_1,q_2,\cdots,q_i,\cdots,q_M$ 与 TGHI 的映射关系。评定 TGHI 的模型算法将在文中第 6.5 节详细论述。

选用离散型状态评定指标 TCHI、TGHI 评定轨道网格与部件状态,与铁路现场轨道设备状态分级管理相符合[16, 204],方便铁路管理者掌握轨道设备状态"好""坏",可对各状态等级设备分别制定不同的技术标准和管理标准,优化配置维修资源,辅助实现轨道设备的针对性管理。

## 6.5 轨道网格(或部件)健康状态评定模型 HEF-RTGC

为确定公式(6-16)与公式(6-17)中的映射关系 $g$ 与 $f$，整体评定轨道网格与部件健康状态，本节将基于大数据技术与第 4 章提出的铁路基础设施网格化管理方法，提出轨道网格(或部件)健康状态评定模型(Health Evaluation Framework for Railway Track Grids and Components，HEF-RTGC)，该模型是对轨道网格(或部件)状态数据的深度分析挖掘。

模型 HEF-RTGC 的输入是第 6.3 节中的轨道网格(或部件)各状态评定指标数据，输出是第 6.4 节中的轨道网格(或部件)健康指数 TGHI(或 TCHI)值。

### 6.5.1 模型 HEF-RTGC 构成

轨道网格(或部件)健康状态评定模型 HEF-RTGC 由三个子模型构成：

(1)轨道网格(或部件)多状态评定指标降维模型(Dimensionality Reduction Model for Railway Track Grids and Components Multi-condition Indexes，DRM-RTGC)，用于降低轨道网格(或部件)状态评定指标数据的相关性，避免评定整体健康状态时的“重复”计算。

(2)轨道网格(或部件)健康特征识别模型(Clustering Model for Railway Track Grids and Components Health Status，CM-RTGC)，用于确定轨道网格(或部件)健康指数 TGHI(或 TCHI)的可能值集合(即值域)，以及每个 TGHI(或 TCHI)值对应的轨道网格(或部件)健康特征。

(3)轨道网格(或部件)健康特征判定模型(Classification Learning Model for Railway Track Grids and Components Health Status，CLM-RTGC)，用于确定每一个轨道网格(或部件)健康指数 TGHI(或 TCHI)值。

模型 HEF-RTGC 的算法流程，如图 6-3 所示。

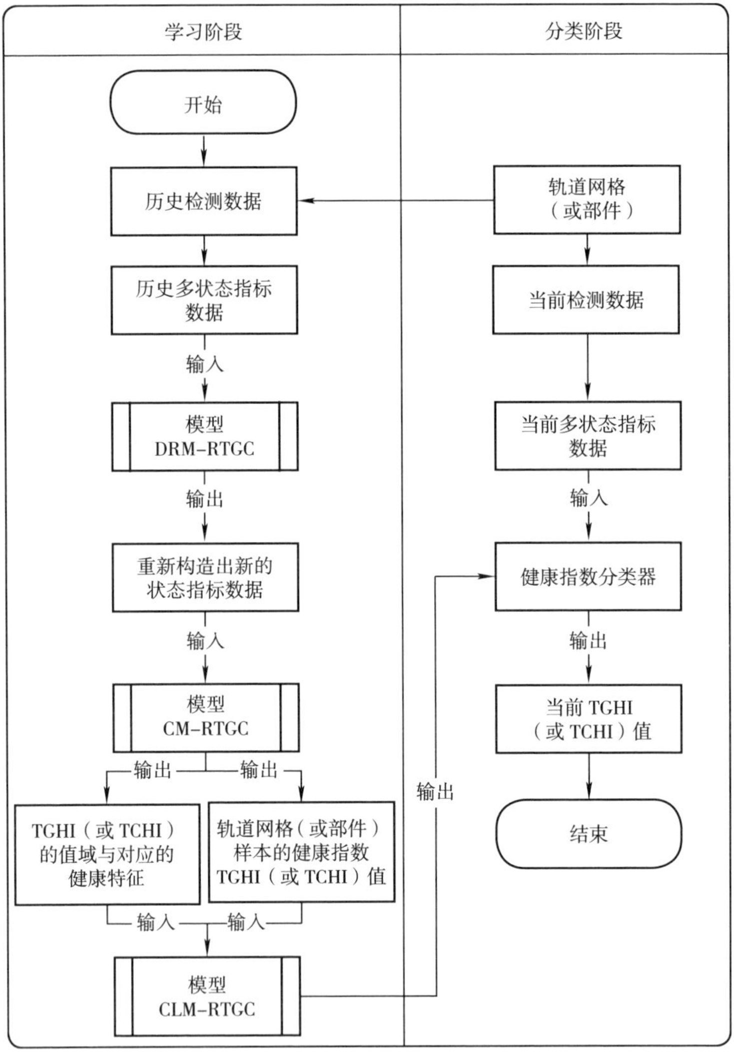


图 6-3　模型 HEF-RTGC 的算法流程

Step 1：利用模型 DRM-RTGC，降低轨道网格（或部件）样本的历史状态评定指标数据的相关性，重新构造出新的状态评定指标数据。

Step 2：在 Step 1 计算结果基础上，利用模型 CM-RTGC 对轨道网格（或部件）样本的健康状态进行聚类分析，确定轨道网格（或部件）健康指数 TGHI（或 TCHI）的值域，以及每个 TGHI（或 TCHI）值对应的轨道网格（或部件）健康特征，同时得到轨道网格（或部件）样本的健康指数 TGHI（或 TCHI）值。

Step 3：在 Step 2 计算结果的基础上，利用模型 CLM-RTGC 对已确定 TGHI（或 TCHI）值的轨道网格（或部件）样本的历史状态评定指标数据进行分类学习，得到轨道网格（或部件）健康指数 TGHI（或 TCHI）的关联规则（即健康指数分类器）。

Step 4：基于 Step 3 确定的健康指数分类器，利用轨道网格（或部件）当前状态评定指标数据，直接得到对应的 TGHI（或 TCHI）值。

Step 1、Step 2、Step 3 属于模型 HEF-RTGC 的学习阶段，Step 4 属于模型 HEF-RTGC 的分类阶段。

### 6.5.2 轨道网格（或部件）多状态评定指标降维模型 DRM-RTGC

#### 6.5.2.1 DRM-RTGC 概述

铁路轨道网格（或部件）状态评定指标众多，不同状态评定指标数据的相关性可能较高（即不同状态评定指标数据可能会重复反映相同的健康状态信息），主要有以下两点原因。

（1）不同的状态评定指标可能会重复度量同一健康特征，如轨道几何局部超限个数与轨道几何局部超限扣分都是度量轨道病害数量的多少。

（2）多种检测方式会对线路同一里程位置处的未整治设备病害进行多次检测，即不同检测方式的检测数据，对于同一里程位置处的未整治设备病害存在重复描述。如轨道质量指数 TQI 的评定依据轨检车检测数据，轨道质量等级 TQR 的评定依据轨检车检测数据、轨检仪检测数据、机载式添乘仪检测数据及便携式添乘仪检测数据。

轨检车检测、轨检仪检测、机载式添乘仪检测及便携式添乘仪检测都用于检测轨道几何尺寸超限。

轨道网格(或部件)多状态评定指标降维模型 DRM-RTGC,采用主成分分析方法(Principical Component Analysis,PCA)[273],降低轨道网格(或部件)状态评定指标数据的相关性,重新构造新的状态评定指标数据,避免评定轨道网格(或部件)整体健康状态时的重复计算,同时保留原始状态评定指标数据的大部分重要信息,有效提高轨道网格(或部件)整体健康状态评定的准确性。

模型 DRM-RTGC 的输入是第 6.3 节中的轨道网格(或部件)状态评定指标数据,输出是重新构造出的轨道(或部件)状态评定指标数据。

#### 6.5.2.2 模型 DRM-RTGC 建立

假设轨道网格(或部件)状态评定指标用变量 $Q$ 表示,其均值用 $\mu$ 表示,方差用 $\sigma$ 表示,见公式(6-18)、(6-19)与(6-20)。

$$Q = (q_1, q_2, \cdots, q_i, \cdots, q_M)^T \tag{6-18}$$

$$\mu = E(Q) \tag{6-19}$$

$$\sigma = Var(Q) \tag{6-20}$$

状态评定指标 $Q$ 的主成分用 $Z$ 表示,见公式(6-21)。基于 PCA 方法,重新构造出的主成分是 $Q$ 的线性组合,见公式(6-22)。线性组合系数用 $A$ 表示,见公式(6-23)。$p_{ji}$ 表示主成分 $z_i$ 在状态评定指标 $q_j$ 上的载荷,用于衡量 $q_j$ 对主成分 $z_i$ 的重要程度。

$$Z = (z_1, z_2, \cdots, z_i, \cdots, z_M)^T \tag{6-21}$$

$$\begin{cases} z_1 = a_1^T Q \\ z_2 = a_2^T Q \\ \vdots \\ z_M = a_M^T Q \end{cases} \tag{6-22}$$

$$A = (a_1, a_2, \cdots, a_i, \cdots, a_M)^T \tag{6-23}$$

$$a_i = (p_{1i}, p_{2i}, \cdots, p_{ji}, \cdots, p_{Mi})^T \tag{6-24}$$

由公式(6-22)，可推出主成分 $z_i$ 方差 $Var(z_i) = a_i^T \sigma a_i$，$i = 1, 2, \cdots, M$。主成分分析法的核心在于通过选取恰当的组合系数 $A$，使 $Z$ 的方差 $Var(Z)$ 达到最大，即通过求解如下约束优化问题，可确定最优线性组合系数 $\widehat{A}$：

$$\begin{aligned} &\max \widehat{A} \sigma A \\ &s.t. \widehat{A} A = 1 \end{aligned} \tag{6-25}$$

上述约束优化问题等价于求 $\sigma$ 最大特征值对应的特征向量。假设 $\sigma$ 的特征值用 $\lambda_1, \lambda_2, \cdots, \lambda_M$ 表示，相应的特征向量用 $\widehat{a}_1, \widehat{a}_2, \cdots, \widehat{a}_M$ 表示，则最优线性组合系数 $\widehat{A} = (\widehat{a}_1, \widehat{a}_2, \cdots, \widehat{a}_M)^T$。主成分 $z_i$ 的贡献率 $\rho_i$ 见公式(6-26)，前 $k$ 个主成分的累计贡献率 $\xi_k$ 见公式(6-27)，主成分 $z_i$ 与状态评定指标 $q_j$ 之间的相关系数为 $\sqrt{\lambda_i}\ \widehat{p_{ji}}$。

$$\rho_i = \frac{\lambda_i}{\sum_{j=1}^{M} \lambda_j} \tag{6-26}$$

$$\xi_k = \frac{\sum_{i=1}^{k} \lambda_i}{\sum_{j=1}^{M} \lambda_j} \tag{6-27}$$

根据主成分的累计贡献率，选择前 $n$ 个主成分 $z_1, z_2, \cdots, z_n$ 作为新的描述轨道网格(或部件)状态的属性变量。

### 6.5.3 轨道网格(或部件)健康特征识别模型 CM-RTGC

轨道网格(或部件)整体健康状态评定需对各状态评定指标综合考虑，以往研究中各状态评定指标相对重要程度多通过专家或现场专业工程师的经验判断确定，受主观影响较大[75~80, 86~88]。

轨道网格(或部件)健康特征识别模型 CM-RTGC 基于轨道网格(或部件)状态评定指标数据,采用混合层次 K 均值聚类算法(Hybrid Hierarchical K-means Clustering,HHKMC),将具有相似健康特征的轨道网格(或部件)归为一簇(如病害扣分多的轨道网格(或部件)归为一簇、病害变化快的轨道网格(或部件)归为另一簇),属于同一簇的轨道网格(或部件)具有相同的 TGHI(或 TCHI)值。TGHI(或 TCHI)的值域是通过比较不同聚类簇数对应的整体轮廓系数,选取整体轮廓系数最大值对应的簇数确定的。模型 CM-RTGC 的输入是模型 DRM-RTGC 的输出,输出是轨道网格(或部件)健康指数 TGHI(或 TCHI)的值域。

模型 CM-RTGC 具有如下优点:

(1)不追求轨道网格(或部件)个体间健康状态好坏的精确排序,从数据角度出发,将具有相似健康特征的轨道网格(或部件)归为一类,从而确定轨道网格(或部件)整体健康状态,受管理者主观影响较小;

(2)轨道网格(或部件)健康指数 TGHI(或 TCHI)的判定基于多状态评定指标综合分析,来源于多种检测数据,个别检测数据的较大误差对轨道网格(或部件)整体健康状态评定影响较小。

#### 6.5.3.1 模型 CM-RTGC 建立

假设轨道网格(或部件)样本有 $U$ 个,TGHI(或 TCHI)有 $S$ 个离散值。利用模型 DRM-RTGC 输出的轨道网格(或部件) $z_1, z_2, \cdots, z_n$ 状态数据,采用 HHKMC 算法对 $U$ 个轨道网格(或部件)样本进行聚类分析,划分为 $S$ 个簇,属于同一簇的轨道网格(或部件)样本的健康状态具有极大的相似性,属于不同簇的轨道网格(或部件)样本的健康状态差异较大,具体算法如下。

Step 1:在属性变量 $z_1, z_2, \cdots, z_n$ 构成的多维空间中,$U$ 个轨道网格(或部件)样本各自作为一簇(或类),即假定 $U$ 个轨道网格(或部件)的健康特征各不相同。

Step 2:计算所有轨道网格(或部件)簇两两之间的距离,判断两两轨道网格(或部件)簇健康特征相似性。采用欧式距离定义轨道网格(或部件)样本 $G_i$ 与 $G_j$ 之间的距离 $d_{ij}$,见公式(6-28)。轨道网格(或部件)样本间的距离 $d_{ij}$ 用于衡量轨道网格(或部件)样本间健康特征的相似性,$d_{ij}$ 越小表明轨道网格(或部件)样本间的健康特征越相似。其中,$Z_i$ 是轨道网格(或部件)$G_i$ 的状态属性变量,$Z_i = (z_{i1}, z_{i2}, \cdots, z_{in})^T$。$Z_j$ 是 $G_j$ 的状态属性变量,$Z_j = (z_{j1}, z_{j2}, \cdots, z_{jn})^T$。

$$d_{ij} = dist(G_i, G_j) = \| Z_i - Z_j \| = \sqrt{\sum_{k=1}^{n} (z_{ik} - z_{jk})^2} \quad (6\text{-}28)$$

采用 Average Linkage 策略定义轨道网格(或部件)簇 $C_v$ 与 $C_e$ 的距离 $D_{ve}$,见公式(6-29),即轨道网格(或部件)簇间的距离是簇中所有样本对之间的平均距离。轨道网格(或部件)簇间的距离 $D_{ve}$ 用于衡量轨道网格(或部件)簇间健康特征的相似性,$D_{ve}$ 越小表明轨道网格(或部件)簇间的健康特征越相似。其中,$t_v$ 表示轨道网格(或部件)簇 $C_v$ 中的样本个数;$t_e$ 表示簇 $C_e$ 中的样本个数。

$$D_{ve} = dist(D_v, D_e) = \frac{1}{t_v t_e} \sum_{i \in t_v, j \in t_s} d_{ij} = \frac{1}{t_v t_e} \sum_{i \in t_v, j \in t_s} \sqrt{\sum_{k=1}^{n} (z_{ik} - z_{jk})^2}$$

(6-29)

Step 3:将距离最短的两个簇合并为一个新的簇,即将健康特征最相似的两个轨道网格(或部件)簇合为一个新的簇。

Step 4:重复 Step 2、Step 3,直到将 $U$ 个轨道网格(或部件)分为 $S$ 个簇。

Step 5:计算 $S$ 个轨道网格(或部件)簇 $C_1, \cdots, C_s, \cdots, C_S$ 各自的中心 $P_1, \cdots, P_s, \cdots, P_S$,如公式(6-30)所示。其中,$G_i^s$ 表示簇 $C_s$ 中的第 $i$ 个轨道网格(或部件)样本,$t_s$ 表示簇 $C_s$ 中的样本个数,$Z_i^s = (z_{i1}^s, z_{i2}^s, \cdots, z_{in}^s)^T$ 表示轨道网格(或部件)$G_i^s$ 的状态属性变量。$P_s =$

$(p_{s1},p_{s2},\cdots,p_{sn})^T$ 表示簇 $C_s$ 的状态属性变量。

$$P_s=\frac{1}{t_s}\sum_{i\in t_s}Z_i^s=\left(\frac{1}{t_s}\sum_{i\in t_s}z_{i1}^s,\frac{1}{t_s}\sum_{i\in t_s}z_{i2}^s,\cdots,\frac{1}{t_s}\sum_{i\in t_s}z_{in}^s\right)^T \quad (6\text{-}30)$$

Step 6：分别计算每个轨道网格（或部件）样本与 $S$ 个簇中心 $P_1$，$\cdots$，$P_s$，$\cdots$，$P_S$ 的距离，将这些轨道网格（或部件）样本分别划归到距离最小的簇，即将轨道网格（或部件）样本分别划归到与其健康状态最相似的轨道网格（或部件）簇，如公式(6-31)所示。

$$L_s^i=\arg\min_{i\in U,s\in S}\|Z_i-P_s\|=\arg\min_{i\in U,s\in S}\sqrt{\sum_{k=1}^{n}(z_{ik}-p_{sk})^2} \quad (6\text{-}31)$$

轨道网格（或部件）簇与样本间的距离 $\|Z_i-P_s\|$ 采用欧式距离定义，用于衡量轨道网格（或部件）簇与样本健康特征的相似性。$\|Z_i-P_s\|$ 越小表明轨道网格（或部件）簇与样本健康特征越相似。其中，$L_s^i$ 表示轨道网格（或部件）样本 $G_i$ 对应的簇为 $C_s$，即相对于其他轨道网格（或部件）簇，样本 $G_i$ 与簇 $C_s$ 的健康状态最相似。

Step 7：根据聚类的结果，更新 $S$ 个簇各自的中心，同 Step 5。

Step 8：重复 Step 6、Step 7，直到 $S$ 个簇中心不发生改变。

Step 9：分析概括每一轨道网格（或部件）簇的主要健康特征，赋予轨道网格（或部件）簇 TGHI（或 TCHI）值，即确定轨道网格（或部件）TGHI（或 TCHI）的值域，以及每个 TGHI（或 TCHI）值对应的轨道网格（或部件）健康特征。

Step 10：依据轨道网格（或部件）样本与簇的从属关系，确定 $U$ 个轨道网格（或部件）样本的 TGHI（或 TCHI）值，结束。

#### 6.5.3.2 TGHI（或 TCHI）值域 $S$ 的确定

轮廓系数（Silhouette Coefficient）[274] 通过分析簇内的紧凑情况和簇间的分离情况，评估聚类的质量，其值在 −1 与 1 之间，值越大说明聚类质量越好。通过比较不同聚类簇数下整体轮廓系数的大小，

选取整体轮廓系数 $sc$ 最大值所对应的簇数 $L$，作为 TGHI(或 TCHI)的值域 $S$，见公式(6-32)。

$$S = \arg\min_{L \in U} sc_L \tag{6-32}$$

假设轨道网格(或部件)样本有 $U$ 个，被划分成 $L$ 个簇 $C_1, \cdots, C_l, \cdots, C_L$，$L \in U$。当前聚类簇数为 $L$ 的整体轮廓系数 $sc_L$ 是 $U$ 个样本轮廓系数的平均值，其计算见公式(6-33)。$sc_L(G)$ 表示轨道网格(或部件)样本 $G \in U$ 的轮廓系数，其计算见公式(6-34)。

$$sc_L = \frac{\sum_{i=1}^{U} sc_L(G_i)}{U} = \frac{\sum_{i=1}^{U} \dfrac{b(G_i) - a(G_i)}{\max\{a(G_i), b(G_i)\}}}{U} \tag{6-33}$$

$$sc_L(G) = \frac{b(G) - a(G)}{\max\{a(G), b(G)\}} \tag{6-34}$$

其中，$a(G)$ 表示样本 $G$ 与 $G$ 所属簇的其他样本之间的平均距离，用于量化簇内的凝聚度，值越小簇内越紧凑，其计算见公式(6-35)。$b(G)$ 表示样本 $G$ 到不属于 $G$ 所有簇的最小平均距离，用于量化簇之间分离度，值越大簇间越分离，其计算见公式(6-36)。$t_i$ 表示簇 $C_i$ 中的样本个数。$t_j$ 表示簇 $C_j$ 中的样本个数。$Z$ 是轨道网格(或部件)样本 $G$ 的状态属性变量，$Z = (z_1, z_2, \cdots, z_n)^T$。$Z'$ 是轨道网格(或部件)样本 $G'$ 的状态属性变量，$Z' = (z'_1, z'_2, \cdots, z'_n)^T$。

$$\begin{aligned} a(G) &= \frac{\sum\limits_{G' \in C_i, G \in C_i, G \neq G', 1 \leqslant i \leqslant L} dist(G, G')}{t_i - 1} \\ &= \frac{\sum\limits_{G' \in C_i, G \in C_i, G \neq G', 1 \leqslant i \leqslant L} \| Z - Z' \|}{t_i - 1} \\ &= \frac{\sum\limits_{G' \in C_i, G \in C_i, G \neq G', 1 \leqslant i \leqslant L} \sqrt{\sum\limits_{k=1}^{n} (z_k - z'_k)^2}}{t_i - 1} \end{aligned} \tag{6-35}$$

$$b(G)=\min_{C_j:1\leqslant j\leqslant L,j\neq i}\left\{\frac{\sum\limits_{G'\in C_j,G\in C_i} dist(G,G')}{t_j}\right\}$$
$$=\min_{C_j:1\leqslant j\leqslant L,j\neq i}\left\{\frac{\sum\limits_{G'\in C_j,G\in C_i}\|Z-Z'\|}{t_j}\right\} \tag{6-36}$$
$$=\min_{C_j:1\leqslant j\leqslant L,j\neq i}\left\{\frac{\sum\limits_{G'\in C_j,G\in C_i}\sqrt{\sum\limits_{k=1}^{n}(z_k-z'_k)^2}}{t_j}\right\}$$

### 6.5.4 轨道网格(或部件)健康特征判定模型 CLM-RTGC

上一节的轨道网格(或部件)健康特征识别模型 CM-RTGC,通过对轨道网格(或部件)大量历史多状态指标数据的深入分析,确定了轨道网格(或部件)所有可能健康特征的集合及对应的健康指数 TGHI(或 TCHI)的值域。但是,随上道时间推移,轨道网格(或部件)的健康状态是动态变化的,在每个检查周期结束时,管理者需要根据最新的状态检测数据尽快重新评定每个轨道网格(或部件)健康指数 TGHI(或 TCHI)。

为快速确定轨道网格(或部件)的健康指数 TGHI(或 TCHI),本节提出轨道网格(或部件)健康特征判定模型 CLM-RTGC。该模型以轨道网格(或部件)为研究对象,依据历史的状态评定指标数据及相应的健康指数 TGHI(或 TCHI)数据,采用树扩张型朴素贝叶斯分类模型,确定轨道网格(或部件)多状态评定指标与相应健康指数 TGHI(或 TCHI)的关联关系(即构建健康指数分类器)。当获取某个轨道网格(或部件)新的状态评定指标数据时,通过健康指数分类器可直接得到相应的健康指数 TGHI(或 TCHI)值。

模型 CLM-RTGC 的输入是轨道网格(或部件)历史的状态评定指标数据及相应的健康指数 TGHI(或 TCHI)数据;输出是状态检测数据更新后的轨道网格(或部件)健康指数 TGHI(或 TCHI)值。

#### 6.5.4.1 变量声明

建立模型 CLM-RTGC 所需的变量说明：

$B=\{q_1,q_2,\cdots,q_i,\cdots,q_M,C\}$ 表示分类学习中描述轨道网格（或部件）样本属性特征的变量集合，即轨道网格（或部件）状态评定指标与健康指数 TGHI（或 TCHI）。

$q_i$ 表示分类学习中轨道网格（或部件）样本的第 $i$ 个属性变量，即轨道网格（或部件）样本的第 $i$ 个状态评定指标。

$q_1,q_2,\cdots,q_i,\cdots,q_M$ 表示分类学习中轨道网格（或部件）样本的 $M$ 个属性变量，即轨道网格（或部件）样本的 $M$ 个状态评定指标。

$Values(q_i)$ 表示属性变量 $q_i$ 所有可能值的集合，即状态评定指标 $q_i$ 所有可能值的集合。

$a_i$ 表示属性变量 $q_i$ 的具体取值，即某个轨道网格（或部件）样本的状态评定指标 $q_i$ 值为 $a_i$，$a_i \in Values(q_i)$。

$C$ 表示分类学习中轨道网格（或部件）样本的类变量，即轨道网格（或部件）健康指数 TGHI（或 TCHI）。

$Values(C)=\{c_1,c_2,\cdots,c_s,\cdots,c_S\}$，表示类变量 $C$ 所有可能值的集合，即健康指数 TGHI（或 TCHI）的值域。

$S$ 表示轨道网格（或部件）TGHI（或 TCHI）所有可能值的个数。

$c_s$ 表示类属性 $C$ 的具体取值，即某个轨道网格（或部件）样本的健康指数 TGHI（或 TCHI）值为 $c_s$，$c_s \in Values(C)$。

#### 6.5.4.2 模型 CLM-RTGC 建立

模型 CLM-RTGC 采用树扩张型朴素贝叶斯分类模型，深度挖掘轨道网格（或部件）历史状态数据，寻找轨道网格（或部件）多状态评定指标与相应健康指数 TGHI（或 TCHI）的关联关系，对轨道网格（或部件）健康指数 TGHI（或 TCHI）进行直接判定。

贝叶斯分类学习模型基于贝叶斯定理，通过预测待分类实例所属各个类标值的概率，来达到分类的目的。若已知某轨道网格（或部件）$M$ 个状态评定指标数据 $a=(a_1,a_2,\cdots,a_M)$，根据贝叶斯定理，

该轨道网格(或部件)健康指数 TGHI(或 TCHI)值为 $c_s$ 的概率为:

$$P(c_s \mid a)=\frac{P(c_s)P(a \mid c_s)}{P(a)} \tag{6-37}$$

其中,$P(c_s)$ 表示轨道网格(或部件)健康指数 TGHI(或 TCHI)值为 $c_s$ 的先验概率;$P(c_s \mid a)$ 称作后验概率,反映了 $M$ 个状态评定指标数据 $a=(a_1,a_2,\cdots,a_M)$ 对轨道网格(或部件)健康指数 TGHI(或 TCHI)值为 $c_s$ 概率的影响。

根据贝叶斯最大后验准则,贝叶斯分类学习模型选择使后验概率 $P(c_s \mid a)$ 最大的 $c^{\Delta}$ 作为判定的健康指数 TGHI(或 TCHI)值,即:

$$\begin{aligned} c^{\Delta} &= \underset{c_s \in Values(C)}{\arg\max} \frac{P(c_s)P(a \mid c_s)}{P(a)} \\ &= \underset{c_s \in Values(C)}{\arg\max} P(c_s)P(a \mid c_s) \\ &= \underset{c_s \in Values(C)}{\arg\max} P(c_s)P(a_1,a_2,\cdots,a_M \mid c_s) \\ &= \underset{c_s \in Values(C)}{\arg\max} \underbrace{P(c_s)}_{①} \underbrace{\prod_{j=1}^{M} P(a_j \mid a_1,a_2,\cdots,a_{j-1},c_s)}_{②} \end{aligned} \tag{6-38}$$

本节利用轨道网格(或部件)健康指数 TGHI(或 TCHI)值为 $c_s$ 在历史样本数据中的概率分布近似代替先验概率 $P(c_s)$,即公式(6-38)中的①。求解公式(6-38)中的②是贝叶斯分类学习模型的关键。

朴素贝叶斯分类学习模型(Naïve Bayes)[275],是限制条件最严格的贝叶斯分类学习模型。它假设各属性变量相对于类变量是互相独立的。在这个假设条件下,公式(6-38)可进一步表示为:

$$c^{\Delta} = \underset{c_s \in Values(C)}{\arg\max} P(c_s)\prod_{j=1}^{M} P(a_j \mid c_s) \tag{6-39}$$

朴素贝叶斯分类学习模型的分类效果在很多场合下可以达到甚至超过决策树、k-邻近、神经网络及基于规则等复杂的分类算法[276, 277]。

扩展朴素贝叶斯分类学习模型，在朴素贝叶斯分类学习模型的基础上添加属性变量间的依赖关系，从而提高分类的正确率。本节采用 SuperParent 算法[278]构建树扩张型朴素贝叶斯器分类学习模型，确定公式(6-38)中的②，实现对轨道网格(或部件)健康指数 TGHI(或 TCHI)的判定。SuperParent 算法中的孤儿节点 $q_{OP}$ 是指只有类变量作为其父节点；最爱子节点 $q_{FC}$ 是指除类变量作为其父节点外，还有一个其他属性变量作为其父节点；超父节点 $q_{SD}$ 存在指向其他节点的弧，即最爱子节点的父节点。

为寻找轨道网格(或部件)多状态评定指标之间隐藏的依赖关系，确定模型 CLM-RTGC 的结构，SuperParent 算法具体流程如下。

Step 1：初始化轨道网格(或部件)多状态评定指标的朴素贝叶斯网络。

Step 2：估计当前分类学习模型的正确率。

Step 3：让每一个节点 $q_i \in \{q_1, q_2, \cdots, q_M\}$ 为超父节点，记录使分类学习模型正确率提高最多的节点 $q_{SP}$。

Step 4：添加从 $q_{SP}$ 指向每个孤儿节点的弧，如果所有弧中的弧 $(q_{SP}, q_{FC})$ 提高的正确率最大，那么添加这条弧，创建属性 $q_{SP}$ 与 $q_{FC}$ 间的依赖关系，返回第 3 步；否则返回当前分类学习模型。

假设 $SP(q_i)$ 表示属性 $q_i$ 的父节点集合，公式(6-38)可进一步表示为：

$$c^{\Delta} = \underset{c_s \in Values(C)}{\arg\max} P(c_s) \prod_{j=1}^{M} P(a_j \mid SP(q_j)) \tag{6-40}$$

若 $q_j$ 为孤儿节点，$SP(q_j) = \{C\}$，则：

$$P(a_j \mid SP(q_j)) = P(q_j \mid c_s) \tag{6-41}$$

若 $q_j$ 的超父节点为 $q_k$，$SP(q_j) = \{q_k, C\}$，则：

$$P(a_j \mid SP(q_j)) = P(a_j \mid a_k, c_s) \tag{6-42}$$

利用模型 CLM-RTGC 判定轨道网格(或部件)健康指数 TGHI

（或 TCHI）的流程，如图 6-4 所示。

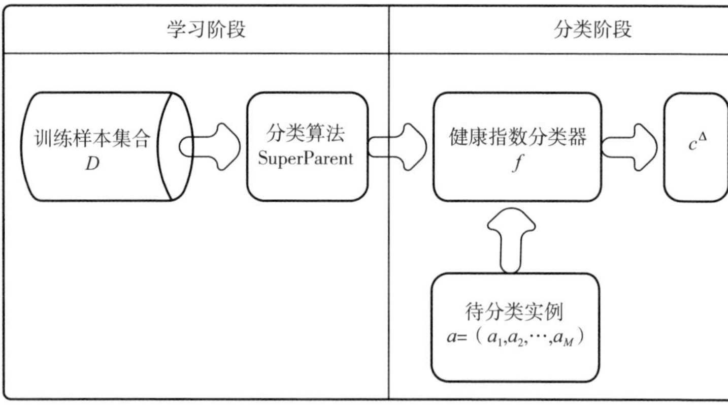


图 6-4　模型 CLM-RTGC 判定健康指数 TGHI（或 TCHI）流程

（1）学习阶段：依据已确定 TGHI（或 TCHI）值的轨道网格（或部件）样本的历史状态评定指标数据，构建轨道网格（或部件）训练样本集合 $D$，将样本集合 $D$ 输入到 SuperParent 分类算法，产生相应的健康指数分类学习模型 $f$。

（2）分类阶段：对于一个待分类的样本 $a=(a_1,a_2,\cdots,a_M)$（即轨道网格（或部件）$M$ 个状态评定指标数据），将之输入到分类学习模型 $f$，计算出其相应的类标值，即得到相应的健康指数 TGHI（或 TCHI）值。判定出的健康指数 TGHI（或 TCHI）值表示为 $c^{\Delta}=f(a)$。

## 6.6　案例分析

本案例将采用兰新铁路现场的实际数据，验证本章提出的轨道网格（或部件）健康状态评定模型 HEF-RTGC 的有效性。

### 6.6.1　案例问题描述

本案例以兰新线上下行 K548＋000～K985＋600 里程范围内的 893 个轨道网格为研究对象，采集了这些轨道网格 2016 年 3 月份各状态评定指标的数据。由于原始数据收集的原因，计算表 6-5 中的轨道网格状态评定指标所需数据源未能全部获取。基于实际收集到的数据源情况，本节选用 8 个状态评定指标(表 6-7)衡量轨道网格状态，记为 $Q=(q_1,q_2,\cdots,q_8)^T$。

表 6-8 展示了兰新线 2016 年 3 月份轨道网格 893 条状态评定指标数据中的 48 条。

**表 6-7 选取的轨道网格状态评定指标**

| 轨道网格状态评定指标 | 数学表示 |
|---|---|
| 轨道质量指数 TQI | $q_1$ |
| TQI 变化率 | $q_2$ |
| 轨道质量等级 TQR | $q_3$ |
| 结构性病害数 | $q_4$ |
| 平均病害率 | $q_5$ |
| 病害变化率 | $q_6$ |
| 病害集中度 | $q_7$ |
| 失效率 | $q_8$ |

**表 6-8 兰新线 2016 年 3 月份轨道网格状态评定指标数据(部分)**

| 网格编码 | 线编号 | 行别 | 起点里程(km) | $q_1$ | $q_2$ | $q_3$ | $q_4$ | $q_5$ | $q_6$ | $q_7$ | $q_8$ |
|---|---|---|---|---|---|---|---|---|---|---|---|
| 86109002 | 0086 | 上 | 900.4 | 6.32 | −0.181 3 | 2 | 0 | 0.322 6 | 2.500 0 | 50 | 0.004 376 |
| 86209313 | 0086 | 下 | 931.6 | 7.3 | −0.046 5 | 2 | 1 | 0.451 6 | 5.000 0 | 70 | 0.004 376 |
| 86209352 | 0086 | 下 | 935.4 | 6.95 | −0.094 4 | 2 | 1 | 0.290 3 | 4.000 0 | 45 | 0.047 118 |
| 86208422 | 0086 | 下 | 842.4 | 6.49 | −0.064 3 | 2 | 3 | 0.258 1 | 3.500 0 | 40 | 0.010 905 |
| 86106783 | 0086 | 上 | 678.6 | 4.87 | −0.427 3 | 3 | 1 | 0.322 6 | −0.600 0 | 50 | 0.004 376 |
| 86205532 | 0086 | 下 | 553.4 | 5.86 | −0.019 2 | 1 | 3 | 0.290 3 | −0.181 8 | 45 | 0.008 734 |
| 86209044 | 0086 | 下 | 904.8 | 6.16 | −0.354 6 | 2 | 0 | 0.709 7 | −0.051 3 | 110 | 0.040 822 |
| 86208883 | 0086 | 下 | 888.6 | 5.51 | −0.077 0 | 1 | 1 | 0.483 9 | −0.200 0 | 75 | 0.019 545 |
| 86106461 | 0086 | 上 | 646.2 | 6.06 | −0.251 1 | 3 | 0 | 0.677 4 | 0.095 2 | 105 | 0.030 240 |

续上表

| 网格编码 | 线编号 | 行别 | 起点里程(km) | $q_1$ | $q_2$ | $q_3$ | $q_4$ | $q_5$ | $q_6$ | $q_7$ | $q_8$ |
|---|---|---|---|---|---|---|---|---|---|---|---|
| 86207453 | 0086 | 下 | 745.6 | 5.84 | −0.058 8 | 1 | 14 | 0.548 4 | 1.000 0 | 85 | 0.002 191 |
| 86208091 | 0086 | 下 | 809.2 | 5.03 | −0.283 9 | 1 | 0 | 0.096 8 | −0.400 0 | 15 | 0.008 734 |
| 86109451 | 0086 | 上 | 945.2 | 4.19 | −0.128 6 | 1 | 0 | 0.129 0 | −0.500 0 | 20 | 0.006 557 |
| 86108113 | 0086 | 上 | 811.6 | 7.1 | −0.245 1 | 3 | 3 | 0.709 7 | 11.500 0 | 110 | 0.010 905 |
| 86108110 | 0086 | 上 | 811 | 6.19 | −0.219 3 | 3 | 2 | 0.387 1 | 13.000 0 | 60 | 0.002 191 |
| 86209394 | 0086 | 下 | 939.8 | 5.67 | −0.135 8 | 2 | 2 | 0.161 3 | 5.666 7 | 25 | 0.004 376 |
| 86207744 | 0086 | 下 | 774.8 | 6.58 | −0.046 6 | 2 | 0 | 0.161 3 | −0.444 4 | 25 | 0.004 376 |
| 86206651 | 0086 | 下 | 665.2 | 5.02 | −0.303 5 | 2 | 0 | 0.548 4 | −0.151 5 | 85 | 0.034 486 |
| 86209040 | 0086 | 下 | 904 | 4.56 | −0.079 6 | 1 | 0 | 0.161 3 | 0.250 0 | 25 | 0.004 376 |
| 86106644 | 0086 | 上 | 664.8 | 4.75 | −0.318 1 | 2 | 0 | 0.677 4 | −0.638 3 | 105 | 0.032 365 |
| 86207881 | 0086 | 下 | 788.2 | 5.56 | −0.114 9 | 1 | 3 | 0.096 8 | 4.000 0 | 15 | 0.004 376 |
| 86205573 | 0086 | 下 | 557.6 | 3.82 | −0.180 9 | 1 | 0 | 0.387 1 | −0.333 3 | 60 | 0.002 191 |
| 86209263 | 0086 | 下 | 926.6 | 7.47 | −0.168 5 | 2 | 0 | 0.709 7 | −0.412 7 | 110 | 0.104 044 |
| 86206814 | 0086 | 下 | 681.8 | 4.47 | 0.013 9 | 1 | 0 | 0.096 8 | 0.500 0 | 15 | 0.002 191 |
| 86206301 | 0086 | 下 | 630.2 | 4.83 | 0.037 4 | 1 | 0 | 0.225 8 | −0.384 6 | 35 | 0.006 557 |
| 86207993 | 0086 | 下 | 799.6 | 5.97 | −0.084 4 | 2 | 0 | 0.129 0 | 0.250 0 | 20 | 0.023 836 |
| 86109110 | 0086 | 上 | 911 | 7.17 | −0.173 1 | 3 | 0 | 0.741 9 | 0.054 1 | 115 | 0.019 545 |
| 86107580 | 0086 | 上 | 758 | 4.48 | −0.053 5 | 1 | 0 | 0.000 0 | −0.900 0 | 0 | 0.002 191 |
| 86108900 | 0086 | 上 | 890 | 5.28 | 0.030 0 | 2 | 0 | 0.129 0 | 0.000 0 | 20 | 0.002 191 |
| 86207923 | 0086 | 下 | 792.6 | 4.61 | −0.371 6 | 1 | 0 | 0.064 5 | 2.000 0 | 10 | 0.002 191 |
| 86208090 | 0086 | 下 | 809 | 5.79 | −0.223 2 | 2 | 2 | 0.193 5 | 5.000 0 | 30 | 0.006 557 |
| 86208094 | 0086 | 下 | 809.8 | 6.25 | −0.311 9 | 2 | 3 | 0.354 8 | 2.600 0 | 55 | 0.010 905 |
| 86208113 | 0086 | 下 | 811.6 | 4.67 | −0.315 3 | 1 | 1 | 0.161 3 | 13.000 0 | 25 | 0.002 191 |
| 86207324 | 0086 | 下 | 732.8 | 5.77 | −0.017 0 | 1 | 5 | 0.161 3 | 2.000 0 | 25 | 0.015 234 |
| 86206763 | 0086 | 下 | 676.6 | 5.75 | −0.241 7 | 1 | 0 | 0.064 5 | −0.939 4 | 10 | 0.023 836 |
| 86206564 | 0086 | 下 | 656.8 | 7.08 | −0.138 0 | 3 | 0 | 1.096 8 | 0.863 6 | 170 | 0.075 986 |

续上表

| 网格编码 | 线编号 | 行别 | 起点里程(km) | $q_1$ | $q_2$ | $q_3$ | $q_4$ | $q_5$ | $q_6$ | $q_7$ | $q_8$ |
|---|---|---|---|---|---|---|---|---|---|---|---|
| 86206162 | 0086 | 下 | 616.4 | 4.42 | 0.434 0 | 1 | 0 | 0.000 0 | 0.000 0 | 0 | 0.004 376 |
| 86206580 | 0086 | 下 | 658 | 5.74 | −0.175 0 | 3 | 2 | 0.967 7 | −0.257 1 | 150 | 0.034 486 |
| 86207483 | 0086 | 下 | 748.6 | 6.14 | −0.017 0 | 1 | 13 | 0.483 9 | 2.000 0 | 75 | 0.023 836 |
| 86107883 | 0086 | 上 | 788.6 | 5.25 | −0.234 9 | 2 | 1 | 0.483 9 | 1.250 0 | 75 | 0.021 693 |
| 86209463 | 0086 | 下 | 946.6 | 6.16 | −0.059 8 | 1 | 1 | 0.193 5 | 1.000 0 | 30 | 0.006 557 |
| 86208100 | 0086 | 下 | 810 | 5.94 | −0.208 1 | 2 | 1 | 0.064 5 | 0.000 0 | 10 | 0.004 376 |
| 86209103 | 0086 | 下 | 910.6 | 4.99 | −0.134 5 | 1 | 1 | 0.193 5 | −0.454 5 | 30 | 0.002 191 |
| 86206604 | 0086 | 下 | 660.8 | 5.02 | −0.128 1 | 1 | 0 | 0.451 6 | −0.285 7 | 70 | 0.004 376 |
| 86209344 | 0086 | 下 | 934.8 | 6.04 | −0.038 7 | 2 | 1 | 0.193 5 | −0.307 7 | 30 | 0.002 191 |
| 86106331 | 0086 | 上 | 633.2 | 4.81 | 0.102 7 | 1 | 0 | 0.096 8 | −0.833 3 | 15 | 0.002 191 |
| 86106484 | 0086 | 上 | 648.8 | 4.57 | −0.368 4 | 2 | 0 | 0.516 1 | 0.000 0 | 80 | 0.017 392 |
| 86107830 | 0086 | 上 | 783 | 5.97 | −0.164 8 | 2 | 0 | 0.129 0 | 0.000 0 | 20 | 0.002 191 |
| 86108893 | 0086 | 上 | 889.6 | 6.33 | 0.041 4 | 2 | 8 | 0.516 1 | 0.000 0 | 80 | 0.002 191 |

### 6.6.2 模型结果分析

#### 6.6.2.1 轨道网格多状态评定指标降维结果分析

本文利用 R 编程语言[252, 279]实现对模型 HEF-RTGC 的构建和求解。实例中轨道网格状态评定指标集合 $Q=(q_1,q_2,\cdots,q_8)$ 的第一主成分 $z_1$ 的贡献率 45.0%，累计贡献率 45.0%；第二主成分 $z_2$ 的贡献率 17.6%，累计贡献率 62.6%，见表 6-9。由于前两个主成分 $z_1$、$z_2$ 的累计贡献率已经超过 60%，本实例选择 $z_1$、$z_2$ 作为新的描述轨道网格状态的属性变量。

表 6-9　轨道网格状态评定指标主成分的贡献率和累计贡献率

| | $z_1$ | $z_2$ |
|---|---|---|
| 贡献率 | 45.0% | 17.6% |
| 累计贡献率 | 45.0% | 62.6% |

为解释第一、第二主成分的物理意义，本书分析了第一、第二主成分 $z_1$ 、$z_2$ 与轨道网格状态评定指标 $Q=(q_1,q_2,\cdots,q_8)$ 的相关性，见表 6-10。图 6-5 是 $z_1$ 、$z_2$ 与轨道网格状态评定指标 $Q=(q_1,q_2,\cdots,q_8)$ 的相关关系图，图中状态评定指标 $q_i$ 箭头的横坐标值是 $q_i$ 与 $z_1$ 的相关系数，纵坐标值是 $q_i$ 与 $z_2$ 的相关系数。状态评定指标 $q_i$ 箭头越接近单位圆，说明该状态评定指标被 $z_1$ 、$z_2$ 代表的越充分。通过分析表 6-10 和图 6-5 可知，$z_1$ 与 $q_1$ 、$q_3$ 、$q_5$ 、$q_7$ 和 $q_8$ 高度正相关，与 $q_2$ 负相关，该主成分表示轨道网格的平均病害率、失效率、TQI 及 TQR 较高，但 TQI 变化较慢，即该主成分主要用于衡量轨道网格病害数量多少；$z_2$ 与 $q_1$ 、$q_2$ 、$q_4$ 和 $q_6$ 高度正相关，该主成分表示轨道网格的 TQI 变化率、病害变化率较高，TQI 较高，轨枕、扣件等结构性病害数较多，即该主成分主要用于衡量轨道网格病害变化趋势快慢，以及轨枕、扣件等结构性病害数量多少。

表 6-10　轨道网格状态主成分与状态评定指标相关系数

| 相关系数 | $z_1$ | $z_2$ |
|---|---|---|
| $q_1$ | 0.496 | 0.620 |
| $q_2$ | −0.430 | 0.648 |
| $q_3$ | 0.861 | −0.018 |
| $q_4$ | 0.080 | 0.617 |
| $q_5$ | 0.948 | 0.021 |
| $q_6$ | 0.005 | 0.452 |

续上表

| 相关系数 | $z_1$ | $z_2$ |
|---|---|---|
| $q_7$ | 0.948 | 0.021 |
| $q_8$ | 0.792 | −0.131 |

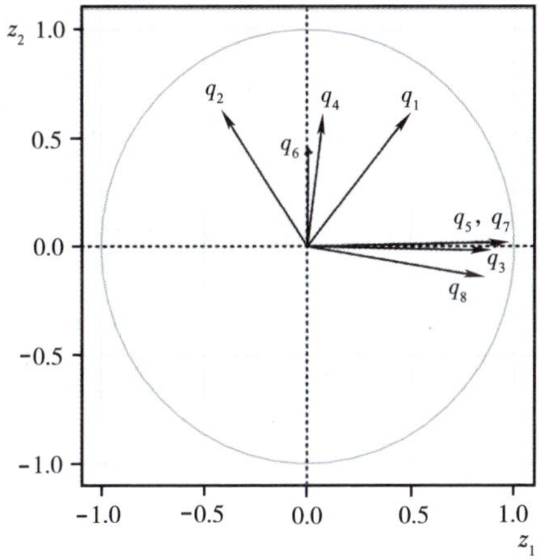


图 6-5 状态属性变量与主成分相关关系图

#### 6.6.2.2 轨道网格健康特征识别结果分析

(1)轨道网格健康指数 TGHI 的确定

如前文所述,整体轮廓系数是一个用于衡量聚类质量的指标,值越大聚类效果越好。本实例聚类簇数与整体轮廓系数的关系如图 6-6所示。通过比较不同聚类簇数下整体轮廓系数的大小,当聚类簇数为 4 时,整体轮廓系数最大,聚类效果最好,故兰新线上下行 K548+000~K985+600 里程范围内 893 个轨道网格健康特征划分为 4 类,即 TGHI ∈ [1,2,3,4]。单个轨道网格 TGHI 值取决于该轨道网格健康特征所属类别。

基于新的轨道网格状态属性变量 $z_1$ 、$z_2$,兰新线上下行 K548+000~K985+600 里程范围内 893 个轨道网格的健康特征聚类结果

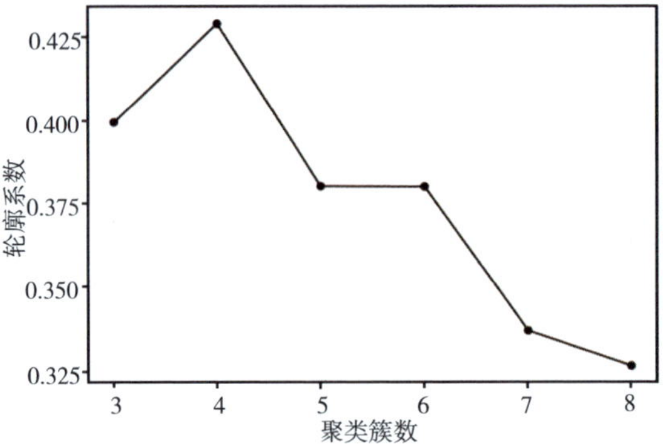


图 6-6　整体轮廓系数与聚类簇数关系图

如图 6-7 所示，图中横坐标表示状态属性变量 $z_1$，纵坐标表示状态属性变量 $z_2$，不同 TGHI 值的轨道网格用不同颜色与形状的点表示，红色圆点表示 TGHI＝1 的轨道网格，绿色三角点表示 TGHI＝2 的轨道网格，蓝色方块点表示 TGHI＝3 的轨道网格，紫色十字点表示 TGHI＝4 的轨道网格。结合兰州局现场专家工务生产管理实践经验，各类轨道网格健康特征及建议的维修策略见表 6-11。

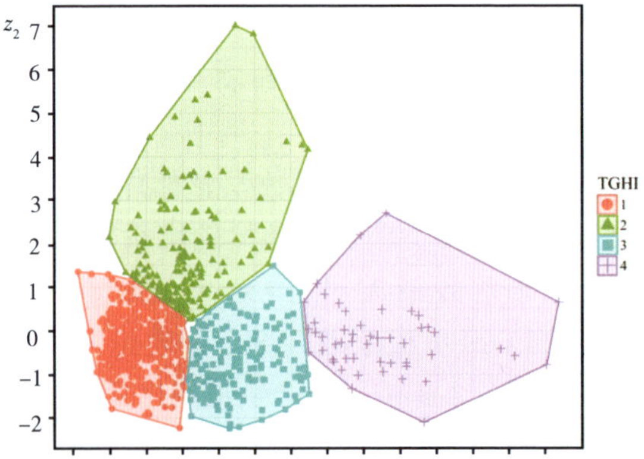


图 6-7　兰新线轨道网格聚类结果

**表 6-11 各类轨道网格健康特征及建议的维修策略**

| 类别(TGHI) | 图　　例 | 所占比例 | 健康状态 | | | 维修策略 |
|---|---|---|---|---|---|---|
| | | | 平均病害率、失效率、TQI、TQR | TQI 变化率、病害变化率 | 轨枕、扣件等结构性病害数 | |
| 1 | 红色圆点 | 0.532 | 较低 | 较慢 | 较少 | 不采取维修措施 |
| 2 | 绿色三角点 | 0.194 | 一般 | 较快 | 较多 | 立即维修 |
| 3 | 蓝色方块点 | 0.218 | 一般 | 较慢 | 较少 | 纳入维修计划 |
| 4 | 紫色十字点 | 0.056 | 较高 | 较慢 | 较少 | 立即维修 |

根据上述各类轨道网格的健康特征,管理者应立即安排 TGHI=2、TGHI=4 的轨道网格的维修活动,对 TGHI=3 的轨道网格应纳入维修计划,对 TGHI=1 的轨道网格不采取维修措施。

(2)轨道健康指数 TGHI 与轨道质量指数 TQI 对比

在我国铁路养护维修实际管理中,管理者目前主要采用轨道质量指数 TQI(详见第 2.2.1 节)单一状态评定指标,评定轨道区段整体质量的好坏。TQI 值越大表明轨道的平顺程度越差、波动性越大。管理者通过将轨道网格 TQI 值由大到小排列,并利用 TQI 的管理值(详见第 2.2.1 节),可掌握轨道动态不平顺状态的优劣分布情况,安排养护维修活动。本节将对基于 TQI 与 TGHI 的维修决策结果进行对比分析,以验证模型 HEF-RTGC 的有效性。

若以轨道网格 TQI 作为判定轨道网格健康状态好坏的依据,健康状态较差的前 10 个轨道网格信息见表 6-12。图 6-8 在图 6-7 的基础上标注了 TQI 值较大的前 10 个轨道网格在全部轨道网格中的分布情况,图中横坐标表示状态属性变量 $z_1$,纵坐标表示状态属性变量 $z_2$。

通过分析表 6-12 和图 6-8 得如下结论。

①利用 TQI 与 TGHI 评判出的健康状态较差的轨道网格不一

致。以 TGHI 为评判指标时，健康状态较差的轨道网格对应为 TGHI＝2、TGHI＝4 的轨道网格；而以 TQI 为评判指标时，TQI 状态较差的前 10 个轨道网格主要分布在 TGHI＝2 的轨道网格集合中，少量分布在 TGHI＝3、TGHI＝4 的轨道网格集合中。如兰新线上行起点里程为 K908＋600 的轨道网格，若只按 TQI 值大小，属于健康状态较差网格；而若按照 TGHI 值，该轨道网格的 TGHI＝3，不属于状态较差的网格。

②若仅采用 TQI 衡量轨道网格整体健康状态，管理者可能会漏判、误判轨道薄弱地段，导致过度修、欠维修等不恰当的维修活动，使有限的维修资源无法合理分配。由于 TQI 状态较差的前 10 个轨道网格主要集中在 TGHI＝2 的轨道网格集合中，管理者将会对TGHI＝2 的轨道网格重点安排维修活动，而忽略 TGHI＝4 的轨道网格。如兰新线下行起点里程为 K645＋200 的轨道网格，该轨道网格的 TGHI＝4，属于状态较差的网格，而其 TQI 值为 4.35。若以 TQI 作为安排维修活动依据，则会忽略该轨道网格，导致其欠维修。

**表 6-12 以 TQI 为判定指标的健康状态较差的前 10 个轨道网格信息**

| 线名 | 行　别 | 里　程 | TQI 值 | TQI 排名 | TGHI |
|---|---|---|---|---|---|
| 兰新 | 下(D) | 654 | 9.77 | 1 | 2 |
| 兰新 | 下(D) | 655.4 | 9.64 | 2 | 2 |
| 兰新 | 下(D) | 722.2 | 9.59 | 3 | 2 |
| 兰新 | 下(D) | 652.8 | 9.58 | 4 | 2 |
| 兰新 | 下(D) | 654.8 | 9.19 | 5 | 2 |
| 兰新 | 下(D) | 722.6 | 8.88 | 6 | 2 |
| 兰新 | 下(D) | 650.2 | 8.38 | 7 | 2 |
| 兰新 | 上(U) | 727.6 | 8.23 | 8 | 2 |
| 兰新 | 上(U) | 723 | 8.21 | 9 | 4 |
| 兰新 | 上(U) | 908.6 | 7.95 | 10 | 3 |

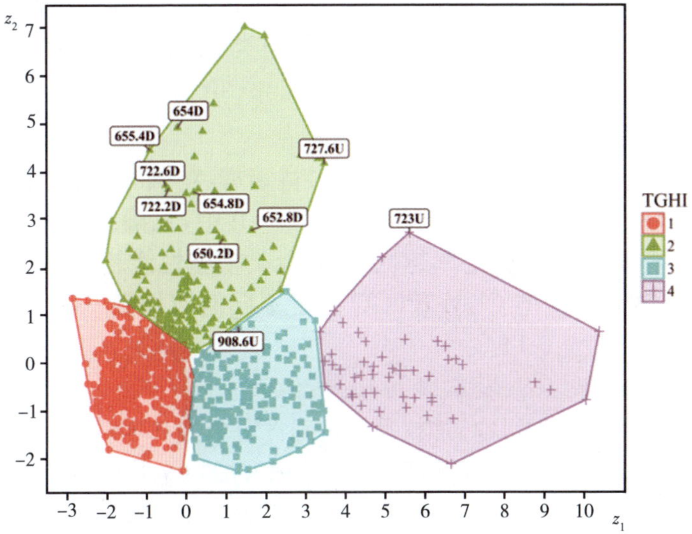


图 6-8 以 TQI 判定指标的健康状态较差的前 10 个轨道网格分布图

### 6.6.2.3 轨道网格健康特征判定结果分析

如第 6.6.1 节所述，本实例选用轨道网格 8 个状态评定指标判定轨道网格健康指数 TGHI。轨道网格健康特征判定分类学习样本的属性变量见表 6-13。表 6-13 中的变量 $q_1, q_2, \cdots, q_8$ 表示轨道网格的 8 个状态评定指标，各变量具体含义见表 6-7；$C$ 表示轨道网格相应的健康指数 TGHI。

**表 6-13 模型 CLM-RTGC 的轨道网格样本属性选取**

| 属性 | | | | | | | | 类属性 |
|---|---|---|---|---|---|---|---|---|
| $q_1$ | $q_2$ | $q_3$ | $q_4$ | $q_5$ | $q_6$ | $q_7$ | $q_8$ | $C$ |

本节利用 Java 语言在软件 WEKA3-6-5(Waikato Environment for Knowledge Analysis)[280]中实现了模型 CLM-RTGC。评估模型 CLM-RTGC 判定健康指数 TGHI 的效果时，采用的是 10 重交叉验

证。模型 CLM-RTGC 预测的正确率达到 90.8%，错误率为 9.2%。为衡量一个数据集预测分类和观察分类之间的一致性，常采用 Kappa 统计量，模型 CLM-RTGC 的 Kappa 值为 0.854，这说明模型 CLM-RTGC 具有较好的一致性[281]。

在机器学习中，正确肯定率、错误肯定率、精确率、反馈率是权衡模型分类效果的不同评估度量方法[282]。其中，正确肯定率、精确率和反馈率越高，错误肯定率越低，说明分类模型性能越好。基于上述评估度量方法，模型 CLM-RTGC 判定不同健康指数 TGHI 的评估效果见图 6-9、表 6-14。

通过分析图 6-9、表 6-14 可知：

(1)模型 CLM-RTGC 加权平均正确肯定率为 0.908，加权平均错误肯定率为 0.047，加权平均精确率为 0.909，加权平均反馈率为0.908，这说明模型 CLM-RTGC 能较好的判定轨道网格健康指数 TGHI。

(2)从正确肯定率角度衡量，模型 CLM-RTGC 对健康指数 TGHI 的判定效果从优到劣依次为 TGHI=4、TGHI=1、TGHI=3、TGHI=2。

(3)从错误肯定率角度衡量，模型 CLM-RTGC 对健康指数 TGHI 的判定效果从优到劣依次为 TGHI=4、TGHI=3、TGHI=2、TGHI=1。

(4)从精确率角度衡量，模型 CLM-RTGC 对健康指数 TGHI 的判定效果从优到劣依次为 TGHI=1、TGHI=3、TGHI=2、TGHI=4。

(5)从反馈率角度衡量，模型 CLM-RTGC 对健康指数 TGHI 的判定效果从优到劣依次为 TGHI=4、TGHI=1、TGHI=3、TGHI=2。

**表 6-14　模型 CLM-RTGC 健康指数 TGHI 判定效果评估**

| TGHI | 正确肯定率 | 错误肯定率 | 精确率 | 反馈率 |
|---|---|---|---|---|
| 1 | 0.937 | 0.062 | 0.945 | 0.937 |
| 2 | 0.850 | 0.038 | 0.845 | 0.850 |
| 3 | 0.882 | 0.029 | 0.896 | 0.882 |

续上表

| TGHI | 正确肯定率 | 错误肯定率 | 精确率 | 反馈率 |
|---|---|---|---|---|
| 4 | 0.940 | 0.011 | 0.839 | 0.940 |
| 加权平均 | 0.908 | 0.047 | 0.909 | 0.908 |

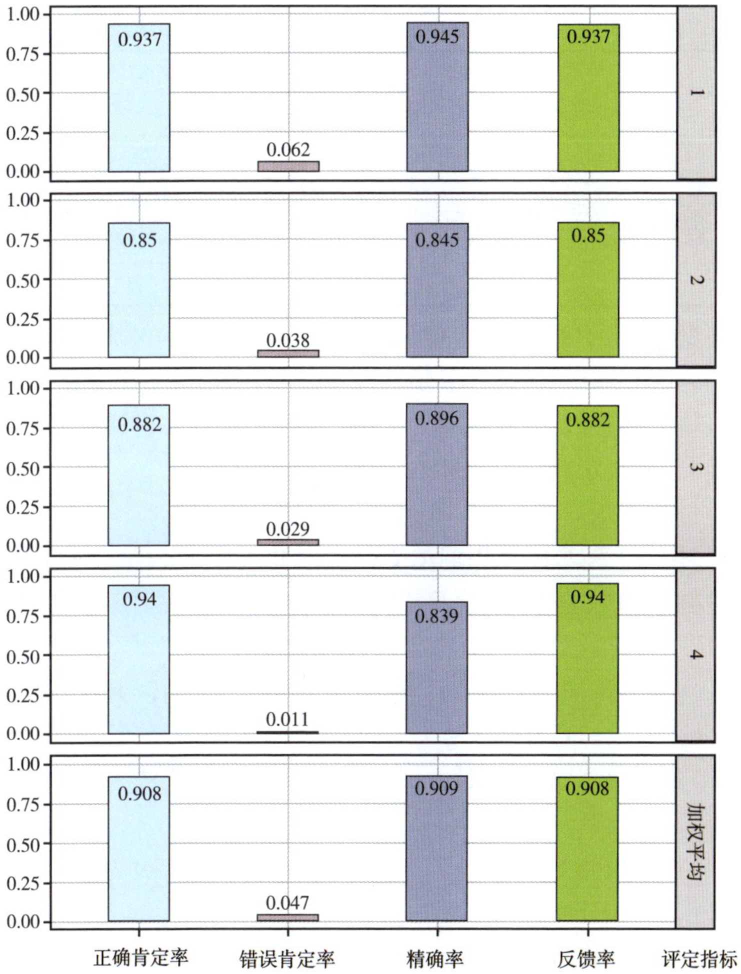


图 6-9 模型 CLM-RTGC 健康指数 TGHI 判定效果的评估柱状图

模型 CLM-RTGC 健康指数 TGHI 判定结果的混淆矩阵主要用于比较轨道网格判定健康指数和真实健康指数,见表 6-15。其中,样本的真实健康指数以对应的行显示,样本的判定健康指数以对应的列显示,对角线上的数字代表了健康指数 TGHI 判定正确的数目。

**表 6-15 模型 CLM-RTGC 健康指数 TGHI 判定结果混淆矩阵**

| | | 判定健康指数 TGHI | | | |
|---|---|---|---|---|---|
| | | 1 | 2 | 3 | 4 |
| 真实健康指数 TGHI | 1 | 445 | 20 | 10 | 0 |
| | 2 | 18 | 147 | 7 | 1 |
| | 3 | 8 | 7 | 172 | 8 |
| | 4 | 0 | 0 | 3 | 47 |

模型 CLM-RTGC 判定健康指数 TGHI 与真实健康指数 TGHI 散点图,如图 6-10 所示,其中横轴表示轨道网格真实健康指数,纵轴表示该轨道网格判定健康指数。不同颜色表示真实健康指数的不同值,不同形状表示判定健康指数的不同值。

通过分析图 6-10、表 6-15 可以看出:

(1)模型 CLM-RTGC 混淆矩阵主对角线上的数字较大,对应散点图中健康指数真实值等于判定值的点占了大多数,这说明模型 CLM-RTGC 能较好的判定轨道网格健康指数 TGHI。

(2)模型 CLM-RTGC 对健康指数 TGHI=1 的误判从高到低依次为 TGHI=2、TGHI=3。

(3)对健康指数 TGHI=2 的误判从高到低依次为 TGHI=1、TGHI=3、TGHI=4。

(4)对健康指数 TGHI=3 的误判从高到低依次为 TGHI=4、TGHI=1、TGHI=2。

(5)对健康指数 TGHI=4 的误判只有 TGHI=3。

在机器学习中,指标 ROC 和 AUC 也常用于评估模型的分类性

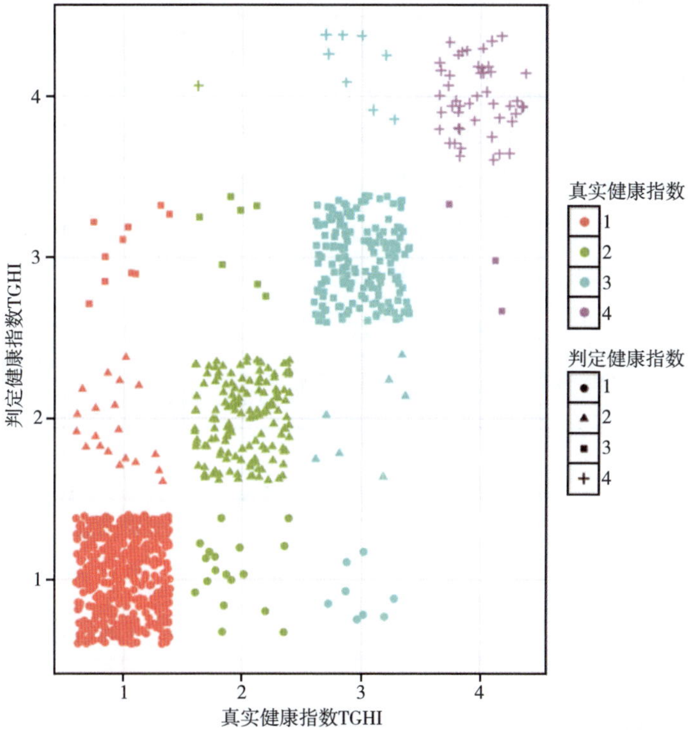


图 6-10 模型 CLM-RTGC 健康指数判定值与真实值散点图

能。ROC 是接受者操作特性(Receiver Operating Characteristic)[282]的简称,是一种用于体现噪声信道错误报警与击中率之间平衡的信号探测术语。ROC 曲线描述的是错误肯定率与正确肯定率两个量之间的相对变化情况,其中纵轴表示正确肯定率,横轴表示错误肯定率。AUC 是 ROC 曲线下方的面积(Area Under ROC Curve)的简称,其值表示处于 ROC 曲线下方的面积大小,AUC $\in [0,1]$。

ROC 曲线越往上屈,AUC 值就越大,模型的分类性能就越好。若 AUC=1,说明模型的分类性能完美;若 0.5<AUC<1,说明模型

的分类性能优于随机猜测，模型具有一定价值；若 AUC＝0.5，说明模型的分类性能与随机猜测相同，模型没有价值；若 AUC＜0.5，说明模型的分类性能比随机猜测还差。

图 6-11 是模型 CLM-RTGC 不同健康指数 TGHI 判定结果的 ROC 曲线，图中不同健康指数 TGHI 用不同颜色表示，TGHI＝1 的 ROC 曲线用红色表示，TGHI＝2 的 ROC 曲线用绿色表示，TGHI＝3 的 ROC 曲线用蓝色表示，TGHI＝4 的 ROC 曲线用紫色表示，各健康指数 TGHI 的 ROC 曲线均向左上屈。

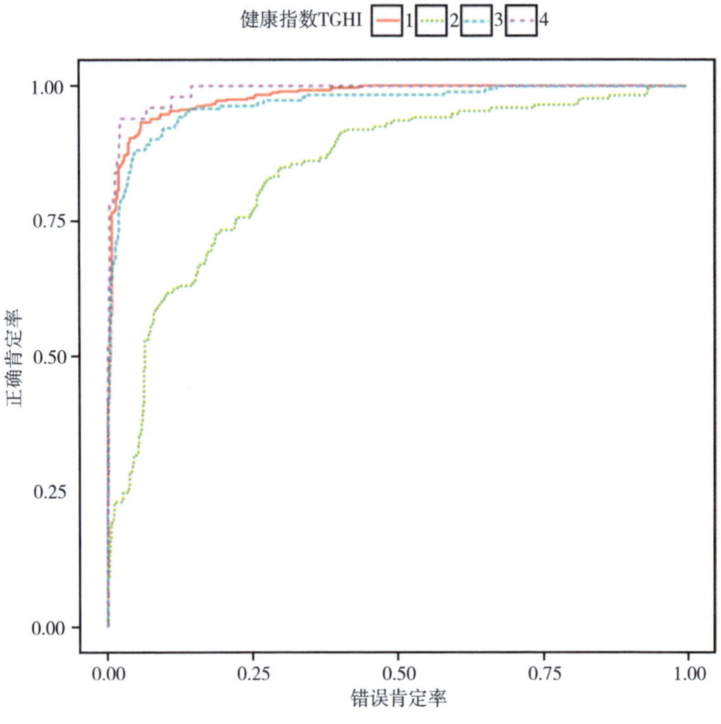


图 6-11　模型 CLM-RTGC 不同健康指数 TGHI 判定效果的 ROC 曲线

健康指数 TGHI＝1 的 AUC 值为 0.98，健康指数 TGHI＝2 的

AUC 值为 0.844,健康指数 TGHI=3 的 AUC 值为 0.968,健康指数 TGHI=4 的 AUC 值为 0.99,不同健康指数加权平均的 AUC 值为 0.951,见表 6-16。

**表 6-16 模型 CLM-RTGC 不同健康指数 TGHI 判定效果的 AUC 值**

| TGHI | 1 | 2 | 3 | 4 | 加权平均 |
|---|---|---|---|---|---|
| AUC | 0.98 | 0.844 | 0.968 | 0.99 | 0.951 |

通过分析图 6-11、表 6-16 可知:

(1)从 AUC 角度衡量,模型 CLM-RTGC 对健康指数 TGHI 的判定效果从优到劣依次为 TGHI=4、TGHI=1、TGHI=3、TGHI=2。

(2)各健康指数的 AUC 值均大于 0.84,故模型 CLM-RTGC 能较好的判定轨道网格健康指数 TGHI 的各个值。

综上所述,模型 HEF-RTGC 优点如下:

(1)轨道网格健康指数 TGHI 较 TQI 能更全面的评定轨道健康状态。

(2)模型 HEF-RTGC 能直接利用状态评定指标数据判定轨道网格健康指数 TGHI,正确率达到 90.8%。

# 7 铁路轨道状态劣化规律建模方法

本章将对轨道网格(或部件)状态评定指标(尤其是使用性能指标、结构性指标)变化趋势的短期预测、长期预测展开研究。其中,轨道网格(或部件)状态变化趋势短期预测是指预测轨道网格(或部件)在下一个检查周期结束时的状态(即经历一个检查周期间隔时的状态),如预测钢轨在下一次检测时的伤损等级、预测轨道不平顺在下一次检测时的 TQI 值。

本书中轨道网格(或部件)状态变化趋势长期预测是指预测轨道网格(或部件)相邻两次大修的时间间隔,轨道网格(或部件)的使用寿命通常用相邻两次大修的时间间隔定义,本章提出的状态变化趋势长期预测模型即为使用寿命评估模型。如钢轨使用寿命的评估即是评估相邻两次换轨大修的时间间隔。

基于第 4 章提出的铁路基础设施网格化管理方法,结合铁路轨道设备状态劣化异质性、不确定性、记忆性等特点,本章以轨道网格(或部件)为研究对象,提出以下两个轨道网格化状态预测模型:

(1)基于树扩张型朴素贝叶斯分类算法的轨道网格(或部件)状态短期预测模型(Tree-augmented Naïve Bayes Model for Railway Track Grids and Components Condition Prediction, TAN-RTGCCP),用于预测在相邻两次维修间,轨道网格(或部件)在下一个检查周期结束时的状态等级,以轨道不平顺状态短期预测为例,来说明模型 TAN-RTGCCP 的有效性。

(2)基于 Markov 随机过程的轨道网格(或部件)使用寿命评估模型(Markov Based Estimation Model for Railway Track Grids and Components Service Life, MBE-RTGCSL),用于确定轨道网格(或部

件)Markov 状态转移矩阵、寿命分布失效率函数,预测轨道网格(或部件)的实际使用寿命,以钢轨使用寿命评估为例,来说明模型 MBE-RTGCSL 的有效性。

## 7.1 轨道网格(或部件)状态短期预测模型 TAN-RTGCCP

基于分类学习算法,结合铁路轨道设备状态劣化异质性、记忆性等特点,本节提出一种基于树扩张型朴素贝叶斯分类算法的轨道网格(或部件)状态短期预测模型(Tree-augmented Naïve Bayes Model for Railway Track Grids and Components Condition Prediction,TAN-RTGCCP)。

模型 TAN-RTGCCP 的输入是轨道网格(或部件)的历史状态数据;输出是轨道网格(或部件)在下一个检查周期结束时的状态等级(即经历一个检查周期间隔时的状态等级)。

### 7.1.1 TAN-RTGCCP 构建思路

本节将基于以下几点构建轨道网格(或部件)状态短期预测模型 TAN-RTGCCP。

(1)模型 TAN-RTGCCP 将对每个网格(或部件)状态劣化规律进行个性化建模。如第 4 章所述,铁路基础设施状态劣化具有异质性。影响轨道网格(或部件)的异质性因素都与空间位置紧密相关,不同空间位置的异质性因素不同,空间位置是把握轨道设备状态劣化的关键性因素。

(2)模型 TAN-RTGCCP 将采用树扩张型朴素贝叶斯分类算法,深度挖掘轨道网格(或部件)历史状态数据,综合考虑各类异质性因素对其状态劣化的影响,寻找轨道网格(或部件)历史状态与未来状态的关联规则,对未来状态趋势进行准确预测。

在两次维修之间,轨道网格(或部件)的未来状态以当前状态为基础,是其空间位置上的各类异质性因素综合作用的结果。相邻两个时刻的轨道网格(或部件)状态差异,是相应时间段内的各类异质性因素共同影响下累计作用的结果。因此,虽无法直接获得全部的异质性因素数据,但可以通过直接利用轨道网格(或部件)历史状态数据来综合考虑各类影响因素对状态劣化的影响。同时,铁路轨道设备状态劣化具有记忆性,轨道网格(或部件)历史状态数据中隐藏了其状态劣化规律。

因此,模型 TAN-RTGCCP 将利用轨道网格(或部件)前 $n$ 次检查的历史状态数据预测下一次检查时的状态信息,即利用轨道网格(或部件)在第 $t-n, t-n+1, \cdots, t-1$ 次检查时的状态 $A_{t-n}, A_{t-n+1}, \cdots, A_{t-1}$,预测第 $t$ 次检查时的状态 $A_t$。状态数据 $A_{t-n}, A_{t-n+1}, \cdots, A_{t-1}$ 包含了各类异质性因素对状态劣化的影响信息,隐藏了状态劣规律。在此基础上,采用树扩张型朴素贝叶斯分类算法深度挖掘这些历史状态数据,确定出历史状态 $A_{t-n}, A_{t-n+1}, \cdots, A_{t-1}$ 与未来状态 $A_t$ 间的关联规则,实现对未来状态 $A_t$ 的准确预测。

(3)采用“新陈代谢”机制更新模型 TAN-RTGCCP,使模型及时补充和利用新的信息,同时每预测一个检查周期,对模型 TAN-RTGCCP 进行一次修正,对历史状态与未来状态间的关联规则进行一次修正,不断改进模型的预测结果。模型 TAN-RTGCCP“新陈代谢”过程如图 7-1 所示。随着时间推移,每过一个检查周期 $T$,便增加一个检查数据,同时去掉一个最老的检查数据,始终保持利用轨道网格(或部件)前 $n$ 次检查的历史状态数据,预测下一次检查时的状态,如需预测第 $t+k$ 次检查时的状态,则需利用第 $t+k-n+1, t+k-n+2, \cdots, t+k-1$ 次的历史检查状态数据。

(4)模型 TAN-RTGCCP 将对铁路轨道网格(或部件)状态进行离散化管理,即预测在相邻两次维修间,轨道网格(或部件)在下一个检查周期结束时的状态等级。这与现场既有的设备管理方法保持一致,符合管理者的管理习惯,便于对各状态等级的轨道网格(或部件)分别制定不同的管理标准,合理配置人员、机力和成本资源。

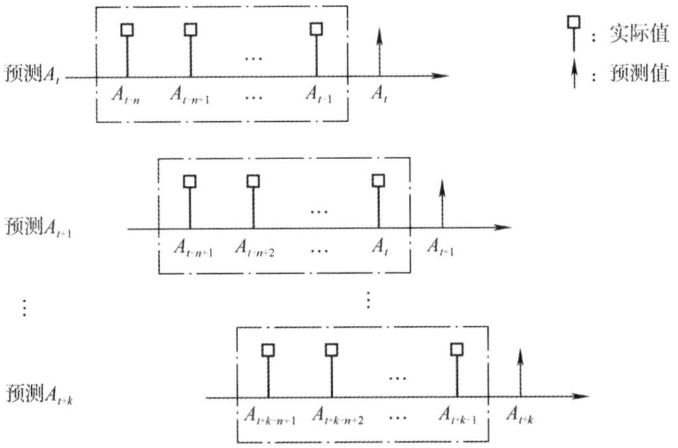


图 7-1　模型 TAN-RTGCCP“新陈代谢”过程示意图

### 7.1.2　变量声明

建立模型 TAN-RTGCCP 所需的变量说明：

$T$ 表示轨道网格（或部件）状态检查周期，即相邻两次检查的时间间隔；

$U=\{A_1,A_2,\cdots,A_n,C\}$ 表示分类学习中描述轨道网格（或部件）样本属性特征的变量集合；

$A_i$ 表示分类学习中轨道网格（或部件）样本的第 $i$ 个属性变量，即轨道网格（或部件）样本在第 $i$ 次检查时的状态信息；

$A_1,A_2,\cdots,A_n$ 表示分类学习中轨道网格（或部件）样本的 $n$ 个属性变量，即轨道网格（或部件）样本 $n$ 次检查的历史状态信息；

$Values(A_i)$ 表示属性变量 $A_i$ 所有可能值的集合，即第 $i$ 次检查时的状态信息 $A_i$ 所有可能值的集合；

$a_i$ 表示属性变量 $A_i$ 的具体取值，即某个轨道网格（或部件）样本在第 $i$ 次检查时的状态信息 $A_i$ 为 $a_i$，$a_i\in Values(A_i)$；

$C$ 表示分类学习中轨道网格（或部件）样本的类变量，即下一个

检查周期结束时的轨道网格(或部件)状态等级;

$l$ 表示轨道网格(或部件)状态等级级数;

$Values(C) = \{c_1, c_2, \cdots, c_i \cdots, c_l\}$,表示类变量 $C$ 所有可能值的集合,即轨道网格(或部件)状态等级所有可能值的集合;

$c_i$ 表示类属性 $C$ 的具体取值,即某个轨道网格(或部件)样本下一个检查周期结束时的状态等级 $C$ 为 $c_i$,$c_i \in Values(C)$。

### 7.1.3 模型 TAN-RTGCCP 建立

模型 TAN-RTGCCP 采用树扩张型朴素贝叶斯分类模型对轨道网格(或部件)状态劣化趋势进行个性化建模。分类学习是数据挖掘领域的一种学习方式,它是指用一个已分类的样本集来表示学习方案,并希望从这个样本集中学习对未来样本进行分类的方法[282]。这种技术在字符识别[283, 284]、医疗诊断[285, 286]、故障诊断[287]等领域有着较广泛应用,并取得良好的效果。

贝叶斯分类学习模型基于贝叶斯定理,通过预测待分类实例所属各个类标值的概率,来达到分类的目的。若已知某轨道网格(或部件)前 $n$ 次检查的历史状态 $a = (a_1, a_2, \cdots, a_n)$,根据贝叶斯定理,该轨道网格(或部件)在下一次检查时的状态等级为 $c_i$ 的概率为:

$$P(c_i \mid a) = \frac{P(c_i)P(a \mid c_i)}{P(a)} \tag{7-1}$$

其中,$P(c_i)$ 表示下一次检查时轨道网格(或部件)状态等级为 $c_i$ 的先验概率;$P(c_i \mid a)$ 称作后验概率,反映了 $n$ 个历史状态数据 $a = (a_1, a_2, \cdots, a_n)$ 对下一次检查时状态等级为 $c_i$ 概率的影响。

根据贝叶斯最大后验准则,贝叶斯分类学习模型选择使后验概率 $P(c_i \mid a)$ 最大的 $c^{\Delta}$ 作为预测的下一检查时状态等级,即:

$$c^{\Delta} = \mathop{\arg\max}_{c_i \in \{c_1, c_2, \cdots, c_l\}} \frac{P(c_i)P(a \mid c_i)}{P(a)}$$

$$
\begin{aligned}
&= \underset{c_i \in \{c_1, c_2, \cdots, c_l\}}{\arg\max} P(c_i)P(a \mid c_i) \\
&= \underset{c_i \in \{c_1, c_2, \cdots, c_l\}}{\arg\max} P(c_i)P(a_1, a_2, \cdots, a_n \mid c_i) \\
&= \underset{c_i \in \{c_1, c_2, \cdots, c_l\}}{\arg\max} \underbrace{P(c_i)}_{①} \underbrace{\prod_{j=1}^{n} P(a_j \mid a_1, a_2, \cdots, a_{j-1}, c_i)}_{②}
\end{aligned}
\tag{7-2}
$$

本节利用轨道网格(或部件)状态等级 $c_i$ 在历史检查数据中的概率分布近似代替先验概率 $P(c_i)$，即公式(7-2)中的①。求解公式(7-2)中的②是贝叶斯分类学习模型的关键。

朴素贝叶斯分类学习模型(Naïve Bayes)[275]，是限制条件最严格的贝叶斯分类学习模型。它假设各属性变量相对于类变量是相对独立的。在这个假设条件下，公式(7-2)可进一步表示为：

$$
c^{\Delta} = \underset{c_i \in \{c_1, c_2, \cdots, c_l\}}{\arg\max} P(c_i) \prod_{j=1}^{n} P(a_j \mid c_i) \tag{7-3}
$$

扩展朴素贝叶斯分类学习模型，在朴素贝叶斯分类学习模型的基础上添加属性变量间的依赖关系。本节采用 SuperParent 算法[278]构建树扩张型朴素贝叶斯器分类学习模型，确定公式(7-2)中的②，实现对轨道网格(或部件)未来状态的短期预测。SuperParent 算法中的孤儿节点 $A_{OP}$ 是指只有类变量作为其父节点；最爱子节点 $A_{FC}$ 是指除类变量作为其父节点外，还有一个其他属性变量作为其父节点；超父节点 $A_{SP}$ 存在指向其他节点的弧，即最爱子节点的父节点。

为寻找轨道网格(或部件)属性变量 $A_1, A_2, \cdots, A_n$ 之间隐藏的依赖关系，确定模型 TAN-RTGCCP 的结构，SuperParent 算法具体流程如下。

Step 1：初始化轨道网格(或部件)属性变量的朴素贝叶斯网络。

Step 2：估计当前分类学习模型的正确率。

Step 3：让每一个节点 $A_i \in \{A_1, A_2, \cdots, A_n\}$ 为超父节点，记录

使分类学习模型正确率提高最多的节点 $A_{SP}$。

Step 4:添加从 $A_{SP}$ 指向每个孤儿节点的弧,如果所有弧中的弧 $(A_{SP}, A_{FC})$ 提高的正确率最大,那么添加这条弧,创建属性 $A_{SP}$ 与 $A_{FC}$ 间的依赖关系,返回第 3 步;否则返回当前分类学习模型。

假设 $SP(A_i)$ 表示属性 $A_i$ 的父节点集合,公式(7-2)可进一步表示为:

$$c^{\Delta} = \underset{c_i \in \{c_1, c_2, \cdots, c_l\}}{\arg\max} P(c_i) \prod_{j=1}^{n} P(a_j \mid SP(A_j)) \tag{7-4}$$

若 $A_j$ 为孤儿节点,$SP(A_j) = \{C\}$,则:

$$P(a_j \mid SP(A_j)) = P(a_j \mid c_i) \tag{7-5}$$

若 $A_j$ 的超父节点为 $A_k$,$SP(A_j) = \{A_k, C\}$,则:

$$P(a_j \mid SP(A_j)) = P(a_j \mid a_k, c_i) \tag{7-6}$$

利用模型 TAN-RTGCCP 对轨道网格(或部件)状态进行短期预测的流程如图 7-2 所示。

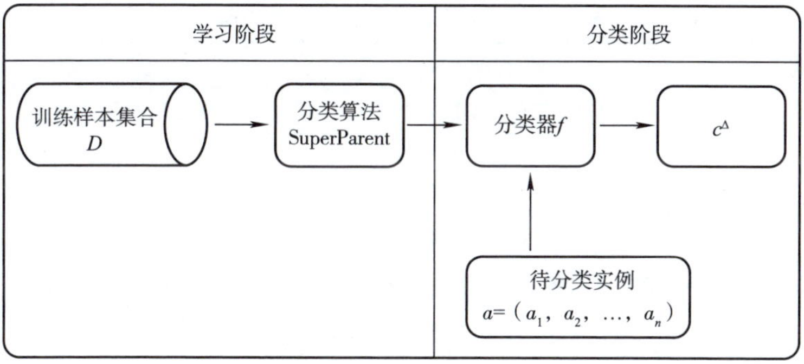


图 7-2　模型 TAN-RTGCCP 状态预测流程

(1)学习阶段:依据轨道网格(或部件)的历史状态数据,构建轨道网格(或部件)训练样本集合 $D$,将样本集合 $D$ 输入到 SuperParent 分类算法,产生相应的 TAN 分类学习模型 $f$。

(2)分类阶段:对于一个待分类的样本 $a=(a_1,a_2,\cdots,a_n)$(即轨道网格(或部件)的前 $n$ 次历史状态数据),将之输入到分类学习模型 $f$,计算出其相应的类标值,即得到预测的下一次检查时的状态等级。预测的状态等级表示为 $c^{\Delta}=f(a)$。

### 7.1.4 案例分析

#### 7.1.4.1 案例问题描述

本节将以轨道区段整体不平顺状态等级(即轨道网格不平顺状态等级)预测为例,对模型 TAN-RTGCCP 的有效性进行验证。本节以京九线下行 K428+200～K480+600 里程范围内 154 个轨道网格为研究对象,采集了其 2008 年 2 月至 2010 年 7 月期间的轨检车检测数据。

为保持与现有 T 值管理模式(见第 2.2.1 节)相一致,本节将轨道网格不平顺状态划分为 4 个劣化等级 $I=\{1,2,3,4\}$,$I$ 是对轨道网格不平顺状态劣化情况的离散化描述,相应状态等级的判定标准及含义见表 7-1。

**表 7-1 轨道网格动态不平顺状态等级**

| 状态 | 判定标准 | 含义 |
|---|---|---|
| 1 | 未超过管理值(TQI ≤ 10) | 轨道不平顺状态“合格” |
| 2 | 超过管理值,但幅度 ≤ 10%(10 < TQI ≤ 11) | 轨道不平顺状态“差” |
| 3 | 超过管理值 10%,但幅度 ≤ 20%<br>(11 < TQI ≤ 12) | 轨道不平顺状态“较差” |
| 4 | 超过管理值 20%(TQI > 12) | 轨道不平顺状态“极差” |

注:本表以 $v_{\max}>160$ km/h, TQI 管理值为 10 进行说明。

#### 7.1.4.2 模型实现

在本实例中,选取轨道网格前 4 次检测的历史不平顺状态数据预测下一次检测时的不平顺状态等级。轨道网格不平顺状态预测分类学习样本的属性变量见表 7-2。

表 7-2 模型 TAN-RTGCCP 的轨道网格样本属性选取

| 属 性 | | | | | | | | | 类属性 |
|---|---|---|---|---|---|---|---|---|---|
| $GID$ | $A_{t-4}^T$ | $A_{t-4}^S$ | $A_{t-3}^T$ | $A_{t-3}^S$ | $A_{t-2}^T$ | $A_{t-2}^S$ | $A_{t-1}^T$ | $A_{t-1}^S$ | $C_t$ |

表 7-2 中 $GID$ 表示轨道网格的编号。$A_i^T$ 表示轨道网格在第 $i$ 次检测的 TQI 值，$i \in \{t-4, t-3, t-2, t-1\}$；$A_i^S$ 表示轨道网格在第 $i$ 次检测的不平顺状态等级，$Values(A_i^S) \in I$，$i \in \{t-4, t-3, t-2, t-1\}$。$C_t$ 表示轨道网格第 $t$ 次检测的不平顺状态等级，$Values(C_t) \in I$。

本节利用 Java 语言在软件 WEKA3-6-5(Waikato Environment for Knowledge Analysis)[280]中实现了模型 TAN-RTGCCP。

7.1.4.3 模型结果分析

评估模型 TAN-RTGCCP 预测性能时，采用的是 10 重交叉验证。模型 TAN-RTGCCP 预测的正确率达到 82.3%，错误率为 17.7%。为衡量一个数据集预测分类和观察分类之间的一致性，常采用 Kappa 统计量，模型 TAN-RTGCCP 的 Kappa 值为 0.717，这说明该分类学习模型具有较好的一致性[281]。

模型 TAN-RTGCCP 预测不同状态等级的评估效果见图 7-3、表 7-3。正确肯定率、错误肯定率、精确率、反馈率是权衡模型预测结果的不同度量方法[282]。其中，正确肯定率、精确率和反馈率越高，错误肯定率越低，说明预测模型性能越好。通过分析图 7-3、表 7-3 可知：

(1)模型 TAN-RTGCCP 加权平均正确肯定率为 0.823，加权平均错误肯定率为 0.087，加权平均精确率为 0.826，加权平均反馈率为 0.823，这说明模型 TAN-RTGCCP 能较好的预测轨道网格不平顺的状态等级。

(2)从正确肯定率角度衡量，模型 TAN-RTGCCP 对不平顺状态等级预测效果从优到劣依次为状态等级＝1、状态等级＝3、状态等级＝4、状态等级＝2。

(3)从错误肯定率角度衡量，模型 TAN-RTGCCP 对不平顺状态等级预测效果从优到劣依次为状态等级＝4、状态等级＝3、状态等级＝2、状态等级＝1。

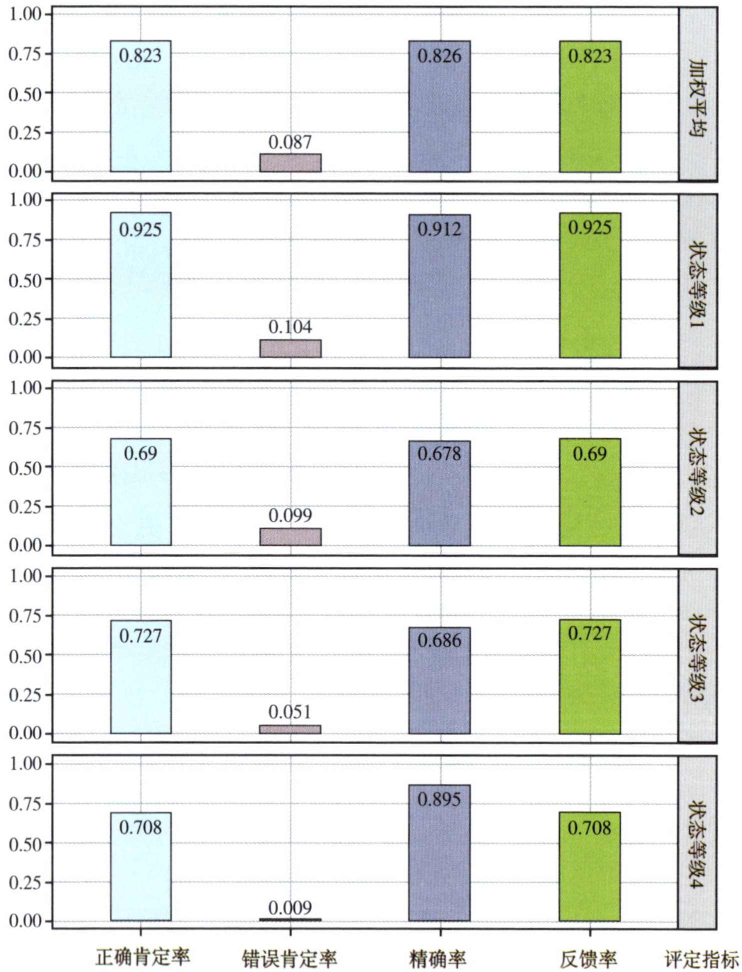


图 7-3　模型 TAN-RTGCCP 预测结果的评估指标图

(4)从精确率角度衡量,模型 TAN-RTGCCP 对不平顺状态等级预测效果从优到劣依次为状态等级＝1、状态等级＝4、状态等级＝3、状态等级＝2。

(5)从反馈率角度衡量,模型 TAN-RTGCCP 对不平顺状态等级预测效果从优到劣依次为状态等级＝1、状态等级＝3、状态等级＝4、状态等级＝2。

**表 7-3 模型 TAN-RTGCCP 预测结果评估**

| 状态等级 | 正确肯定率 | 错误肯定率 | 精确率 | 反馈率 |
|---|---|---|---|---|
| 1 | 0.925 | 0.104 | 0.912 | 0.925 |
| 2 | 0.690 | 0.099 | 0.678 | 0.690 |
| 3 | 0.727 | 0.051 | 0.686 | 0.727 |
| 4 | 0.708 | 0.009 | 0.895 | 0.708 |
| 加权平均 | 0.823 | 0.087 | 0.826 | 0.823 |

模型 TAN-RTGCCP 预测结果的混淆矩阵主要用于比较轨道网格不平顺的预测状态等级和真实状态等级,见表 7-4。其中,样本的真实状态等级以对应的行显示,样本的预测状态等级以对应的列显示,对角线上的数字代表了状态等级预测正确的数目。

**表 7-4 模型 TAN-RTGCCP 不平顺状态等级预测混淆矩阵**

| | | 预测状态等级 | | | |
|---|---|---|---|---|---|
| | | 1 | 2 | 3 | 4 |
| 真实状态等级 | 1 | 124 | 10 | 0 | 0 |
| | 2 | 11 | 40 | 7 | 0 |
| | 3 | 0 | 7 | 24 | 2 |
| | 4 | 1 | 2 | 4 | 17 |

模型 TAN-RTGCCP 预测的轨道不平顺状态等级与真实状态等级散点图,如图 7-4 所示,其中横轴表示轨道网格不平顺的真实状态

等级，纵轴表示该轨道网格不平顺的预测状态等级。不同颜色表示不同状态等级的真实值，不同的形状表示不同状态等级的预测值。

通过分析图 7-4、表 7-4 可以看出：

(1)模型 TAN-RTGCCP 混淆矩阵主对角线上的数字较大，对应散点图中真实值等于预测值的点占了大多数，这说明模型 TAN-RTGCCP 能较好的预测轨道网格不平顺状态等级。

(2)模型 TAN-RTGCCP 对状态等级＝1 的误判只有状态等级＝2。

(3)模型 TAN-RTGCCP 对状态等级＝2 的误判从高到低依次为状态等级＝3、状态等级＝1。

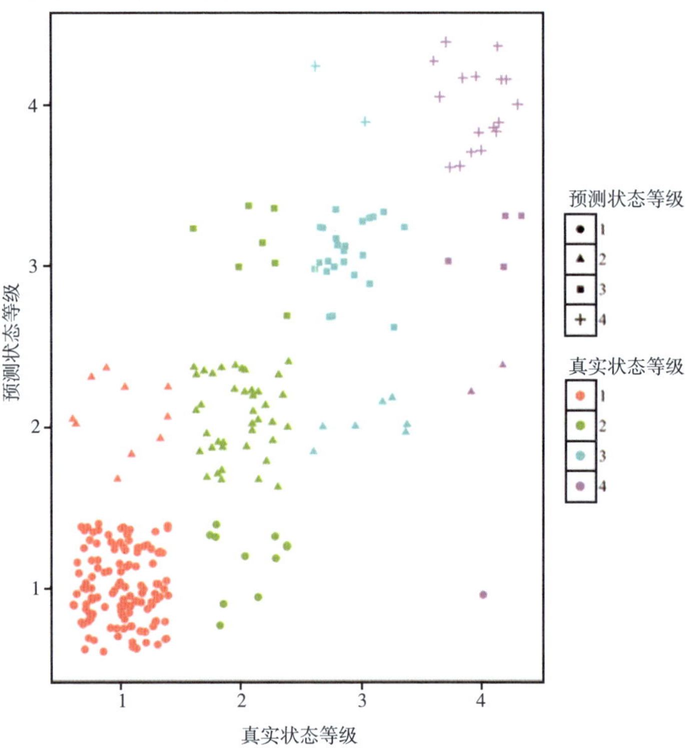


图 7-4　模型 TAN-RTGCCP 不平顺状态等级预测值与真实值散点图

(4)模型 TAN-RTGCCP 对状态等级＝3 的误判从高到低依次为状态等级＝2、状态等级＝4。

(5)模型 TAN-RTGCCP 对状态等级＝4 的误判从高到低依次为状态等级＝3、状态等级＝2、状态等级＝1。

指标 ROC 和 AUC 也常用于评估模型的分类性能,其定义在第 6.6.2.3 小节有详细说明。图 7-5 是模型 TAN-RTGCCP 不同状态等级预测效果的 ROC 曲线,图中不同的状态等级用不同的颜色表示,状态等级＝1 的 ROC 曲线用红色表示,状态等级＝2 的 ROC 曲线用绿色表示,状态等级＝3 的 ROC 曲线用蓝色表示,状态等级＝4 的 ROC 曲线用紫色表示,各状态等级的 ROC 曲线均向左上屈。

状态等级＝1 的 AUC 值为 0.981,状态等级＝2 的 AUC 值为 0.851,状态等级＝3 的 AUC 值为 0.922,状态等级＝4 的 AUC 值为 0.931,不同状态等级加权平均的 AUC 值为 0.938,见表 7-5。

**表 7-5 模型 TAN-RTGCCP 不同状态等级预测效果的 AUC**

| | 状态等级 1 | 状态等级 2 | 状态等级 3 | 状态等级 4 | 加权平均 |
|---|---|---|---|---|---|
| AUC | 0.981 | 0.851 | 0.922 | 0.931 | 0.938 |

通过分析图 7-5、表 7-5 可知:

(1)从 AUC 角度衡量,模型 TAN-RTGCCP 对不平顺状态等级预测效果从优到劣依次为状态等级＝1、状态等级＝4、状态等级＝3、状态等级＝2。

(2)各状态等级的 AUC 值均大于 0.85,故模型 TAN-RTGCCP 能较好的预测轨道网格不平顺状态的各个等级。

通过上述对不同状态等级预测效果的正确肯定率、错误肯定率、精确率、反馈率、混淆矩阵、ROC 曲线与 AUC 值的分析,可知模型 TAN-RTGCCP 能较好的预测轨道网格不平顺状态等级,能辅助管理者充分利用维修资源,合理安排维修活动。

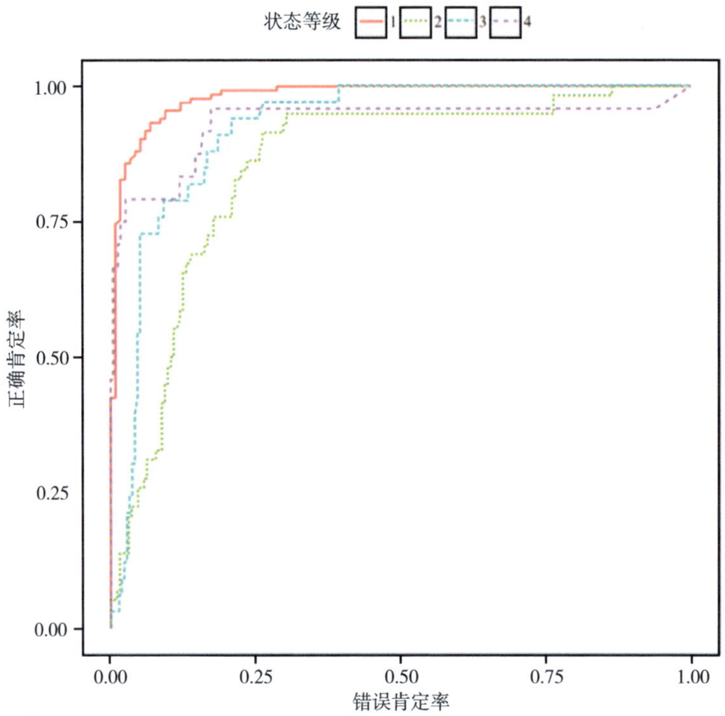


图 7-5　模型 TAN-RTGCCP 不同状态等级预测效果的 ROC 曲线

## 7.2　轨道网格(或部件)使用寿命评估模型 MBE-RTGCSL

结合铁路轨道设备状态劣化的异质性、不确定性等特点,本节以轨道网格(或部件)为研究对象,提出一种新的基于 Markov 随机过程的轨道网格(或部件)使用寿命评估模型(Markov Based Estimation Model for Railway Track Grids and Components Service Life,MBE-RTGCSL)。

模型 MBE-RTGCSL 的输入是轨道网格(或部件)的历史状态检测数据,以及相应的各类异质性因素数据;输出是轨道网格(或部件)Markov 状态转移矩阵、寿命分布的失效率函数,以及评估的使用寿命。

### 7.2.1 MBE-RTGCSL 构建思路

本节将基于以下几点构建轨道网格(或部件)使用寿命评估模型MBE-RTGCSL。

(1)模型 MBE-RTGCSL 将为每个轨道网格(或部件)构建个性化的使用寿命评估模型,按照划分的轨道网格长度对异质性因素进行定量评定。

(2)模型 MBE-RTGCSL 将轨道网格(或部件)状态劣化过程划分为若干阶段(即若干状态等级),采用不同的指数函数描述不同阶段的寿命分布规律。即,轨道网格(或部件)寿命分布的失效率是其所在空间位置上各类异质性因素与所处状态劣化阶段的函数,采用 Hazard 模型来定义。

一般来说,轨道设备在服役前期劣化速度较慢,随着上道时间、累计通过总重逐步增加,轨道设备劣化速度会逐渐加快[124, 288, 289]。在不同生命周期阶段,轨道设备的状态劣化速度不同,说明轨道设备寿命分布的失效率函数在整个生命周期阶段是变化的。

(3)模型 MBE-RTGCSL 将利用 Markov 随机过程理论,描述铁路网格(或部件)在不同状态阶段间劣化的不确定性。即,利用 Markov 状态转移矩阵描述轨道网格(或部件)状态等级在两次维修间经过 $T$ 和 $nT$($n$ 为正整数)时间间隔的变化趋势,其中 $T$ 表示轨道网格(或部件)检查周期。

### 7.2.2 模型 MBE-RTGCSL 建立

#### 7.2.2.1 Markov 模型

相邻两次维修间的轨道网格(或部件)的状态劣化过程,如图 7-6 所示。图中横坐标表示时间,纵坐标表示轨道网格(或部件)的状态等级。$t_m$ 、$t_{m+1}$ 表示某一轨道网格(或部件)相邻两次维修日期,$t_A$ 、$t_B$ 表示该轨道网格(或部件)相邻两次检查日期,轨道网格(或部件)

检查周期 $T=t_B-t_A$。$h(t_A)$ 为轨道网格(或部件)在 $t_A$ 时刻的状态等级，$h(t_A)=i(i=1,2,3,\cdots,S)$，其中 $S$ 表示轨道网格(或部件)状态划分的等级级数。$h(t_B)$ 为轨道网格(或部件)在 $t_B$ 时刻的状态等级，$h(t_B)=j(j=1,2,3,\cdots,S)$。描述轨道网格(或部件)状态劣化过程的 Markov 转移概率定义为：在 $t_A$ 时刻轨道网格(或部件)状态等级为 $i$ 的前提下，在 $t_B$ 时刻轨道网格(或部件)状态等级为 $j$ 的概率，见公式(7-7)。

$$prob\left(h(t_B)=j \mid h(t_A)=i\right)=\pi_{ij} \tag{7-7}$$

其中，

$$\pi_{ij}\geqslant 0 \tag{7-8}$$

$$\pi_{ij}=0, i>j \tag{7-9}$$

$$\sum_{j=1}^{J}\pi_{ij}=1 \tag{7-10}$$

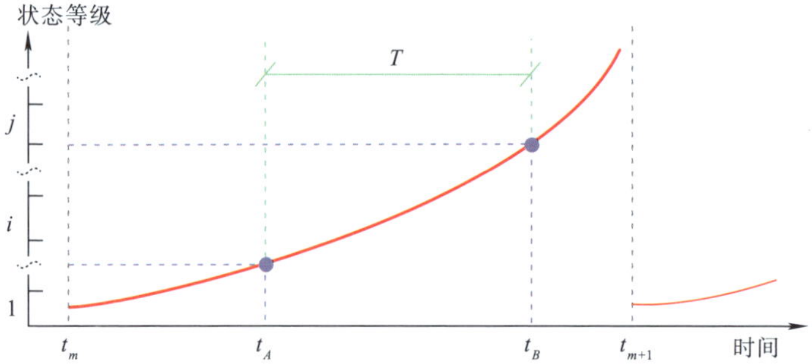


图 7-6　轨道网格(或部件)状态劣化示意图

因此，相应的 Markov 状态转移概率矩阵即可表示为：

$$\eta(T)=\begin{pmatrix}\pi_{11} & \cdots & \pi_{1S}\\ \vdots & \ddots & \vdots\\ \pi_{S1} & \cdots & \pi_{SS}\end{pmatrix}=\begin{pmatrix}\pi_{11} & \cdots & \pi_{1S}\\ \vdots & \ddots & \vdots\\ 0 & 0 & 1\end{pmatrix} \tag{7-11}$$

在相邻两次维修之间,轨道网格(或部件)状态只会逐渐劣化不会突然变好,$\pi_{ij}=0\ (i>j)$。当轨道网格(或部件)状态等级为 $S$ 时(状态等级 $S$ 为 Markov 吸收态),其状态转移概率为 1,$\pi_{SS}=1$。

本节采用日本学者 Tsuda 和 Kobayashi 等提出的多阶段指数 Markov 模型[290, 291],确定轨道网格(或部件)状态等级转移概率 $\pi_{ij}$ $(i\leqslant j, i\in\{1,2,\cdots,S-1\}, j\in\{2,3,\cdots,S\})$,如公式(7-12)所示:

$$\begin{aligned}\pi_{ij} &= prob[h(t_B)=j \mid h(t_A)=i] \\ &= \sum_{k=i}^{j}\prod_{m=i}^{k-1}\frac{\theta_m}{\theta_m-\theta_k}\prod_{m=k}^{j-1}\frac{\theta_m}{\theta_{m+1}-\theta_k}\exp(-\theta_k T)\end{aligned} \tag{7-12}$$

同时,

$$\prod_{m=i}^{k-1}\frac{\theta_m}{\theta_m-\theta_k}=1(k=i) \tag{7-13}$$

$$\prod_{m=k}^{j-1}\frac{\theta_m}{\theta_{m+1}-\theta_k}=1(k=j) \tag{7-14}$$

模型 MBE-RTGCSL 利用不同的指数函数描述轨道网格(或部件)在不同的状态劣化阶段的寿命分布,即采用多个指数寿命分布的失效率函数近似实际的失效率函数。$\theta_i$ 表示轨道网格(或部件)由状态等级 $i$ 劣化到状态等级 $i+1$ 的失效率,其中 $i\in\{1,2,\cdots,S-1\}$。若相邻两次检查中轨道网格(或部件)状态 $i\rightarrow S$,根据 Markov 模型性质,相应的状态转移概率如公式(7-15)所示。

$$\pi_{iS}=1-\sum_{j=i}^{S-1}\pi_{ij} \tag{7-15}$$

#### 7.2.2.2 Hazard 模型

如书中第 4 章所述,轨道网格(或部件)状态劣化具有异质性,故本节利用异质性因素构建 Hazard 模型,定义轨道网格(或部件)寿命分布的失效率 $\theta_i$ $(i=1,2,\cdots,S-1)$。

假设异质性因素对轨道网格(或部件)状态劣化速度的贡献程度(用变量 $\beta$ 表示)具有如下特点:

(1)不同异质性因素对轨道网格(或部件)状态劣化速度的贡献程度不同,即变量 $\beta$ 与异质性因素类型有关。

(2)同一轨道网格(或部件)在不同状态等级,同一异质性因素对其状态劣化速度的贡献程度不同,即变量 $\beta$ 与轨道网格(或部件)状态等级 $i$ 相关。

(3)不同轨道网格(或部件)的劣化规律不同是由于其所处空间位置的异质性因素不同导致的。

因此,轨道网格(或部件) $G_k$ 的失效率 $\theta_i^k(i=1,2;k=1,\cdots,K)$ 定义如下:

$$\theta_i^k=\chi^k\beta_i \tag{7-16}$$

其中, $G_k$ 表示第 $k$ 个轨道网格(或部件), $k=1,2,\cdots,K$, $K$ 为轨道网格(或部件)总个数。$\chi^k=(\chi_1^k,\chi_2^k,\cdots,\chi_M^k)$ 表示轨道网格(或部件) $G_k$ 的各类异质性因素。$M$ 表示轨道网格(或部件) $G_k$ 的异质性因素个数。$\beta_i=(\beta_{i,1},\cdots,\beta_{i,M})^T$ $(i=1,2,\cdots,S-1)$ 表示异质性因素对轨道网格(或部件) $G_k$ 由状态等级 $i$ 劣化到 $i+1$ 的贡献程度, $\beta=(\beta_1,\cdots,\beta_{S-1})=(\beta_{1,1},\cdots,\beta_{1,M},\cdots,\beta_{S-1,1},\cdots,\beta_{S-1,M})$ 为待估参数变量。

### 7.2.2.3 使用寿命评估模型

$\mathrm{RMD}_i^k$ 表示轨道网格(或部件) $G_k$ 在状态等级 $i$ 内的预期停留时间( $i=1,2$; $k=1,\cdots,K$ ),可用残余函数确定[292],如公式(7-17)所示。

$$\mathrm{RMD}_i^k=\int_0^{\infty}S_i^k(t)dt=\int_0^{\infty}\exp(-\theta_i^k t)dt=\frac{1}{\theta_i^k}=\frac{1}{\chi^k\beta_i} \tag{7-17}$$

经上述分析,轨道网格(或部件) $G_k$ 的使用寿命 $SL_{\mathrm{MBE}}^{k}$ 为各状态等级 $\mathrm{RMD}_i^k$ 之和,如公式(7-18)所示。

$$SL_{\mathrm{MBE}}^{k} = \sum_{i=1}^{2} \mathrm{RMD}_i^k \tag{7-18}$$

7.2.2.4 待估参数估计

假设某铁路线路有 $K$ 个轨道网格(或部件) $(1,2,\cdots,k,\cdots,K)$。根据各个轨道网格(或部件)的状态等级历史数据和异质性因素数据,构建对数似然函数,如公式(7-19)所示。其中,$\delta_{ij}^k (i=1,2;j=1,2,3)$ 为引入变量,其定义见公式(7-20)。

$$\begin{aligned}\ln[\Gamma(\beta)] &= \ln\left[\prod_{k=1}^{K}\prod_{i=1}^{2}\prod_{j=1}^{3}\{\pi_{ij}^k(\beta)\}^{\delta_{ij}^k}\right] \\ &= \sum_{i=1}^{2}\sum_{j=1}^{3}\delta_{ij}^k \ln[\pi_{ij}^k(\beta)]\end{aligned} \tag{7-19}$$

$$\delta_{ij}^k = \begin{cases} 1 & \text{当 } h(t_{\mathrm{A}}^k) = i \text{ 且 } h(t_{\mathrm{B}}^k) = j \\ 0 & \text{当 } h(t_{\mathrm{A}}^k) \neq i \text{ 或 } h(t_{\mathrm{B}}^k) \neq j \end{cases} \tag{7-20}$$

采用极大似然估计法,对似然函数(7-19)中的待估参数 $\beta$ 求偏导,得到相应的$(S-1)M$个方程组(见公式(7-21)),求解方程组确定参数 $\beta$。为保证待估参数 $\beta$ 假设性检验的拒绝率≤1.5%,确定参数的样本量至少超过 2 000[290]。

$$\frac{\partial \ln[\Gamma(\beta)]}{\partial \beta_{i,m}} = 0,(i=1,2,\cdots,S-1;m=1,2,\cdots,M) \tag{7-21}$$

### 7.2.3 案例分析

7.2.3.1 案例问题描述

本节将以钢轨使用寿命(即钢轨网格使用寿命)评估为例,对模型 MBE-RTGCSL 的有效性进行验证。本节以陇海线上下行 K1 397＋000～K1 720＋000 里程范围内的 648 个钢轨网格为研究对象，采集了 2010 年 1 月至 2015 年 5 月期间的钢轨伤损数据（数据量 42 770 条）。

(1)钢轨网格

钢轨网格是指轨道网格中的钢轨部分。铁路工务维修部门一般按照整公里制定、安排铁路换轨大修作业[16]。在本实例中，为了便于利用现场实际数据对模型的有效性进行验证，钢轨网格长度由 200 m 扩大为 1 000 m。

(2)钢轨使用寿命与钢轨换轨大修周期

依据第 6 章中使用寿命定义，钢轨使用寿命 $L_{rail}$ 是指钢轨从上道服役开始，至更换报废的时间范围。随着钢轨服役时间延长，钢轨伤损状态会不断劣化，当劣化到一定的程度不能满足铁路运输安全要求时，需要对这些钢轨进行整体更换（即换轨大修），从而恢复和提高线路强度，增强轨道承载能力。两次线路换轨大修的间隔时间定义为线路换轨大修周期。根据钢轨换轨大修周期的定义，钢轨换轨大修周期 $T_{HG}$，与钢轨使用寿命 $L_{rail}$ 相同，$T_{HG}=L_{rail}$。在本案例中，钢轨使用寿命评估问题与钢轨换轨大修周期评估是等同的。

(3)钢轨网格伤损状态离散化

单根钢轨伤损状态一般根据钢轨磨耗量和疲劳伤损程度进行判断，我国对单根钢轨伤损状态分为轻伤、重伤和折断等[33]。本节利用每公里钢轨重伤数评定钢轨网格状态，这是由于每公里钢轨重伤数是线路钢轨伤损情况最直接的物理量，其值代表线路钢轨综合状态。同时，每公里钢轨重伤数是判断线路是否需要整体换轨大修的重要依据。当每公里钢轨重伤数过高时，不仅会提高维修养护工作量和养护维修费用，甚至会影响铁路的运行安全，因此需及时安排整体换轨大修作业。

兰州局规定，当陇海线某一公里钢轨重伤数大于等于 5 时，需对该公里钢轨进行整体换轨的大修作业。依据兰州局现场工程师经验，陇海线钢轨网格状态划分为 3 个劣化等级，见表 7-6。

**表 7-6 陇海线钢轨网格状态等级划分依据**

| 钢轨网格状态等级 | 等级名称 | 大修策略 | 划分依据 |
| --- | --- | --- | --- |
| Ⅲ | 严重 | 立即安排大修 | 每公里钢轨重伤数≥5 |
| Ⅱ | 差 | 预警，纳入大修计划 | 2≤每公里钢轨重伤数＜5 |
| Ⅰ | 良好 | 不采取大修活动 | 每公里钢轨重伤数＜2 |

7.2.3.2 模型结果分析

在本实例中，钢轨网格的检查周期 $T$ 近似为 30 天。利用 3 个异质性因素 $\chi^k=(\chi_1^k,\chi_2^k,\chi_3^k)$，确定钢轨网格 $G_k$ 的失效率 $\theta_i^k$。$\chi_1^k$ 表示小半径曲线（半径 $r\leqslant 600$ m）地段长度占钢轨网格长度的比例；$\chi_2^k$ 表示大坡道地段（坡度 $|i|\geqslant 12$ ‰）长度占钢轨网格长度比例；$\chi_3^k$ 表示归一化通过总重。

本节采用 R 软件 maxLik 包[293]确定出待估参数 $\beta=(\beta_{1,1},\beta_{1,2},\beta_{1,3},\beta_{2,1},\beta_{2,2},\beta_{2,3})$，见表 7-7。对比表 7-7 中各异质性因素对钢轨状态劣化的贡献度可知，在钢轨网格状态等级 1 劣化到 2 过程中，

**表 7-7 钢轨网格钢轨伤损异质性因素标定系数**

| 等级 | $\beta_{i,1}$ | $\beta_{i,2}$ | $\beta_{i,3}$ |
| --- | --- | --- | --- |
| 1 | $2.249\times10^{-3}$<br>[$<2.22\times10^{-16}$] | $6.378\times10^{-4}$<br>[$<2.22\times10^{-16}$] | $6.855\times10^{-4}$<br>[$<2.22\times10^{-16}$] |
| 2 | $8.835\times10^{-4}$<br>[$<2.22\times10^{-16}$] | $5.648\times10^{-6}$<br>[$<2.22\times10^{-16}$] | $1.027\times10^{-3}$<br>[$<2.22\times10^{-16}$] |

注：[ ] 中值表示待估参数的 P 值。

$\beta_{1,1}>\beta_{1,3}>\beta_{1,2}$，小半径曲线异质性因素 $\chi_1^k$ 起主要作用；在状态等级 2 劣化到 3 过程中，$\beta_{2,3}>\beta_{2,1}>\beta_{2,2}$，通过总重异质性因素 $\chi_3^k$ 起主要作用。

根据公式(7-12)、公式(7-16)、公式(7-17)，依据表 7-7 中异质性因素标定系数 $\beta$，可确定出陇海线各钢轨网格的失效率、状态转移概率和使用寿命。确定出的陇海线上下行 K1 397＋000～K1 720＋000 里程范围内钢轨网格的平均使用寿命为 7.07 年。

选取研究对象中陇海线上 K1 560＋000～K1 610＋000 里程范围内钢轨网格，对其使用寿命随里程变化趋势进行展示，如图 7-7 所示。图中横坐标表示钢轨网格的起点里程，纵坐标表示钢轨网格的使用寿命。从图中可看出：

(1)处于不同空间位置的钢轨网格，其状态劣化规律不同、使用寿命不同。

(2)上下行钢轨网格的使用寿命随里程的变化趋势基本一致。

(3)下行钢轨网格的使用寿命，较处于相同里程位置的上行钢轨网格的使用寿命大多较长。

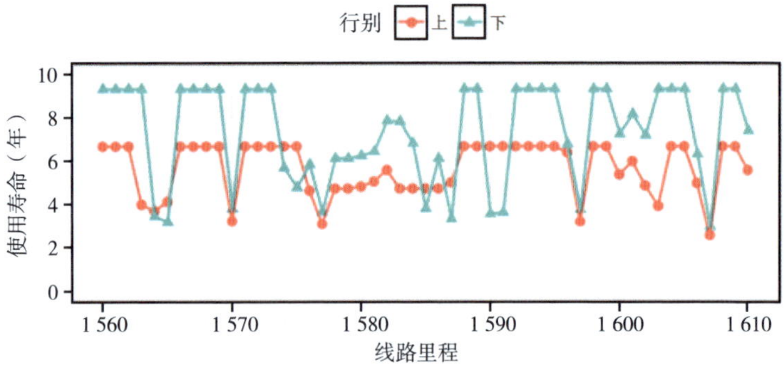


图 7-7　陇海线上下行 K1 560＋000～K1 610＋000 内钢轨网格使用寿命随里程变化趋势图

图 7-8 是陇海线下行 K1 560＋000～K1 610＋000 里程范围内钢

轨网格使用寿命与相应各异质性因素对比图。从图中可看出：

(1)小半径曲线比例和大坡道比例高的钢轨网格,其使用寿命较短。

(2)“小半径曲线”异质性因素较“大坡道”异质性因素对钢轨网格状态等级劣化的贡献程度更高,更容易导致钢轨伤损的发生。

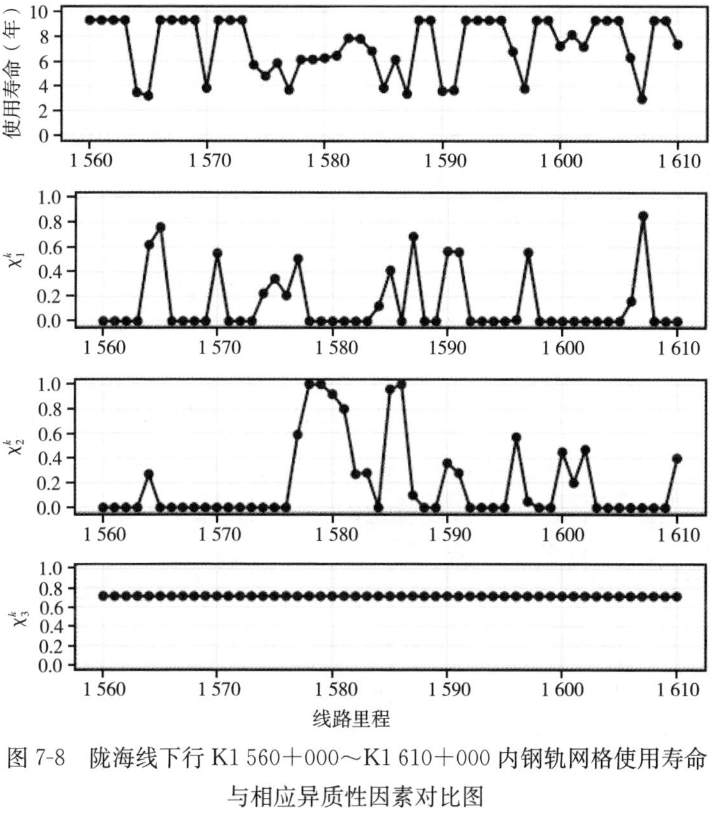


图 7-8 陇海线下行 K1 560+000～K1 610+000 内钢轨网格使用寿命与相应异质性因素对比图

#### 7.2.3.3 模型对比分析

为对模型的有效性做进一步验证,作者将模型 MBE-RTGCSL 的评估结果、基于通过总重管理方法的评估结果以及钢轨实际使用寿命进行对比分析。

(1)基于通过总重的管理方法

基于通过总重的管理方法(简称为 GSM 方法),是指采用累计通过总重评估钢轨使用寿命的方法。《铁路线路修理规则》(铁运〔2006〕146 号)[16]规定,以钢轨上道后至更换前的累计通过总重作为判断钢轨是否需成段更换的依据。钢轨网格 $G_k$ 的使用寿命 $SL^k_{\mathrm{AGT}}$ 可用钢轨自开始服役上道至其累计通过总重达到阈值时经历的时间跨度确定。

陇海线上下行 K1 397+000～K1 720+000 里程范围内的线路类型为无缝线路,铺设钢轨轨重 60 kg/m,道床类型为碎石道床,轨枕类型为混凝土枕,根据《铁路线路修理规则》(铁运〔2006〕46 号)[16],该里程范围的钢轨需要进行成段更换的通过总重阈值为 700 Mt,即钢轨网格 $G_k$ 的通过总重阈值 700 Mt。根据收集到的历史通过总重数据,可确定出钢轨网格 $G_k$ 的使用寿命 $SL^k_{\mathrm{AGT}}$。陇海线上下行 K1 397+000～K1 720+000 里程范围内钢轨网格的平均使用寿命为 8.71 年。图 7-9 中三角点表示陇海线下行 K1 560+000～K1 610+000 里程范围利用 GSM 方法确定的钢轨网格使用寿命。

(2)钢轨实际使用寿命

作者通过收集整理陇海线 2010 年 1 月至 2015 年 5 月期间 K1 397+000～K1 720+000 里程范围内的历史钢轨换轨数据,得到该里程范围内钢轨网格 $G_k$ 的实际使用寿命 $SL^k_{real}$。收集到的历史钢轨更换数据中包含钢轨出厂日期,但缺少钢轨上道开始服役日期,因此本书用钢轨出厂日期近似代替钢轨上道开始服役日期,确定钢轨实际使用寿命。陇海线上下行 K1 397+000～K1 720+000 里程范围内钢轨网格实际平均寿命为 7.54 年。图 7-9 中矩形点表示陇海线下行 K1 560+000～K1 610+000 里程范围内各钢轨网格的实际使用寿命。

(3)评估结果对比分析

表 7-8 是不同方法计算出的陇海线上下行 K1 397＋000～K1 720＋000 里程范围内钢轨网格平均使用寿命对比表。分析表 7-8 可知：

①模型 MBE-RTGCSL 计算结果较实际平均使用寿命偏小。

②GSM 方法计算结果较实际平均使用寿命偏大。

③模型 MBE-RTGCSL 计算结果与实际平均使用寿命更接近。

**表 7-8　不同方法计算出的钢轨网格平均使用寿命**

| 实际平均使用寿命(年) | 模型 MBE-RTGCSL 计算结果(年) | GSM 方法计算结果(年) |
|---|---|---|
| 7.54 | 7.07 | 8.71 |

图 7-9 是陇海线下行 K1 560＋000～K1 610＋000 里程范围内钢轨网格不同方法确定的使用寿命对比图。图中横坐标代表钢轨网格的起点里程，纵坐标代表钢轨网格的使用寿命。不同方法计算出的使用寿命用不同形状的点表示，圆点代表模型 MBE-RTGCSL 计算结果，三角点代表 GSM 方法计算结果，矩形点代表实际使用寿命。从图中可看出：

① $SL^{k}_{\mathrm{AGT}}$与 $SL^{k}_{real}$ 相比，各钢轨网格差别较大，这是由于 GSM 方法未考虑钢轨状态劣化受多种异质性因素影响。

② $SL^{k}_{\mathrm{MBE}}$与 $SL^{k}_{real}$ 相比，各钢轨网格差别较小，随里程的变化趋势两者基本一致。

③ $SL^{K}_{\mathrm{MBE}}$ 与 $SL^{K}_{real}$ 相比，存在个别钢轨网格使用寿命评估结果差别较大，产生的原因可能是：a. 在铁路现场，钢轨可能存在超期服役；b. 采集到的某些钢轨网格的历史换轨样本数不足，导致计算出的 $SL^{k}_{real}$ 存在误差，如处于陇海线下行起点里程为 K1 604＋000 的钢轨网格由于未收集到历史换轨数据，无法计算该钢轨网格的实际使用寿命。

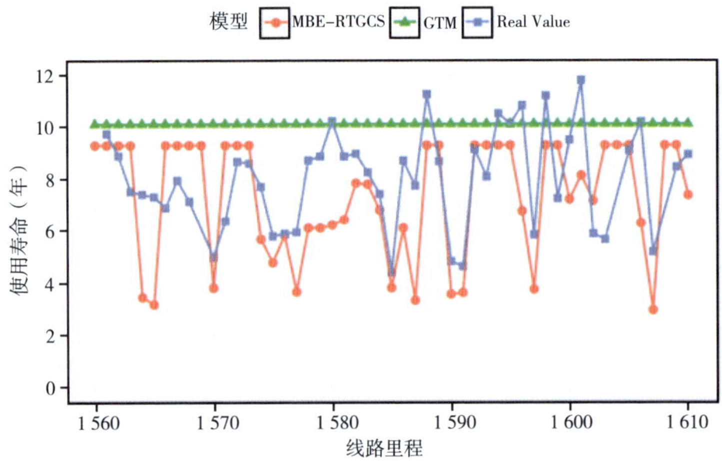


图 7-9　陇海线下行 K1 560+000～K1 610+000 内钢轨网格不同计算方法评估结果对比图

$Er_{mr}$ 表示模型 MBE-RTGCSL 评估结果与钢轨实际使用寿命差值，$Er_{mr}=SL_{\mathrm{MBE}}^{k}-SL_{real}^{k}$。图 7-10 是 $Er_{mr}$ 箱型图。$Er_{mr}$ 的平均值为 −0.582 年。$Er_{mr}$ 的中位数是 −0.614 年，$Er_{mr}$ 的四分位数分别是 −1.79年和 0.795 年。整体上，$SL_{\mathrm{MBE}}^{k}$ 较 $SL_{real}^{k}$ 偏小，$SL_{\mathrm{MBE}}^{k}$ 偏小可能原因有：

①在铁路现场，钢轨可能存在超期服役现象。

②采集到的某些钢轨网格的历史换轨样本数不足，计算出的 $SL_{real}^{k}$ 存在较大误差。

③使用钢轨出厂日期近似钢轨开始服役上道日期，导致计算出的 $SL_{real}^{k}$ 偏大。

综上所述，本节提出的模型 MBE-RTGCSL 的主要优点是：充分考虑异质性因素的影响，使钢轨网格使用寿命评估模型具有个性化，评估出的钢轨网格使用寿命更为准确，为维修计划的优化编制提供了支撑。

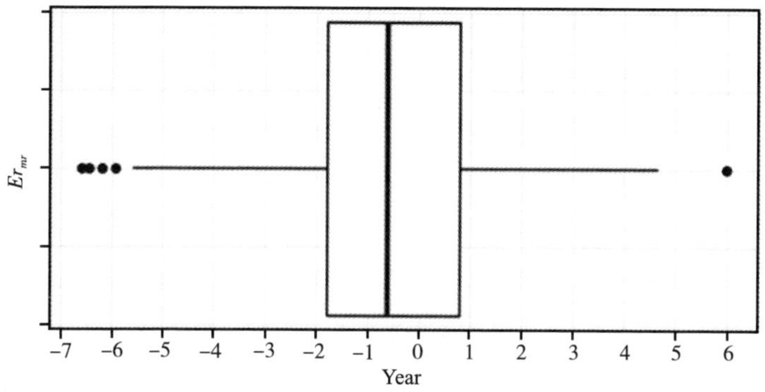


图 7-10　模型 MBE-RTGCSL 评估结果与实际使用寿命差值箱型图

# 8　铁路轨道维修规划优化编制方法

本章将基于第 4 章提出的铁路基础设施时空网格化管理方法，以轨道网格为基本对象，提出一种新的铁路轨道网格化维修规划优化编制模型，以一个较长规划周期内的期望总成本最小为目标函数，以轨道网格状态为约束，采用多阶段 Markov 模型，个性化描述轨道网格状态转移概率，采用隐形 Markov 决策过程理论，建立基于状态的维修策略模型，确定该规划周期内的轨道网格维修决策、检查决策，建立轨道维修规划可视化模型，对维修规划的决策结果进行图形化展现。

## 8.1　轨道维修规划编制目前面临的主要问题

目前，我国铁路现场轨道设备维修以故障修、周期修为主，正逐步向基于状态的预防修转变。我国铁路线路修理相关规定[11, 12, 16]对轨道设备年度维修计划、月度维修计划、日维修计划等有明确规定，关于轨道设备维修规划的相关规章较少，铁路现场缺乏统筹编制较长时间跨度的维修规划。管理者一般按照年度制定不同管辖单位的维修任务量，多以百分比的形式体现。

优化编制铁路轨道维修规划对避免安排“过维修”“欠维修”这些不恰当的维修活动，合理分配维修资源，降低维修成本，确保列车持续安全、平稳运行等具有重要意义。

基于第 4 章提出的铁路基础设施时空网格化管理方法，本章将以轨道网格为基本对象，提出铁路轨道网格化维修规划优化编制模型(Optimal Repair Planning Model for Railway Track Grids，ORPM-RTG)，重点解决以下两个问题。

(1)研究较长规划周期的铁路轨道维修规划编制问题。在第 7.2

节提出的轨道网格(或部件)使用寿命评估模型 MBE-RTGCSL 的基础上,采用隐形 Markov 决策过程方法进行建模,求解最优的检查策略、维修策略。

(2)研究铁路轨道维修规划的可视化展现问题。基于第 4.8 节提出的铁路时空网格生产数据可视化框架模型,提出一种新的轨道维修规划可视化模型,克服传统的甘特图、网络计划图用于铁路轨道维修活动计划时存在的诸多不足[219~228],如只能体现时间一个维度信息,无法表达出铁路轨道维修活动的空间位置等信息。

## 8.2 模型 ORPM-RTG 构建

本书提出的铁路轨道网格化维修规划优化编制模型 ORPM-RTG 由以下两个子模型构成,模型 ORPM-RTG 的算法流程如图 8-1 所示。

(1)铁路轨道网格化维修决策子模型。基于第 7.2 节提出的轨道网格(或部件)使用寿命评估模型 MBE-RTGCSL,采用隐形 Markov 决策过程(Latent Markov Decision Process,LMDP),以一个较长规划周期内的期望总成本最小为目标函数,建立基于状态的维修策略模型。

(2)铁路轨道网格化维修规划可视化子模型。该子模型基于第 4.8 节的铁路时空网格生产数据可视化框架模型,具体实现轨道维修规划的图形化展现。

### 8.2.1 铁路轨道网格化维修决策子模型

依据以下两点分析,本书采用隐形 Markov 决策过程 LMDP,构建基于状态的铁路轨道维修策略模型。

(1)隐形 Markov 决策过程 LMDP 强调,系统在下一个时刻的状态,只与当前时刻的状态、当前时刻采取的行动有关,与之前时刻的状态无关,且这种关系是以概率的形式描述。该特性能较好地描述铁路轨道的状态劣化过程、维修计划的决策过程,符合铁路轨道状态劣化的不确定性、相同类型维修活动下的轨道状态恢复效果的不确定性。

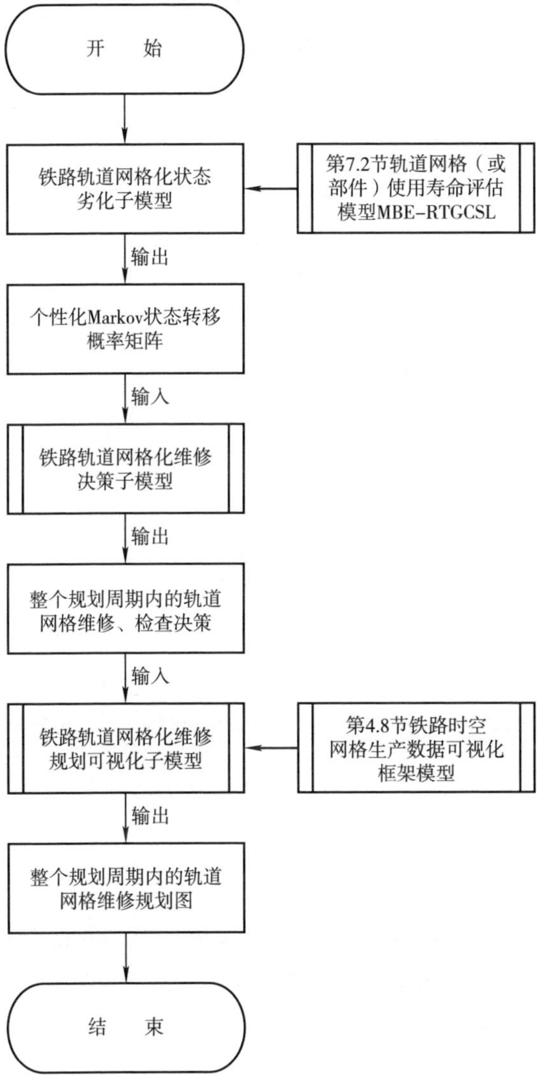


图 8-1 模型 ORPM-RTG 算法流程

(2)隐形 Markov 决策过程 LMDP 中的系统状态细分为两类:真实状态(或隐藏状态)、观测状态,且以概率的形式描述真实状态与观测状态的关系。该方法能描述出不同类型的检查方式获取到的轨道观测状态,与轨道真实状态间的概率关系,可用于衡量不同类型检查方式的测量误差。

#### 8.2.1.1 基于状态的维修策略模型的关键要素

基于状态的铁路轨道维修策略模型,采用隐形 Markov 决策过程 LMDP 进行构建。该模型的目标函数是整个规划周期的期望总成本最小,决策变量是规划周期内的维修策略、检查策略,将规划周期内的轨道网格状态约束折算为成本,作为目标函数的一部分。该模型的关键要素见表达式(8-1)。

$$\{\wp, \Im, \eta_{ik}^{m}, \aleph, \pi_{ij}(a), R_t, \delta\} \tag{8-1}$$

(1) $\wp = [1,2,\cdots,S]$ 表示轨道网格有限的状态等级集合。

$S$ 表示状态等级的总数。$X_t$ 表示在 $t$ 时刻的轨道网格的状态等级,$X_t \in \wp$。$X_t = 1$ 表示轨道网格刚上道服役或经过大修维修,处于最好的状态。

(2) $\Im = [0,1]$ 表示轨道网格有限检查方式的检查活动集合。

$C_t$ 表示在 $t$ 时刻采取的检查活动,$C_t \in \Im$。$C_t = m$ 表示在 $t$ 时刻采取了检查方式为 $m$ 的检查活动。$C_t$ 的取值规则见公式(8-2)。

$$C_t = \begin{cases} 0, \text{不采取检查活动} \\ 1, \text{采取检查活动} \end{cases} \tag{8-2}$$

(3) $\eta_{ik}^{m}$ 表示轨道网格在不同方式检测活动下的状态观测概率。

$\eta_{ik}^{m}$ 表示当轨道网格在 $t$ 时刻的真实状态为 $i$,采取检测活动 $C_t = m$ 时,轨道网格的观测状态为 $k$ 的概率,见公式(8-3)。

$$\eta_{ik}^{m} = P(\hat{X}_t = k \mid X_t = i, C_t = m) \tag{8-3}$$

若不采取检查活动,$C_t = 0$,对于真实状态为 $j$ 的轨道网格,其观测状态为任意状态的概率是相等的,即轨道网格的各个状态都有相同的概率被观测到[49],见公式(8-4)。

$$\eta_{ik}^{0}=P(\hat{X}_t=k \mid X_t=i,C_t=0)=\frac{1}{S} \tag{8-4}$$

(4) $\aleph$ 表示轨道网格有限维修类型的维修活动集合。

$A_t$ 表示在 $t$ 时刻采取的维修活动，$A_t \in \aleph$。$A_t$ =a 表示在 $t$ 时刻采取了维修类型为 $a$ 的维修活动。$A_t=0$ 表示在 $t$ 时刻不采取任何维修活动。

(5) $\pi_{ij}(a)$ 表示不同类型维修活动作用下轨道网格状态转移概率。

$\pi_{ij}(a)$ 表示当轨道网格在 $t$ 时刻的真实状态为 $i$，采取维修活动 $A_t=a$ 时，在 $t+1$ 时刻轨道网格状态为 $j$ 的概率，见公式(8-5)。

$$\pi_{ij}(a)=P(X_{t+1}=j \mid X_t=i,A_t=a) \tag{8-5}$$

$$\sum_{j=1}^{S}\pi_{ij}(a)=1 \tag{8-6}$$

$$\pi_{ij}(a)\geqslant 0 \tag{8-7}$$

状态转移概率 $\pi_{ij}(A_t)$ 随维修活动 $A_t$ 的改变而变化。若不采取维修活动，$A_t=0$，轨道网格状态转移概率 $\pi_{ij}(0)$，可由第 7. 2 节提出的轨道网格(或部件)使用寿命评估模型 MBE-RTGCSL 得到。

(6) $R_t$ 表示检查、维修活动的成本函数。

$R_t$ 表示轨道网格在 $t$ 时刻采取维修活动 $A_t$ 的成本 $\xi_1(X_t,A_t)$，与在 $t+1$ 时刻采取检查活动 $C_{t+1}$ 的成本 $\xi_2(C_{t+1})$ 之和，见公式(8-8)、(8-9)。

$$R_t=g(X_t,A_t,C_{t+1})=\xi_1(X_t,A_t)+\xi_2(C_{t+1}),t\in[1,2,\cdots,T-1] \tag{8-8}$$

$$R_T=\xi_1(X_T,A_T) \tag{8-9}$$

$\xi_1(X_t,A_t)$ 表示轨道网格在 $t$ 时刻的维修成本，由 $t$ 时刻的轨道网格状态、采取的维修活动类型决定。若在 $t$ 时刻不采取维修活动，$A_t=0$，$\xi_1(X_t,0)$ 表示在 $t$ 时刻轨道网格状态 $X_t$ 继续恶化带来的损失。$\xi_2(C_t)$ 表示轨道网格在 $t$ 时刻的检查成本，由 $t$ 时刻的检查活动类型决定。若在 $t$ 时刻不采取检查活动，$C_t=0$，轨道网格检查成本 $\xi_2(0)=0$。

(7) $\delta$ 表示成本随时间推移折扣率，用于衡量未来成本相对于当前成本的重要程度，其含义是 $t$ 时刻的维修成本仅价值 $t-1$ 时刻的 $\delta$，$\delta<1$ 表明当前成本比未来成本更具有价值。

8.2.1.2　规划周期内的决策变量

模型 ORPM-RTG 在整个规划周期内的决策变量包括两部分：(1)维修决策：决定在 $t$ 时刻采取维修活动 $A_t(1\leqslant t\leqslant T)$ 的类型；(2)检查决策：决定在 $t+1$ 时刻是否采取检查活动 $C_{t+1}$ $(2\leqslant t\leqslant T)$。

假设轨道网格初始状态 $X_1$ 已知，轨道网格在一个规划周期内的维修决策过程示意图，如图 8-2 所示。在 $t$ 时刻，管理者根据轨道网格状态 $X_t$，决定采取的维修活动 $A_t$、检查活动 $C_{t+1}$；在 $t+1$ 时刻，根据状态转移概率 $\pi_{ij}(A_t)$，轨道网格的状态由 $X_t$ 转移到 $X_{t+1}$，管理者根据轨道网格状态 $X_{t+1}$，决定采取的维修活动 $A_{t+1}$、检查活动 $C_{t+2}$；然后以此类推一直循环到 $T$ 时刻，管理者根据轨道网格状态 $X_T$，决定采取的维修活动 $A_T$，整个维修决策过程结束。在上述整个维修决策过程中，每个时刻 $t$ 都会产生相应的检查、维修成本 $R_t(1\leqslant t\leqslant T)$。

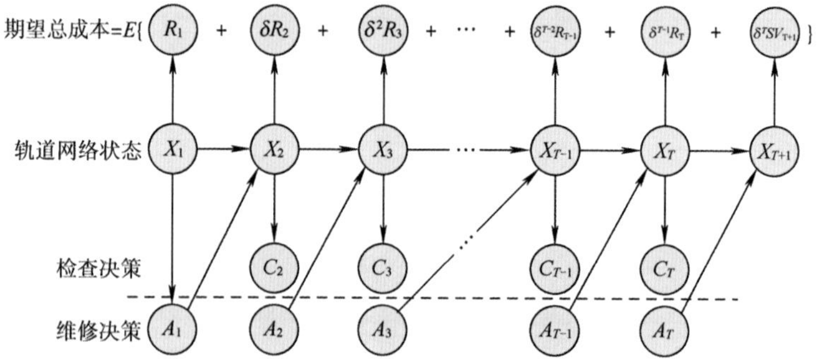


图 8-2　轨道网格在一个规划周期内的维修决策过程示意图

$I_t(1 \leqslant t \leqslant T+1)$ 表示由轨道网格从初始时刻到 $t$ 时刻时间跨度内的维修活动、检查活动、观测状态构成的向量，可通过公式(8-10)、公式(8-11)、公式(8-12)递推确定。

$$I_t = \{I_{t-1}, A_{t-1}, C_t, \hat{X}_t\}(2 \leqslant t \leqslant T) \tag{8-10}$$

$$I_1 = \{X_1\} \tag{8-11}$$

$$I_{T+1} = \{I_T, A_T\} \tag{8-12}$$

$I_{T+1}$ 表示轨道网格从初始时刻到 $T+1$ 时刻时间跨度（即整个规划周期）内的维修活动、检查活动、观测状态构成的向量，见公式(8-13)。

$$I_{T+1} = \{X_1, A_1, C_2, \hat{X}_2, A_2, C_3, \cdots, A_{T-1}, C_T, \hat{X}_T, A_T\} \tag{8-13}$$

#### 8.2.1.3 规划周期内的期望总成本函数

模型 ORPM-RTG 在整个规划周期内的总成本由以下两部分构成：①检查、维修活动的成本 $g(X_t, A_t, C_{t+1})$，是轨道网格状态 $X_t$ 、维修活动 $A_t$ 、检查活动 $C_{t+1}$ 的函数；②规划周期结束时的轨道网格剩余价值 $SV_{T+1} = u(X_{T+1})$，是规划周期结束时轨道网格状态 $X_{T+1}$ 的函数，如图 8-2 所示。在本书中轨道网格的剩余价值是指规划周期结束时的该轨道网格里程范围内全部设备的使用价值。规划期结束时的轨道网格状态越好，相应的剩余价值越大。

模型 ORPM-RTG 的目标是确定出一组最佳的检查、维修策略，使得整个规划周期内的期望总成本最小。$v_t(I_t)$ 表示从 $t$ 时刻开始至规划周期结束时的最小期望总成本。$v_t(I_t)$ 可通过公式(8-14)、(8-15)递归得到。

$$v_t(I_t) = \min_{A_t \in \mathfrak{K}, C_{t+1} \in \mathfrak{J}} \{E_{X_t|I_t}[R_t] + \delta E_{I_{t+1}|I_t}[v_{t+1}(I_{t+1})]\}, 1 \leqslant t \leqslant T-1 \tag{8-14}$$

$$v_T(I_T) = \min_{A_T \in \mathfrak{K}} \{E_{X_T|I_T}[R_T] + \delta E_{X_{T+1}|I_{T+1}}[-u(X_{T+1})]\} \tag{8-15}$$

代入公式(8-8),公式(8-14)可进一步转化为,

$$v_t(I_t)=\min_{A_t\in\mathfrak{K},C_{t+1}\in\mathfrak{I}}\{E_{X_t|I_t}[g(X_t,A_t,C_{t+1})]+\delta E_{I_{t+1}|I_t}[v_{t+1}(I_{t+1})]\}$$

$$=\min_{A_t\in\mathfrak{K},C_{t+1}\in\mathfrak{I}}\Big\{\sum_{i=1}^{S}P(X_t=i\mid I_t)g(i,A_t,C_{t+1})+ \tag{8-16}$$

$$\delta\sum_{i=1}^{S}P(X_t=i\mid I_t)\sum_{j=1}^{S}\pi_{ij}(A_t)\sum_{k=1}^{S}\eta_{ij}^{C_{t+1}}v_{t+1}(I_{t+1})\Big\}$$

代入公式(8-9),公式(8-15)可进一步转化为,

$$v_T(I_T)=\min_{A_T\in\mathfrak{K}}\{E_{X_T|I_T}[g(X_T,A_T)]+\delta E_{X_{T+1}|I_{T+1}}[-u(X_{T+1})]\}$$

$$=\min_{A_T\in\mathfrak{K}}\Big\{\sum_{i=1}^{S}P(X_T=i\mid I_T)g(X_T,A_T) \tag{8-17}$$

$$+\delta\sum_{j=1}^{S}P(X_{T+1}=j\mid I_{T+1})(-u(j))\Big\}$$

### 8.2.2 铁路轨道网格化维修规划可视化子模型

为简洁、清晰、准确、直观展示铁路轨道维修规划中维修活动的时间、空间信息,本节基于第 4.8 节的铁路时空网格生产数据可视化框架模型,提出铁路轨道网格化维修规划可视化模型,该模型的主要算法流程如下:

Step 1:建立二维直角坐标系,其中横坐标表示轨道网格的里程,纵坐标表示时间,里程维以网格长度划分刻度,时间维以管理所需的时间粒度划分,形成时空网格。

Step 2:利用铁路轨道网格化维修决策子模型,获取不同的维修活动 $A_k$ ($k=1,2,\cdots,K$,其中 $K$ 为维修活动总数)在时空网格中的开始里程坐标、开始时间坐标与结束里程坐标、结束时间坐标。

Step 3:获取维修活动 $A_k$ 的活动线型(线状、块状和条状),不同活动用不同颜色表示。

Step 4：采用 R 编程语言，利用维修活动 $A_k$ 的时空位置信息、线型、颜色等信息，实现铁路轨道维修规划图的自动绘制。

## 8.3 案例分析

### 8.3.1 案例问题描述

本节将以轨道钢轨的维修规划优化编制为例，对模型 ORPM-RTG 的有效性进行验证。本案例收集整理了 2010 年 1 月至 2016 年 1 月期间的陇海线上下行 K1 397＋000～K1 720＋000 范围内的 47 304条钢轨伤损数据，以该里程范围内的 648 个钢轨网格为基本对象，研究这些钢轨网格个性化的状态劣化规律，在此基础上求解 10 年规划周期内的钢轨网格的最优检查策略、维修策略。为了便于利用实际数据与模型 ORPM-RTG 的分析结果进行对比，钢轨网格长度设置为 1 000 m。规划周期的基本粒度是年，整个规划周期的时间长度为 10，$T=10$。表 8-1 是 2010 年 1 月至 2016 年 1 月陇海线上下行 K1 397＋000～K1 720＋000 范围内钢轨伤损的部分原始数据。

表 8-1　实例中采集的陇海线钢轨伤损部分原始数据

| 记载编号 | 发现日期 | 线名 | 行别 | 公里 | 百米 | 轨号 | 股别 | 线型 | 伤号 | 伤损情况 | 生产厂家 | 钢种 |
|---|---|---|---|---|---|---|---|---|---|---|---|---|
| L15-043 | 20150312 | 陇海线 | 下 | 1 477 | 730.0 | 29 | 左 | 曲下 | 29 | 现场焊缝轨头内侧轨面下 8 mm、距轨头作用边 10 mm 处气孔，直径相当于 5 mm 横孔当量 | 鞍钢 | PD3 |
| D15-049 | 20150312 | 陇海线 | 下 | 1 585 | 100.0 | 5 | 右 | 曲上 | 17 | 距天方焊缝2.2 m 处轨头内侧掉块 60 mm×10 mm×9 mm | 包钢 | U75V |
| X15-084 | 20150312 | 陇海线 | 上 | 1 716 | 0.0 | 1 | 左 | 曲上 | 30 | 距兰方焊缝 6.25 m处轨头内侧平裂长 50 mm×15 mm×8 mm | 攀钢 | PD3 |

续上表

| 记载编号 | 发现日期 | 线名 | 行别 | 公里 | 百米 | 轨号 | 股别 | 线型 | 伤号 | 伤损情况 | 生产厂家 | 钢种 |
|---|---|---|---|---|---|---|---|---|---|---|---|---|
| X15-085 | 20150312 | 陇海线 | 下 | 1 716 | 5.0 | 1 | 左 | 曲上 | 20 | 距兰方焊缝9.0 m处轨头内侧核伤直径15 mm | 攀钢 | U75V |
| X15-081 | 20150311 | 陇海线 | 上 | 1 641 | 225.0 | 10 | 右 | 曲上 | 20 | 距天方焊缝28.3 m处轨头内侧核伤直径20 mm | 包钢 | U75V |
| X15-083 | 20150311 | 陇海线 | 上 | 1 645 | 542.0 | 22 | 左 | 曲上 | 20 | 距天方焊缝7.88 m处轨头内侧核伤直径18 mm | 包钢 | U76CrRE |
| L15-041 | 20150311 | 陇海线 | 下 | 1 482 | 467.0 | 19 | 左 | 曲上 | 20 | 距天方焊缝9.3 m处轨头内侧核伤直径18 mm | 鞍钢 | PD3 |
| L15-040 | 20150310 | 陇海线 | 下 | 1 493 | 345.0 | 15 | 左 | 曲上 | 20 | 距天方焊缝9.60 m处轨头内侧核伤，直径15 mm | 鞍钢 | PD3 |
| X15-079 | 20150309 | 陇海线 | 上 | 1 661 | 580.0 | 24 | 左 | 曲上 | 20 | 距兰方焊缝12.2 m处轨头内侧核伤直径20 mm | 包钢 | U75V |
| T15-070 | 20150309 | 陇海线 | 下 | 1 453 | 390.0 | 17 | 右 | 曲上 | 20 | 距兰方焊缝0.4 m处轨头内侧核伤18 mm | 包钢 | BNbRE |
| L15-035 | 20150309 | 陇海线 | 下 | 1 506 | 884.0 | 38 | 右 | 曲上 | 17 | 距天方焊缝1.15 m处轨头内侧掉块长40 mm、深3 mm | 攀钢 | PD3 |
| L15-036 | 20150309 | 陇海线 | 下 | 1 506 | 862.0 | 37 | 右 | 曲上 | 17 | 距兰方焊缝3.55 m处轨头内侧掉块长35 mm、深3 mm | 攀钢 | PD3 |
| L15-037 | 20150309 | 陇海线 | 下 | 1 500 | 763.0 | 31 | 右 | 曲上 | 17 | 距天方焊缝6.10 m处轨头内侧掉块长70 mm、深6 mm | 包钢 | BNbRE |

续上表

| 记载编号 | 发现日期 | 线名 | 行别 | 公里 | 百米 | 轨号 | 股别 | 线型 | 伤号 | 伤损情况 | 生产厂家 | 钢种 |
|---|---|---|---|---|---|---|---|---|---|---|---|---|
| X15-078 | 20150309 | 陇海线 | 下 | 1 662 | 850.0 | 35 | 右 | 曲上 | 17 | 距天方焊缝3.86 m处轨头内侧掉块40 mm×10 mm×8 mm | 攀钢 | U71Mn |
| X15-075 | 20150306 | 陇海线 | 下 | 1 668 | 110.0 | 4 | 右 | 曲上 | 20 | 距兰方焊缝1.05 m处轨头内侧核伤直径18 mm | 攀钢 | U75V |
| X15-074 | 20150306 | 陇海线 | 下 | 1 668 | 545.0 | 22 | 右 | 曲上 | 20 | 距天方焊缝8.50 m处轨头内侧核伤直径20 mm | 包钢 | BNbRE |
| T15-069 | 20150306 | 陇海线 | 下 | 1 448 | 470.0 | 19 | 右 | 曲上 | 30 | 距天方焊缝4.15 m处，轨头内侧轨面下8 mm水平裂纹45 mm | 攀钢 | U75V |
| D15-047 | 20150306 | 陇海线 | 下 | 1 571 | 620.0 | 26 | 左 | 曲上 | 20 | 距天方焊缝11.00 m处轨头内侧核伤直径18 mm | 包钢 | U75V |
| L15-034 | 20150306 | 陇海线 | 下 | 1 514 | 486.00 | 22 | 左 | 曲上 | 20 | 距兰方焊缝4.80 m处轨头内侧核伤，直径15 mm | 攀钢 | PD3 |
| T15-068 | 20150306 | 陇海线 | 上 | 1 447 | 680.0 | 28 | 左 | 曲上 | 20 | 距兰方焊缝7.62 m处轨头内侧核伤25 mm | 攀钢 | U78crV |
| T15-067 | 20150305 | 陇海线 | 下 | 1 443 | 140.0 | 6 | 右 | 曲上 | 17 | 距天方焊缝0.65 m处轨头内侧掉块长30 mm，深8 mm | 攀钢 | U75V |
| L15-032 | 20150303 | 陇海线 | 下 | 1 522 | 340.0 | 15 | 左 | 曲上 | 20 | 距天方焊缝6.27 m处轨头内侧核伤直径30 mm | 包钢 | BNbRE |
| X15-072 | 20150303 | 陇海线 | 下 | 1 683 | 330.0 | 14 | 右 | 曲上 | 20 | 距天方焊缝11.97 m处轨头内侧核伤直径18 mm | 包钢 | U75V |

续上表

| 记载编号 | 发现日期 | 线名 | 行别 | 公里 | 百米 | 轨号 | 股别 | 线型 | 伤号 | 伤损情况 | 生产厂家 | 钢种 |
|---|---|---|---|---|---|---|---|---|---|---|---|---|
| D15-046 | 20150303 | 陇海线 | 下 | 1 583 | 510.0 | 21 | 右 | 曲上 | 20 | 距兰方焊缝3.92 m处，5.06 m处轨头内侧核伤直径15 mm/20 mm | 攀钢 | PD3 |
| T15-106 | 20150514 | 陇海线 | 下 | 1 415 | 70.0 | 3 | 右 | 曲下 | 26 | 德国现场焊缝轨头内侧距轨面下47 mm处，水平裂纹10 mm | 包钢 | U75V |
| L15-068 | 20150514 | 陇海线 | 下 | 1 524 | 510.0 | 23 | 左 | 曲上 | 30 | 距天方现场焊缝7.56 m、7 m处轨头水平裂纹，长28 mm和21 mm | 包钢 | BNbRE |
| T15-105 | 20150514 | 陇海线 | 上 | 1 419 | 310.0 | 13 | 右 | 曲上 | 30 | 距天方焊缝8.43 m处，轨头内侧轨面下5 mm水平裂纹35 mm | 包钢 | U75V |

在本实例中，钢轨网格的整体状态采用每公里钢轨重伤数进行评定。根据在兰州局现场的调研情况，本实例将陇海线钢轨网格状态划分为3个劣化等级，$\wp = [1,2,3]$，状态等级的划分标准见第7.2.3.1小节中的表7-6。如当某一钢轨网格的每公里钢轨重伤数$\geqslant 5$，其状态等级为3。

在本实例中，陇海线钢轨网格的检查方式包括两类：

(1)不采取检查活动，$C=0$，依据公式(8-4)，相应的钢轨网格状态观测概率$\eta_{ik}^{0}$，见公式(8-18)。

$$\eta_{ik}^{0} = P(\hat{X}_t = k \mid X_t = i, C_t = 0) = \frac{1}{3} \tag{8-18}$$

(2)钢轨探伤检查，$C=1$，相应的钢轨网格状态观测概率$\eta_{ik}^{1}$，见公式(8-19)，该公式表明钢轨探伤检查出的钢轨观测状态就是钢轨的真实状态。兰州局一般按照1次/月的频率，定期地组织安排陇海线的钢轨探伤检查活动。在本实例中，若第 $t$ 年的检测活动的检测方式 $C_t=1$，表明第 $t$ 年内的各月都采取钢轨探伤活动。

$$\eta_{ik}^{1}=\begin{cases}P(\hat{X}_t=k\mid X_t=i,C_t=1)=1,if\ i=k\\P(\hat{X}_t=k\mid X_t=i,C_t=1)=0,if\ i\neq k\end{cases}\tag{8-19}$$

在本实例中，从钢轨大修的角度，陇海线钢轨网格的维修活动的类型包括两类：

(1)不采取维修活动，$A=0$，相应的陇海线钢轨网格状态转移概率 $\pi_{ij}(A=0)$ 可基于陇海线钢轨历史伤损数据，利用铁路轨道网格化状态劣化规律子模型得到。处于不同空间里程位置处的钢轨网格由于受到的异质性因素作用的不同，其状态转移概率 $\pi_{ij}(A=0)$ 不同。

(2)整体更换钢轨大修活动，$A=1$，相应的陇海线钢轨网格的状态转移概率 $\pi_{ij}(A=1)$，见公式(8-20)。整体更换钢轨大修作业，可提高线路强度，增强轨道承载能力，使钢轨网格状态恢复到状态等级 $X=1$。根据现场调研，可得到陇海线钢轨不同类型维修活动的费用。本实例中成本随时间推移的折扣率 $\delta$ 取 0.9。

$$\pi_{ij}(A=1)=P(X_{t+1}=j\mid X_t=i,A_t=1)=\begin{cases}1,if\ j=1\\0,if\ j\neq 1\end{cases}\tag{8-20}$$

## 8.3.2 模型结果分析

### 8.3.2.1 状态劣化规律子模型待估参数评估

在本实例中，采用以下 3 类异质性因素：小半径曲线(半径 $r\leqslant$ 600 m)地段长度占钢轨网格长度的比例 $\chi_1^k$、大坡道地段(坡度 $|i|\geqslant$ 12 ‰)长度占钢轨网格长度比例 $\chi_2^k$、归一化通过总重 $\chi_3^k$。

本书采用 R 编程语言[252]实现铁路轨道网格化状态劣化规律子模型的构建与求解，确定出的待估参数 $\beta=(\beta_{1,1},\beta_{1,2},\beta_{1,3},\beta_{2,1},\beta_{2,2},\beta_{2,3})$，见表 8-2。在此基础上，结合公式(7-12)、公式(7-16)，可得到钢轨网格 $G_k$ 在不采取维修活动条件下的状态转移概率。

**表 8-2　影响陇海线钢轨网格状态劣化的异质性因素标定系数**

| | $\beta_{i,1}$ | $\beta_{i,2}$ | $\beta_{i,3}$ |
|---|---|---|---|
| 1 | $2.092\times10^{-3}$<br>[$1.733\times10^{-4}$] | $5.610\times10^{-4}$<br>[$8.177\times10^{-5}$] | $6.713\times10^{-4}$<br>[$2.739\times10^{-5}$] |
| 2 | $1.479\times10^{-3}$<br>[$4.469\times10^{-4}$] | $3.006\times10^{-4}$<br>[$7.938\times10^{-5}$] | $8.464\times10^{-4}$<br>[$1.419\times10^{-4}$] |

注：[　]中的值表示待估参数的标准差。

(1)以陇海线上行 K1 595＋000～K1 596＋000 范围处的钢轨网格(简写为"钢轨网格 RG-A")为例进行说明。钢轨网格 RG-A 的异质性因素 $\chi_1^k$ 为 0，异质性因素 $\chi_2^k$ 为 0，异质性因素 $\chi_3^k$ 为 1，经上述计算，在不采取维修活动条件下的钢轨网格 RG-A 相邻两年的状态转移概率，见表 8-3。

**表 8-3　在不采取任何维修活动条件下的钢轨网格 RG-A 状态转移概率**

| | | 下一时刻状态 | | |
|---|---|---|---|---|
| | | 1 | 2 | 3 |
| 当前状态 | 1 | 0.784 7 | 0.184 1 | 0.031 2 |
| | 2 | 0 | 0.738 0 | 0.262 0 |
| | 3 | 0 | 0 | 1 |

(2)以陇海线上行 K1 577＋000～K1 578＋000 范围处的的钢轨网格(简写为"钢轨网格 RG-B")为例进行说明。钢轨网格 RG-B 的异质性因素 $\chi_1^k$ 为 0.509，异质性因素 $\chi_2^k$ 为 0.6，异质性因素 $\chi_3^k$ 为 1，经上述计算，在不采取任何维修活动条件下的钢轨网格 RG-B 相邻两年的状态转移概率，见表 8-4。

**表 8-4 在不采取任何维修活动条件下的钢轨网格 RG-B 状态转移概率**

| | | 下一时刻状态 | | |
|---|---|---|---|---|
| 当前状态 | | 1 | 2 | 3 |
| | 1 | 0.474 1 | 0.373 2 | 0.152 7 |
| | 2 | 0 | 0.526 9 | 0.473 1 |
| | 3 | 0 | 0 | 1 |

通过对比表 8-4 和表 8-3 可知，处于不同里程位置的钢轨网格 RG-A、RG-B，由于受到的异质性因素（$\chi_1$，$\chi_2$，$\chi_3$）作用的影响不同，钢轨网格 RG-A、RG-B 状态劣化规律是不同的，钢轨网格 RG-A、RG-B 状态转移概率是不同的。因此，若采用统一的状态劣化统计规律模型编制钢轨网格维修规划，其结果将与实际情况偏差较大，对实际的维修活动缺乏指导性。

8.3.2.2 规划周期内的最优维修、检查策略的确定

本实例采用 R 编程语言[252]实现铁路轨道网格化维修决策子模型的构建与求解。假设钢轨网格 RG-A 在规划周期的初始时刻（$t=1$）前，该钢轨网格刚采取了整体更换钢轨大修作业，在 $t=1$ 时刻该钢轨网格状态等级已知为 1，不需要采取钢轨探伤检查活动。经计算，10 年规划周期内的期望总成本最小值 $v_1(I_1)$ 为 232.64 万元，相应的检查策略、维修策略如下。

（1）检查策略

求解出的检查策略是，在整个 10 年规划周期内，第 3～8 年采取钢轨探伤检查活动，其他年份不采取钢轨探伤检查活动，见公式(8-21)。式中，$C_t^{\text{RG-A}}=1$ 表示钢轨网格 RG-A 在 $t$ 时刻采取钢轨探伤检查活动；$C_t^{\text{RG-A}}=0$ 表示钢轨网格 RG-A 在 $t$ 时刻不采取检查活动。

$$C_t^{\text{RG-A}}=\begin{cases}0,t\in[1,2]\cup[9,10]\\1,t\in[3,4,\cdots,8]\end{cases} \tag{8-21}$$

(2)维修策略

求解出的维修策略是,在整个10年规划周期内,第8年采取整体更换钢轨大修活动,其他年份不采取整体更换钢轨大修活动,见公式(8-22)。式中,$A_t^{RG\text{-}A}=1$表示钢轨网格RG-A在$t$时刻采取整体更换钢轨大修活动;$A_t^{RG\text{-}A}=0$表示钢轨网格RG-A在$t$时刻不采取维修活动。

$$A_t^{RG\text{-}A}=\begin{cases}0, t\in[1,2,\cdots,7]\cup[9,10]\\1, t=8\end{cases} \tag{8-22}$$

本实例采用R编程语言[252]实现对上述钢轨网格RG-A在整个10年规划周期内维修规划的可视化展现,见图8-3。图中横轴代表线路里程(单位:km),纵轴代表规划时间(单位:年)。图8-3 (a) 表示钢轨网格RG-A在整个规划周期内的钢轨探伤检查活动计划;图8-3 (b) 表示钢轨网格RG-A在整个规划周期内的整体更换钢轨大修活动计划。

### 8.3.3 模型对比分析

本节将对比分析模型ORPM-RTG与传统既有管理方法的计算结果,进一步验证模型ORPM-RTG的有效性。

#### 8.3.3.1 传统既有管理方法

(1)钢轨探伤检查频次

根据《铁路线路修理规则》(铁运〔2006〕146号)[16],钢轨探伤检查频次由线路年通过总重、轨重、线类别(如正线、到发线)等因素影响。陇海线上行K1 397+000~K1 720+000范围的线路轨重为60 kg/m,线路年平均通过总重为96.058~96.588 Mt(大于80 Mt),故正线线路每年检查应不少于10次。兰州局在实际执行中按照1次/月的检查频次,组织实施陇海线的钢轨探伤检查活动。

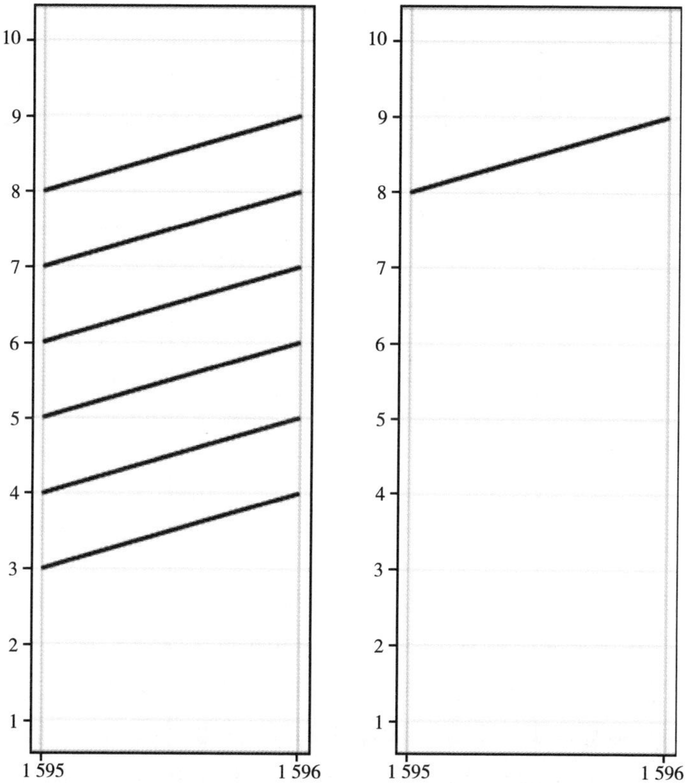


（a）模型ORPM-RTG
检查规划

（b）模型ORPM-RTG
维修规划

图 8-3 模型 ORPM-RTG 编制出的钢轨网格 RG-A 维修规划图

(2)整体更换钢轨大修周期

根据《铁路线路修理规则》(铁运〔2006〕146 号)[16]，成段更换钢轨大修作业的重要依据是钢轨上道后至需要更换前的累计通过总重是否达到阈值。因此，钢轨网格 $G_k$ 的大修周期 $SL_{\mathrm{AGT}}^{k}$，可用钢轨网格 $G_k$ 的累计通过总重达到阈值 $Threshod_{\mathrm{GT}}^{k}$ 时经历的时间决定。

陇海线上行 K1 397＋000～K1 720＋000 范围内的线路属性信

息如下，无缝线路、60 kg/m 钢轨、混凝土枕、碎石道床。依据《铁路线路修理规则》(铁运〔2006〕146 号)[16]，陇海线该里程范围内的钢轨网格 $G_k$ 采取大修作业的累计通过总重阈值 $Threshod_{\mathrm{GT}}^{k}$ 为 700 Mt。根据收集到的陇海线历史通过总重数据，可确定出陇海线钢轨网格单元 $G_k$ 的整体更换钢轨大修周期 $SL_{\mathrm{AGT}}^{k}$。

基于上述分析，位于陇海线上行 K1 595＋000～K1 596＋000 范围处的钢轨网格 RG-A 的检查策略、维修策略如下。

(1)检测策略

钢轨网格 RG-A 的钢轨探伤检检查频次近似为 1 次/月。故相应的检查策略是，在整个 10 年规划周期内，每年都采取钢轨探伤检查活动，见公式(8-23)。

$$C_t^{\mathrm{RG\text{-}A}} = \{1, t \in [1,2,\cdots,10] \tag{8-23}$$

(2)维修策略

钢轨网格 RG-A 的年平均通过总重为 96.588 Mt。根据《铁路线路修理规则》(铁运〔2006〕146 号)[16]，钢轨网格 RG-A 的累计通过总重阈值 $Threshod_{\mathrm{GT}}^{\mathrm{RG\text{-}A}}$ 为 700 Mt，故钢轨网格 RG-A 的整体更换钢轨大修周期 $SL_{\mathrm{AGT}}^{\mathrm{RG\text{-}A}}$ 为 7.2 年。故相应的维修策略是，在整个 10 年规划周期内，第 7 年采取整体更换钢轨大修活动，其他年份不采取整体更换钢轨大修活动，见公式(8-24)。

$$A_t^{\mathrm{RG\text{-}A}} = \begin{cases} 0, t \in [1,2,\cdots,6] \cup [8,10] \\ 1, t = 7 \end{cases} \tag{8-24}$$

依据传统既有管理方法编制出的钢轨网格 RG-A 在整个 10 年规划周期内维修规划的可视化展现，如图 8-4 所示。图中横坐标表示线路里程(单位：km)，纵坐标表示规划时间(单位：年)。图 8-4(a) 表示钢轨网格 RG-A 在整个规划周期内的钢轨探伤检查活动计划；图 8-4(b) 表示钢轨网格 RG-A 在整个规划周期内的整体更换钢轨大修活动计划。

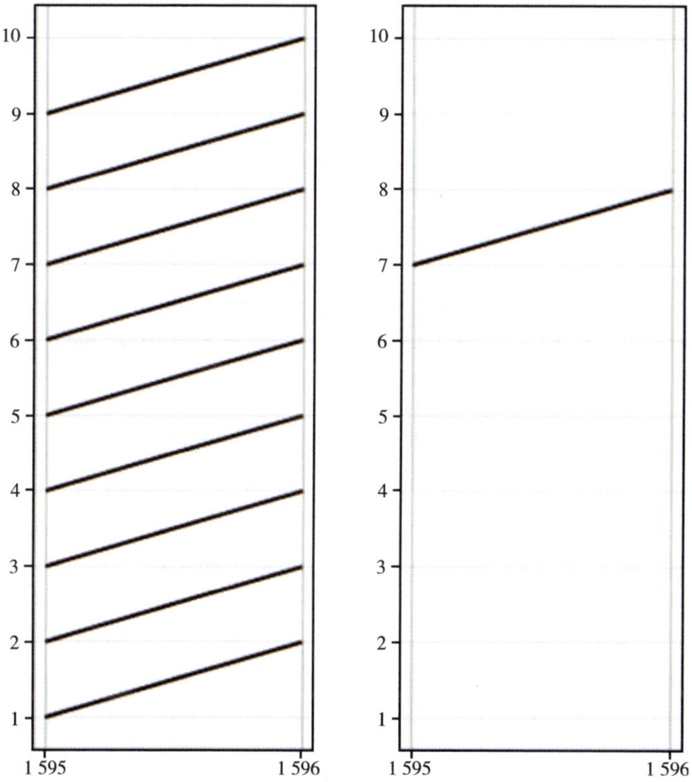


（a）既有管理办法
检查规划

（b）既有管理办法
维修规划

图 8-4 依据传统既有管理方法编制出的钢轨网格 RG-A 维修规划图

#### 8.3.3.2 评估结果对比分析

在本案例中，模型 ORPM-RTG 与传统既有管理方法编制出的维修规划对比如下。

(1)模型 ORPM-RTG 确定出的钢轨网格 RG-A 钢轨探伤检查活动次数少于传统既有管理方法规定的检查次数，检查计划编制更灵活。

(2)模型 ORPM-RTG 确定出的钢轨网格 RG-A 整体更换钢轨大修活动规划与传统既有管理方法的区别是,维修的时机不同。虽然两者确定出的整体更换钢轨大修作业的次数是相同的,但前者是基于钢轨网格个性化的状态劣化规律和 10 年规划周期内的总成本最小确定的,优化了整体更换钢轨大修作业的维修时机;而后者则仅考虑了累计通过总重阈值。

(3)对于与钢轨网格 RG-A 有相同年平均总重的其他陇海线钢轨网格,传统既有管理方法编制出的维修规划是相同的,但模型 ORPM-RTG 考虑了更多的异质性因素,编制出的维修规划是有差异的,更具针对性。

综上分析,相较于传统既有管理方法,模型 ORPM-RTG 在准确把握钢轨网格个性化的状态劣化规律的基础上,在保证行车安全的前提下,以整个规划周期内期望总成本最小为目标,能编制出更优化的钢轨网格维修规划,有助于维修资源的合理分配。

# 参考文献


[1] 国家铁路局. 铁路轨道设计规范(TB 10082—2017)[S]. 北京：中国铁道出版社，2017.

[2] 高亮，肖宏. 轨道工程[M]. 重庆：重庆大学出版社，2014.

[3] 铁道部运输局. 高速铁路工务知识读本[M]. 北京：中国铁道出版社，2011.

[4] 徐浩，林红松，颜华，等. 严寒地区高速铁路无砟轨道结构选型分析[J]. 铁道标准设计，2017,61(02):5-9.

[5] 张振兴. 铁路双块式轨枕制造技术:高速铁路的基石[M]. 成都：西南交通大学出版社，2008.

[6] 韦有信，周建，李成辉，等. 兰新二线 6.5 m 单元双块式无砟轨道适应性分析[J]. 铁道学报，2014(8):70-74.

[7] 国家发展改革委，交通运输部，国家铁路局，等. 铁路“十三五”发展规划发改基础(〔2017〕1996 号)[S]. 2017.

[8] 国家发展改革委. 关于印发《中长期铁路网规划》的通知(发改基础〔2016〕1536 号)[S]. 2016.

[9] 何华武. 创新的中国高速铁路技术(下)[J]. 中国工程科学，2007,9(10):4-18.

[10] 胡亚东. 我国铁路重载运输技术体系的现状与发展[J]. 中国铁道科学，2015(2):1-10.

[11]中华人民共和国铁道部. 高速铁路无砟轨道线路维修规则(试行)(铁运〔2012〕83 号)[M]. 北京：中国铁道出版社，2012.

[12] 中华人民共和国铁道部. 高速铁路有砟轨道线路维修规则(试行)(铁运〔2013〕29 号)[M]. 北京：中国铁道出版社，2013.

[13] 吴细水. 树立严检慎修理念 做好高速铁路工务维修管理[J]. 中国铁路，2014(11):13-16.

[14] 康高亮，陈东生，黎国清，等. 中国高速铁路工务维修管理体系研究[J]. 铁路技术创新，2015(2):113-116.

[15] 李成辉. 轨道[M]. 2 版. 成都：西南交通大学出版社，2012.
[16] 中华人民共和国铁道部. 铁路线路修理规则(铁运〔2006〕146 号)[M]. 北京：中国铁道出版社，2010.
[17] 兰州铁路局. 普速铁路钢轨标准化管理办法(工线函〔2015〕27 号)[S]. 2015.
[18] 陈东生，曲建军，田新宇，等. 中国高速铁路工务维修管理体系探讨[J]. 铁道建筑，2012(08):104-109.
[19] 陈东生. GJ-5 型轨道检查车[M]. 北京：中国铁道出版社，2013.
[20] 张未. GJ-4 型轨道检查车的原理与应用[M]. 北京：中国铁道出版社，2001.
[21] 何琦. 如何综合运用轨检车和便携式添乘仪指导线路维修[J]. 成铁科技，2008.
[22] 仲崇成，李恒奎，李鹏，等. 高速综合检测列车综述[J]. 中国铁路，2013(6)：89-93.
[23] 王海新. 机车车载式添乘仪检测数据传输方案的研究与实施[J]. 上海铁道科技，2005(03):16-17.
[24] 铁路职工岗位培训教材编审委员会. 钢轨探伤工[M]. 北京：中国铁道出版社，2014.
[25] 中国铁道百科全书总编辑委员会 工程与工务编辑委员会. 中国铁道百科全书工程与工务[M]. 北京：中国铁道出版社，2004.
[26] 罗林，张格明，吴旺青，等. 轮轨系统轨道不平顺状态的控制[M]. 北京：中国铁道出版社，2006.
[27] European Committee for Standardization. EN 13848-1-2008 Railway applications-track-track geometry quality-part 1 characterisation of track geometry [S]. 2008.
[28] 魏世斌，李颖，赵延峰，等. GJ-6 型轨道检测系统的设计与研制[J]. 铁道建筑，2012(2):97-100.
[29] 白磊. 铁路轨道健康管理网格化分析决策模型研究[D]. 北京：北京交通大学，2017.
[30] 中华人民共和国铁道部. 既有线轨道不平顺质量指数标准及管理暂行标准(运基线路〔2009〕41 号)[S]. 2009.
[31] 成都铁路局重庆职工培训基地. 轨道检测技术[M]. 北京：中国铁道出版社，2008.
[32] 中华人民共和国铁道部. 铁路轨道检查仪[S]. 2012.
[33] 中华人民共和国铁道部. 钢轨伤损分类(TB/T 1778—2010)[S]. 2010.

[34] 何宏斌，赵景民，徐远平. 现代轨道原理与维修技术[M]. 成都：西南交通大学出版社，2007.
[35] S. M J. Railway track engineering[M]. India：Tata McGraw-Hill Education，1988.
[36] 铁道部运输局基础部. 铁路线路修理规则条文说明[M]. 北京：中国铁道出版社，2008.
[37] 童大埙. 铁路轨道[M]. 北京：中国铁道出版社，1988.
[38] 卢祖文. 铁路轨道结构及修理[M]. 北京：中国铁道出版社，2002.
[39] 兰州铁路局. 普速铁路维修管理办法(工线函〔2014〕103 号)[S]. 2014.
[40] 左洪福. 维修决策理论与方法[M]. 北京：航空工业出版社，2008.
[41] European Committee for Standardization. EN 13306:2010 Maintenance-maintenance terminology[S]. 2010.
[42] 陈学楚. 维修基础理论[M]. 北京：科学出版社，1998.
[43] 李敏. 提高铁道基础结构的可靠性　确保铁路运输安全[J]. 铁道工程学报，2003(01):22-28.
[44] Carretero J，Pérez J M，García-Carballeira F，et al. Applying RCM in large scale systems：a case study with railway networks[J]. Reliability Engineering & System Safety，2003,82(3):257-273.
[45] Lam J Y J，Banjevic D. A myopic policy for optimal inspection scheduling for condition based maintenance[J]. Reliability Engineering & System Safety，2015，144:1-11.
[46] Yan H，Zhou J，Pang C K. Cost optimization on warning threshold and non-fixed periodic inspection intervals for machine degradation monitoring:IECON 2015－41st Annual Conference of the IEEE Industrial Electronics Society，Yokohama，Japan，2015[C].
[47] Kim S，Frangopol D M. Cost-based optimum scheduling of inspection and monitoring for fatigue-sensitive structures under uncertainty[J]. Journal of Structural Engineering，2011,137(11):1319-1331.
[48] Madanat S. Incorporating inspection decisions in pavement management[J]. Transportation Research Part B：Methodological，1993,27(6):425-438.
[49] Madanat S，Ben-Akiva M. Optimal inspection and repair policies for infrastructure facilities[J]. Transportation Science，1994,28(1):55-62.
[50] Mishalani R G，Gong L. Optimal infrastructure condition sampling over space and

time for maintenance decision-making under uncertainty[J]. Transportation Research Part B: Methodological, 2009,43(3):311-324.

[51] Guillaumot V M, Durango P L, Madanat S M. Adaptive optimization of infrastructure maintenance and inspection decisions under performance model uncertainty[M]. Rotterdam: Millpress Science Publishers, 2003.

[52] Guillaumot V M, Durango-Cohen P L, Madanat S M. Adaptive optimization of infrastructure maintenance and inspection decisions under performance model uncertainty[J]. Journal of Infrastructure Systems, 2003,9(4):133-139.

[53] Durango-Cohen P L, Madanat S M. Optimization of inspection and maintenance decisions for infrastructure facilities under performance model uncertainty: A quasi-Bayes approach[J]. Transportation Research Part A: Policy and Practice, 2008,42(8):1074-1085.

[54] 陆晓华，左洪福，白芳. 基于时间延迟模型的多目标优化检查决策方法[J]. 交通运输工程学报，2016(06):63-71.

[55] Christer A H, Waller W M. Delay time models of industrial inspection maintenance problems[J]. Journal of the Operational Research Society, 1984,35(5):401-406.

[56] Christer A H, Waller W M. Reducing production downtime using delay-time analysis[J]. Journal of the Operational Research Society, 1984,35(6):499-512.

[57] 吕德峰，过秀成，孔哲，等. 基于可用度的地铁车辆维修检查间隔优化方法[J]. 东南大学学报(自然科学版)，2011(04):877-881.

[58] 严骏，李永贵，凌海风，等. 基于延迟时间理论的设备点检周期模型[J]. 解放军理工大学学报(自然科学版)，2010(05):557-560.

[59] 贾超，刘兴芳. 结构最优检查间隔时间的数学模型及其工程应用[J]. 四川大学学报(工程科学版)，2009(04):59-62.

[60] 吕文元，郑睿. 基于时间延迟维修理论检查模型的比较研究[J]. 管理科学，2007(01):18-21.

[61] Liu X. Optimizing rail defect inspection frequency to reduce the risk of hazardous materials transportation by rail[J]. Journal of Loss Prevention in the Process Industries, 2017,48:151-161.

[62] Liu X, Lovett A, Dick T, et al. Optimization of ultrasonic rail-defect inspection for improving railway transportation safety and efficiency[J]. Journal of Transportation Engineering, 2014,140(10):4014048.

[63] Jeong D Y, Gordon J E. Evaluation of rail test frequencies using risk analysis: 2009 Joint Rail Conference, Pueblo, Colorado, USA, 2009[C].

[64] Orringer O. DOT/FRA/ORD-90/05 Control of rail integrity by self-adaptive scheduling of rail tests[S]. 1990.

[65] Podofillini L, Zio E, Vatn J. Risk-informed optimisation of railway tracks inspection and maintenance procedures[J]. Reliability Engineering & System Safety, 2006,91(1):20-35.

[66] Kashima T. Reliability-based optimization of rail inspection[D]. Cambridge, MA: Massachusetts Institute of Technology, 2004.

[67] Vatn J, Svee H. A risk based approach to determine ultrasonic inspection frequencies in railway applications: 6th Proceedings of the 22nd ESReDA Seminar, Madrid, Spain, 2002[C].

[68] Soleimanmeigouni I, Ahmadi A, Letot C, et al. Cost-based optimization of track geometry inspection: 11th World Congress of Railway Research, Milan, Italy, 2016[C].

[69] Khouy I A, Larsson-Kraik P O, Nissen A, et al. Optimisation of track geometry inspection interval[J]. Proceedings of the Institution of Mechanical Engineers, Part F: Journal of Rail and Rapid Transit, 2014,228(5):546-556.

[70] Peng F, Ouyang Y, Somani K. Optimal routing and scheduling of periodic inspections in large-scale railroad networks[J]. Journal of Rail Transport Planning & Management, 2013,3(4):163-171.

[71] Peng F. Scheduling of track inspection and maintenance activities in railroad networks[D]. University of Illinois at Urbana-Champaign, 2011.

[72] Farhangi H, Konur D, Long S, et al. Bi-objective track inspection scheduling: formulation and solution analysis: Transportation Research Board 94th Annual Meeting, Washington DC, United States, 2015[C].

[73] 三浦武雄，浜冈尊. 现代系统工程学导论[M]. 北京：中国社会科学出版社，1985.

[74] 郭亚军. 综合评价理论与方法[M]. 北京：科学出版社，2002.

[75] Haas R, Hudson W R, Zaniewski J P. Modern pavement management[M]. Malabar, FL.: Krieger, 1994.

[76] Koduru H K, Xiao F, Amirkhanian S N, et al. Using fuzzy logic and expert

system approaches in evaluating flexible pavement distress: case study[J]. Journal of Transportation Engineering, 2010,136(2):149-157.

[77] Sun L, Gu W. Pavement condition assessment using fuzzy logic theory and analytic hierarchy process[J]. Journal of Transportation Engineering, 2010, 137(9): 648-655.

[78] Bianchini A. Fuzzy representation of pavement condition for efficient pavement management[J]. Computer-Aided Civil and Infrastructure Engineering, 2012, 27(8):608-619.

[79] Liang M T, Chu T B, Tsao W H, et al. Determining the repair ranking of existing RC bridges using fuzzy synthetic evaluation method[J]. Journal of the Chinese Institute of Engineers, 2006,29(1):37-50.

[80] Zhang W, Sun K, Lei C, et al. Fuzzy analytic hierarchy process synthetic evaluation models for the health monitoring of shield tunnels[J]. Computer-Aided Civil and Infrastructure Engineering, 2014,29(9):676-688.

[81] Qiu S, Xiao D, Huang S, et al. A data-driven method for comprehensive pavement-condition ranking[J]. Journal of Infrastructure Systems, 2015:4015024.

[82] 沈坚锋，许玉德，李海锋，等. 轨道几何状态综合评价指标参数权重的敏感性分析[J]. 同济大学学报(自然科学版)，2015(11):1709-1714.

[83] 许贵阳，刘金朝，曲建军，等. 基于LVQ神经网络的轨道单元状态综合评判方法研究[J]. 铁道建筑，2013(10):84-87.

[84] 康熊，王卫东，刘金朝. 基于RAMS的高速铁路轨道平顺状态综合评价体系研究[J]. 中国铁道科学，2013,34(2):13-17.

[85] European Committee for Standardization. EN 50126—1999 Railway applications: the specification and demonstration of reliability, availability, maintainability and safety[S]. 1999.

[86] Sadeghi J M, Askarinejad H. Development of track condition assessment model based on visual inspection[J]. Structure and Infrastructure Engineering, 2011, 7(12):895-905.

[87] 王俊文. 铁路线路综合质量评价方法的研究[J]. 铁道建筑，2009(10):104-107.

[88] 黄守刚，牛红凯，于炳炎. 铁路线路综合质量评价方法的研究[J]. 铁道运输与经济，2007,29(8):73-75.

[89] 李振基. 轨道综合质量指数的分析与研究[J]. 中国科技纵横，2014(15)：91-93.

[90] Zhao J, Chan A H C, Roberts C, et al. Assessing the economic life of rail using a stochastic analysis of failures[J]. Proceedings of the Institution of Mechanical Engineers, Part F: Journal of Rail and Rapid Transit, 2006,220(2):103-111.

[91] Schafer D H, Barkan C. A hybrid logistic regression/neural network model for the prediction of broken rails: Proceedings of the 8th World Congress on Railway Research, Seoul, Korea, 2008[C].

[92] Vesković S, Tepić J, Ivić M, et al. Model for predicting the frequency of broken rails[J]. Metalurgija, 2012,51(2):221-224.

[93] Popovic Z, Lazarevic L, Brajovic L J, et al. Managing rail service life[J]. Metalurgija, 2014,53(4):721-724.

[94] Chrismer S, Selig E T. Computer model for ballast maintenance planning: Proceedings of Fifth International Heavy Haul Railway Conference, Beijing, China, 1993[C].

[95] SATO Y. Japanese studies on deterioration of ballasted track[J]. Vehicle System Dynamics, 1995,24(sup1):197-208.

[96] 何永春，王午生. 铁路轨道高低不平顺的预测及其应用[J]. 上海铁道大学学报，1999(02):68-74.

[97] Zhang Y, Murray M H, Ferreira L. Modelling rail track performance: an integrated approach[J]. Transport Journal, 2000:187-194.

[98] 佐藤吉彦，徐涌，李德浚. 新轨道力学[M]. 北京：中国铁道出版社，2001.

[99] Öberg J, Andersson E. Determining the deterioration cost for railway tracks [J]. Proceedings of the Institution of Mechanical Engineers, Part F: Journal of Rail and Rapid Transit, 2009,223(2):121-129.

[100] 高建敏，翟婉明，徐涌. 铁路有砟轨道下沉及高低不平顺发展预测研究[J]. 中国铁道科学，2009(06):132-134.

[101] Augustin S, Gudehus G, Huber G, et al. Numerical model and laboratory tests on settlement of ballast track[M]//Popp K, Schiehlen W. System Dynamics and Long-Term Behaviour of Railway Vehicles, Track and Subgrade. Berlin, Heidelberg: Springer Berlin Heidelberg, 2003:317-336.

[102] Kruse H, Popp K. Model-based investigation of the dynamic behaviour of

railway ballast[M]//Popp K，Schiehlen W. System Dynamics and Long-Term Behaviour of Railway Vehicles，Track and Subgrade. Berlin，Heidelberg：Springer Berlin Heidelberg，2003:275-294.

[103] Schwager T，Pöschel T. Rigid body dynamics of railway ballast[M]//Popp K，Schiehlen W. System dynamics and long-term behaviour of railway vehicles，track and subgrade. berlin，heidelberg：springer Berlin Heidelberg，2003：451-470.

[104] Suiker A S J，de Borst R. A numerical model for the cyclic deterioration of railway tracks[J]. International Journal for Numerical Methods in Engineering，2003,57(4):441-470.

[105] Dahlberg T. Some railroad settlement models—A critical review[J]. Proceedings of the Institution of Mechanical Engineers，Part F：Journal of Rail and Rapid Transit，2001,215(4):289-300.

[106] 曾树谷. 铁路散粒体道床[M]. 北京：中国铁道出版社，1997.

[107] Shenton M J. Ballast deformation and track deterioration：Track technology：Proceedings of a Conference Organized by the Institution of Civil Engineers，University of Nottingham，Britain，1984[C].

[108] UIC ORE. D 161 Dynamic vehicle/track interaction phenomena，from the point of view of track maintenance[S]. 1988.

[109] Jovanovic S. Railway track quality assessment and related decision making：2004 IEEE International Conference on Systems，Man and Cybernetics，The Hague，The Netherlands，2004[C].

[110] Kawaguchi A，Miwa M，Terada K. Actual data analysis of alignment irregularity growth and its prediction model[J]. Quarterly Report of RTRI，2005,46(4)：262-268.

[111] Meier-Hirmer C，Senee A，Riboulet G，et al. A decision support system for track maintenance[M]//Allan J，Brebbia C A，Rumsey A F，et al. Computers in Railways X：Computer System Design and Operation in the Railway and Other Transit Systems. Southampton：Computational Mechanics Publications Ltd，2006:217-226.

[112] Meier-Hirmer C，Riboulet G，Sourget F，et al. Maintenance optimization for a system with a gamma deterioration process and intervention delay：application

to track maintenance [J]. Proceedings of the Institution of Mechanical Engineers, Part O: Journal of Risk and Reliability, 2009,223(3):189-198.

[113] Quiroga L M, Schnieder E. A heuristic approach to railway track maintenance scheduling: Computers in Railways Xii: Computer System Design and Operation in Railways and Other Transit Systems, Southampton, 2010[C]. Wit Press.

[114] Veit P, Marschnig S. Sustainability in track: a precondition for high speed traffic: Proceedings of the 2010 Joint Rail Conference, Urbana, Illinois, USA, 2010[C].

[115] Vale C, M. Lurdes S. Stochastic model for the geometrical rail track degradation process in the Portuguese railway Northern Line[J]. Reliability Engineering & System Safety, 2013,116:91-98.

[116] Zhang T, Andrews J, Wang R. Optimal scheduling of track maintenance on a railway network[J]. Quality and Reliability Engineering International, 2013,29(2):285-297.

[117] Zhu M, Cheng X, Miao L, et al. Advanced stochastic modeling of railway track irregularities[J]. Advances in Mechanical Engineering, 2013.

[118] 许玉德，吴纪才. 利用线性预测模型分析轨道不平顺发展[J]. 石家庄铁道学院学报，2005,18(1):6-9.

[119] 陈宪麦，王澜，杨凤春，等. 用于铁路轨道不平顺预测的综合因子法[J]. 中国铁道科学，2006,27(6):27-31.

[120] 王建西，李海锋，许玉德. 基于概率分布推移变化的铁路轨道几何状态评价与预测方法[J]. 中国铁道科学，2008,29(5):31-34.

[121] Orringer O, Gordon J E, Jeong D Y, et al. DOT/FRA/ORD-88/13 DOT-TSC-FRA-88-1 Crack propagation life of detail fractures in rails[S]. 1988.

[122] Palese J W, Wright T W. Risk based ultrasonic rail test scheduling on Burlington Northern Santa Fe: Proceedings of the AREMA 2000 Annual Conference, Dallas, Texas, 2000[C].

[123] Zhao J, Chan A, Burrow M. Probabilistic model for predicting rail breaks and controlling risk of derailment[J]. Transportation Research Record: Journal of the Transportation Research Board, 2007,1995(1):76-83.

[124] 习年生，周清跃. 钢轨的疲劳重伤率分布规律与疲劳寿命预测[J]. 中国铁道科学，2004,25(5):53-56.

[125] 徐鹏. 铁路轨检车检测数据里程偏差修正模型及轨道不平顺状态预测模型研究[D]. 北京交通大学，2013.

[126] Xu P, Sun Q, Liu R, et al. A short-range prediction model for track quality index[J]. Proceedings of the Institution of Mechanical Engineers, Part F: Journal of Rail and Rapid Transit, 2011,225(3):277-285.

[127] Liu R, Xu P, Wang F. Research on a short-range prediction model for track irregularity over small track lengths[J]. Journal of Transportation Engineering, 2010,136(12):1085-1091.

[128] 常欢，刘仍奎，方圆. 改进的轨道质量指数线性预测模型研究[J]. 铁路计算机应用，2010,19(6):1-3.

[129] 曲建军，高亮，辛涛，等. 基于改进灰色—马尔可夫链的轨道不平顺发展预测方法[J]. 北京交通大学学报，2010,34(4):107-111.

[130] 郭然，韩宝明，李得伟，等. 具有更新机制的铁路轨道不平顺灰色预测模型[J]. 中南大学学报:自然科学版，2013,44(10):4334-4341.

[131] Andrade A R, Teixeira P F. Hierarchical bayesian modelling of rail track geometry degradation[J]. Proceedings of the Institution of Mechanical Engineers, Part F: Journal of Rail and Rapid Transit, 2013,227(4):364-375.

[132] Schafer D, Barkan C P. A prediction model for broken rails and an analysis of their economic impact: Proceedings of the AREMA 2008 Annual Conference, Salt Lake City, Utah, United States, 2008[C].

[133] Tyler Dick C, Barkan C P, Chapman E, et al. Predicting the occurrence of broken rails: a quantitative approach: Proceedings of the AREMA 2002 Annual Conference, Washington DC, United States, 2002[C].

[134] Tyler Dick C, Barkan C P, Chapman E R, et al. Multivariate statistical model for predicting occurrence and location of broken rails[J]. Transportation Research Record: Journal of the Transportation Research Board, 2003,1825(1):48-55.

[135] Sadeghi J, Askarinejad H. Development of improved railway track degradation models[J]. Structure and Infrastructure Engineering, 2010,6(6):675-688.

[136] Lovett A H, Dick C T, Ruppert C, et al. Development of an integrated model for the evaluation and planning of railroad track maintenance: 2013 Joint Rail Conference, Knoxville, Tennessee, USA, 2013[C].

[137] Rashedi R, Hegazy T. Holistic analysis of infrastructure deterioration and rehabilitation using system dynamics[J]. Journal of Infrastructure Systems, 2015.

[138] Rashedi R, Hegazy T. Capital renewal optimisation for large-scale infrastructure networks: genetic algorithms versus advanced mathematical tools[J]. Structure and Infrastructure Engineering, 2014:1-10.

[139] Durango-Cohen P L. Adaptive optimization models for infrastructure management [D]. University Of California, Berkeley, 2002.

[140] Caetano L F, Teixeira P F. Availability approach to optimizing railway track renewal operations[J]. Journal of Transportation Engineering, 2013,139(9): 941-948.

[141] Caetano L F, Teixeira P F. Predictive maintenance model for ballast tamping [J]. Journal of Transportation Engineering, 2016,142(4):4016006.

[142] Teixeira P F, Andrade A R. Unplanned-maintenance needs related to rail track geometry [J]. Proceedings of the Institution of Civil Engineers-Transport, 2014,167(6):400-410.

[143] Rick V, Petrus J G. Stochastic modelling for the maintenance of life cycle cost of rails using Monte Carlo simulation[J]. Proceedings of the Institution of Mechanical Engineers, Part F: Journal of Rail and Rapid Transit, 2017.

[144] 郭丽梅，张航，吴湘华. 轨道维修作业规划的优化方法研究[J]. 现代电子技术，2016(11):116-119.

[145] 郭然，韩宝明，王福田. 整数型铁路线路养护维修计划优化模型[J]. 交通运输系统工程与信息，2013(04):149-156.

[146] 周宇，许玉德. 基于遗传算法的轨道状态最优综合维修计划模型改进[J]. 华东交通大学学报，2005,22(1):15-20.

[147] 周宇，许玉德. 基于遗传算法的轨道综合养护计划模型设计[J]. 同济大学学报(自然科学版)，2005(11):46-50.

[148] 李海锋，许玉德. 基于维修规则的铁路轨道养护维修计划编制方法的研究[C]. 第八届国际交通新技术应用大会，北京，2004.

[149] 李海锋，许玉德. 计算机编制铁路轨道养护维修计划的方法[J]. 同济大学学报(自然科学版)，2004,32(4):480-484.

[150] 许玉德，曾学贵. 建立整数型轨道状态最优综合维修计划模型[J]. 铁道学

报，2003(06):85-88.

[151] Bai L, Liu R, Sun Q, et al. Markov-based model for the prediction of railway track irregularities[J]. Proceedings of the Institution of Mechanical Engineers, Part F: Journal of Rail and Rapid Transit, 2015,229(2):150-159.

[152] Liu R, Bai L, Wang F, et al. Grid: a new theory for high-speed railway infrastructure management: Transportation Research Board 94th Annual Meeting, Washington DC, United States, 2015[C].

[153] Kobayashi K, Kaito K, Lethanh N. A statistical deterioration forecasting method using hidden Markov model for infrastructure management [J]. Transportation Research Part B: Methodological, 2012,46(4):544-561.

[154] Kumar S. A study of the rail degradation process to predict rail breaks[D]. Luleå, Sweden: Luleå University of TechnologyDivision of Operation and Maintenance Engineering, 2006.

[155] Mishalani R G, Madanat S M. Computation of infrastructure transition probabilities using stochastic duration models[J]. Journal of Infrastructure Systems, 2002,8(4):139-148.

[156] Bai L, Liu R, Wang F, et al. Estimating railway rail service life: A rail-grid-based approach[J]. Transportation Research Part A: Policy and Practice, 2017,105:54-65.

[157] 中国铁路总公司.铁路信息化总体规划(铁总信息〔2017〕152 号)[S]. 2017.

[158] Schroeck Michael, Shockley Rebecca, Smart Janet, 等. 分析:大数据在现实世界中的应用[R]. IBM 商业价值研究院，2013.

[159] 涂子沛. 大数据[M]. 广西：广西师范大学出版社，2012.

[160] James M, Michael C, Brad B, et al. Big data: The next frontier for innovation, competition, and productivity[R]. The McKinsey Global Institute, 2011.

[161] Bryant R E, Katz R H, Lazowska E D. Big-data computing: creating revolutionary breakthroughs in commerce, science and society[EB/OL]. [2016/7/26]. cra. org/ccc/wp-content/uploads/sites/2/2015/05/Big_Data. pdf.

[162] Barwick H. The "four vs" of big data. Implementing information infrastructure symposium[EB/OL]. [2016/7/26]. http://www. computerworld. com. au/article/396198/iiis_four_vs_big_data/.

[163] Beyer M. Gartner says solving "big data" challenge involves more than just

managing volumes of data[EB/OL]. [2016/7/26]. http://www.gartner.com/newsroom/id/1731916.

[164] Mayer-Schonberger V, Cukier K. Big data: a revolution that will transform how we live, work, and think[M]. Boston: Eamon Dolan/Houghton Mifflin Harcourt, 2013.

[165] Mundial F E. Big data, big impact: New possibilities for international development[EB/OL]. [2016/7/26]. http://www3.weforum.org/docs/WEF_TC_MFS_BigDataBigImpact_Briefing_2012.pdf.

[166] Snijders C, Matzat U, Reips U. "Big Data": big gaps of knowledge in the field of internet science[J]. International Journal of Internet Science, 2012,7(1):1-5.

[167] 高亮. 轨道工程[M]. 2版. 北京：中国铁道出版社，2015.

[168] Xu P, Sun Q, Liu R, et al. Optimizing the alignment of inspection data from track geometry cars[J]. Computer-Aided Civil and Infrastructure Engineering, 2015,30(1):19-35.

[169] 安国栋. 高速铁路精密工程测量技术标准的研究与应用[J]. 铁道学报，2010(02):98-104.

[170] 中国铁路总公司. 铁路大数据应用实施方案(铁总信息〔2017〕155号)[S]. 2017.

[171] 中国铁路总公司. 中国铁路总公司铁路建设管理办法(铁总建设〔2015〕78号)[S]. 2015.

[172] 费业泰. 误差理论与数据处理[M]. 北京：机械工业出版社，2015.

[173] Donnelly K. Railways infrastructure lifecycle management: 7th World Congress on High Speed Rail, Beijing, China, 2010[C].

[174] IBM Knowledge Center. 线性资产术语[EB/OL]. (2017-03-22)https://www.ibm.com/support/knowledgecenter/zh/SS3AXP_7.6.0/com.ibm.lam.doc/lam/r_terms_assoc_linear_assets.html.

[175] IBM Knowledge Center. 产品概述[EB/OL]. (2017-03-22)https://www.ibm.com/support/knowledgecenter/zh/SS3AXP_7.5.0/com.ibm.lam.doc/lam/c_overview.html.

[176] IBM Knowledge Center. 配置线性资产分段[EB/OL]. (2017-03-22)https://www.ibm.com/support/knowledgecenter/zh/SS3AXP_7.6.0/com.ibm.

lam. doc/lam/t_ctr_config_linear_segment. html.
[177] 中华人民共和国铁道部. 新建铁路工程项目建设用地指标[M]. 北京：中国计划出版社，2009.
[178] 孙美，郭年根，沈鹍. 铁路工务安全生产管理信息系统的设计与实现[J]. 铁路计算机应用，2013,22(8):23-27.
[179] 雷晓燕. 轨道力学与工程新方法[M]. 北京：中国铁道出版社，2003.
[180] 王彩芸，王文健，郭俊，等. 曲线半径对钢轨磨损影响的数值计算与试验分析[J]. 摩擦学学报，2010(06):584-588.
[181] 赵国堂，曾树谷. 曲线半径与过、欠超高对钢轨侧磨的影响[J]. 中国铁道科学，1995(03):90-96.
[182] 陈建国，袁瑞文. 安全风险管理在防断安全上的应用[J]. 铁道运营技术，2014(1):1-5.
[183] 周清跃，张银花，杨来顺. 钢轨的材质性能及相关工艺[M]. 北京：中国铁道出版社，2005.
[184] Guler H. Decision support system for railway track maintenance and renewal management[J]. Journal of Computing in Civil Engineering，2013,27(3):292-306.
[185] 方宜. 有砟—无砟轨道过渡段动刚度研究[D]. 成都:西南交通大学，2009.
[186] Du X. Unified uncertainty analysis by the first order reliability method[J]. Journal of Mechanical Design，2008,130(9):91401.
[187] Huang H，Zhang X. Design optimization with discrete and continuous variables of aleatory and epistemic uncertainties[J]. Journal of Mechanical Design，2009,131(3):31006.
[188] Helton J C. Quantification of margins and uncertainties：conceptual and computational basis[J]. Reliability Engineering & System Safety，2011,96(9):976-1013.
[189] Kobayashi K，Kaito K，Lethanh N. Deterioration forecasting model with multistage weibull hazard functions[J]. Journal of Infrastructure Systems，2010,16(4):282-291.
[190] 常欢. 济南铁路局京九线轨道质量指数 TQI 分析及预测研究[D]. 北京:北京交通大学，2011.
[191] 徐鹏. 铁路线路轨道动态不平顺变化特征研究[D]. 北京:北京交通大学，2009.

[192] 罗林，张格明，吴旺青，等. 轮轨系统轨道平顺状态的控制[M]. 中国铁道出版社，2006.
[193] Liu R，Xu P，Wang F. Research on a short-range prediction model for track irregularity over small track lengths[J]. Journal of Transportation Engineering，2010,136(12):1085-1091.
[194] Xu P，Liu R，Wang F，et al. A novel description method for track irregularity evolution[J]. International Journal of Computational Intelligence Systems，2011,4(6):1358-1366.
[195] 董肇君. 系统工程与运筹学[M]. 3版. 中国：国防工业出版社，2011.
[196] 郝世亮. 大秦万吨列车通道钢轨伤损发展分析及对策[J]. 中国铁路，2004(12):30-33.
[197] 王丽珍. 项目时间管理[M]. 北京：中国电力出版社，2015.
[198] Project Management Institute. A guide to the project management body of knowledge(pmbok guide)[M]. Fifth Edition. Newtown Square，USA：Project Management Institute，Inc，2013.
[199] 高福聚. 工程网络计划技术[M]. 北京：科学出版社，2009.
[200] Duffy G，Woldesenbet A，Jeong D H S，et al. Advanced linear scheduling program with varying production rates for pipeline construction projects[J]. Automation in Construction，2012,27:99-110.
[201] 康高亮. 高标准讲科学不懈怠全面推进工务工作深入发展——在2010年全路工务工作会议上的讲话(摘要)[J]. 中国铁路，2010(2):16-21.
[202] 康高亮. 强化安全基础建设　深化维修体制改革　为铁路运输经营和建设夯实基础——在2015年全路工务工作会议上的讲话(摘要)[J]. 中国铁路，2015(1):1-7.
[203] 康高亮. 推进安全风险管理　提高维修管理水平　工务工作科学有序发展——在全路工务工作会议上的讲话(摘要)[J]. 中国铁路，2014(1):12-16.
[204] 康高亮. 推进安全风险管理强化工务基础建设实现工务工作科学发展——在全路工务工作会议上的讲话(摘要)[J]. 中国铁路，2013(1):23-29.
[205] 康高亮. 强化安全基础建设　提高工务管理水平开创工务工作新局面——在全路工务工作会议上的讲话(摘要)[J]. 中国铁路，2012(1):10-15.
[206] 康高亮. 建立高铁维修管理体系加强安全基础建设管理推进工务工作全面

发展——在 2011 年全路工务工作会议上的讲话(摘要)[J]. 中国铁路，2011(2):16-21，33.
[207] 康高亮. 深入推进安全风险管理　深化工务维修体制改革[J]. 中国铁路，2016(1):1-7.
[208] 何洋，刘明亮，陈容淮，等. 铁路工务维修管理单元划分方法研究[J]. 铁道标准设计，2016(11):14-18.
[209] 赵文芳，孙美. 高速铁路智慧工务安全生产管理模型研究[J]. 管理现代化，2015,35(1):103-105.
[210] 陶竑宇，吴双宇，赵文芳. 铁路工务管理信息系统改进设计[J]. 兵器装备工程学报，2016(05):173-176.
[211] 尤军. 线路质量单元管理方法探索[J]. 铁道技术监督，2015(06):29-31.
[212] 赵文芳，孙美. 高速铁路智慧工务安全生产管理模型研究[J]. 管理现代化，2015(01):103-105.
[213] 上海铁路局供电处. "三线一枢纽"联调联试期间牵引供电设备划小单元管理办法(供电函〔2013〕43 号)[S]. 2013.
[214] Yau N. Visualize this: The flowingdata guide to design, visualization, and statistics[M]. John Wiley & Sons, Inc, 2011.
[215] 刘勘，周晓峥，周洞汝. 数据可视化的研究与发展[J]. 计算机工程，2002(08):1-2.
[216] 唐泽圣，陈为. 中国计算机大百科全书[M]. 北京：中国百科全书出版社，2011.
[217] 陈为，沈则潜，陶煜波. 数据可视化[M]. 北京：电子工业出版社，2013.
[218] Steele J, Iliinsky N. Beautiful visualization: looking at data through the eyes of Experts[M]. O'Reilly Media, Inc., 2010.
[219] Rowings J E, Rahbar F. Use of linear scheduling in transportation projects[J]. Transportation Research Record, 1992:1351.
[220] EI-Sayegh S M. Linear construction planning model (LCPM): a new model for planning and scheduling linear construction projects[D]. Texas A&M University, 1998.
[221] Johnston D W. Linear scheduling method for highway construction[J]. Journal of the Construction Division-ASCE, 1981,107(2):247-261.
[222] Stradal O, Cacha J. Time space scheduling method[J]. Journal of the

Construction Division-Asce，1982，108(3)：445-457.

[223] Mubarak S A. Construction project scheduling and control[M]. 2. Canada：Wiley，2010.

[224] 成虎，陈群. 工程项目管理[M]. 3 版. 北京：中国建筑工业出版社，2009.

[225] 李擎. 铁路轨道检查与维修计划时空网格化编制模型研究[D]. 北京：北京交通大学，2018.

[226] Damci A，Arditi D，Polat G. Resource leveling in line-of-balance scheduling [J]. Computer-aided Civil & Infrastructure Engineering，2013，28(9)：679-692.

[227] Rahbar F F，Rowings J E. Repetitive activity scheduling process：Proceedings of the 36th Annual Transactions of the American Association of Cost Engineers-AACE，Orlando，FL，USA，1992[C].

[228] Harris R B，Ioannou P G. Scheduling projects with repeating activities[J]. Journal of Construction Engineering & Management，1998，124(4)：269-278.

[229] 兰州铁路局. 轨道检查仪使用管理办法(工线〔2012〕21 号)[S]. 2014.

[230] 冯端，冯步云. 熵[M]. 北京：科学出版社，1992.

[231] Shannon C E. A mathematical theory of communication[J]. Bell Labs Technical Journal，1948，27(4)：623-656.

[232] Jaynes E T. Information theory and statistical mechanics[J]. Physical Review，1957，12(3)：620-630.

[233] Ehrgott M. Multicriteria optimization[M]. Second Edition. Berlin：Springer-Verlag，2005.

[234] Marler R T，Arora J S. Survey of multi-objective optimization methods for engineering[J]. Structural & Multidisciplinary Optimization，2004，26(6)：369-395.

[235] 邢文训，谢金星. 现代优化计算方法[M]. 北京：清华大学出版社，1999.

[236] 姚恩瑜，何勇，陈仕平. 数学规划与组合优化[M]. 杭州：浙江大学出版社，2001.

[237] 陈庆华，翟晓燕，徐培德，等. 组合最优化技术及其应用[M]. 长沙：国防科技大学出版社，1989.

[238] 谈之奕，林凌. 组合优化与博弈论[M]. 杭州：浙江大学出版社，2015.

[239] Christodoulou S, Ellinas G, Aslani P. Entropy-based scheduling of resource-constrained construction projects[J]. Automation in Construction, 2009, 18(7):919-928.

[240] Leu S S, Hwang S T. GA-based resource-constrained flow-shop scheduling model for mixed precast production[J]. Automation in Construction, 2002, 11(4):439-452.

[241] Hegazy T. Optimization of resource allocation and leveling using genetic algorithms[J]. Journal of Construction Engineering & Management, 1999, 125(3):167-175.

[242] Christodoulou S. Resource-constrained scheduling using ant colony optimization: International Conference on the Application of Artificial Intelligence To Civil, Structural and Environmental Engineering, 2007[C].

[243] Lu M, Lam H C, Dai F. Resource-constrained critical path analysis based on discrete event simulation and particle swarm optimization[J]. Automation in Construction, 2008, 17(6):670-681.

[244] Zhang H, Li X, Li H, et al. Particle swarm optimization-based schemes for resource-constrained project scheduling[J]. Automation in Construction, 2005, 14(3):393-404.

[245] Bouleimen K, Lecocq H. A new efficient simulated annealing algorithm for the resource-constrained project scheduling problem and its multiple mode version[J]. European Journal of Operational Research, 2003, 149(2): 268-281.

[246] Zhang C Y, Li P G, Guan Z L, et al. A tabu search algorithm with a new neighborhood structure for the job shop scheduling problem[J]. Computers & Operations Research, 2007, 34(11):3229-3242.

[247] Tongthong N K T, Tongthong A T. Potential of artificial neural networks for resource scheduling[J]. Artificial Intelligence for Engineering Design Analysis & Manufacturing, 2009, 11(3):171-185.

[248] Onwubolu G, Davendra D. Scheduling flow shops using differential evolution algorithm[J]. European Journal of Operational Research, 2006, 171(2): 674-692.

[249] Cheng X, Chai F, Gao J, et al. 1stOpt and global optimization platform-

comparison and case study: 2011 4th IEEE International Conference on Computer Science and Information Technology, Chengdu, China, 2011[C].

[250] Cheng X, Wang Y, Liu H. Study on optimal regulation modelling of reservoir discharge: Proceedings of 16th IAHR-APD Congress and 3rd Symposium of IAHR-ISHS, Nanjing, China, 2009[C].

[251] 程先云，张伟，胡淑彦，等. 优化·拟合·建模——1stOpt 应用详解[M]. 北京：中国建材工业出版社，2012.

[252] R Core Team. R: a language and environment for statistical computing[EB/OL]. (2014-03-30)[2014-04-09]. http://www.R-project.org/.

[253] 许萌，李执力，王鹏. 武器装备的"五性"工作研究[J]. 国防技术基础，2009(09):26-29.

[254] 中国人民解放军总装备部. 装备可靠性工作通用要求(GJB 450A—2004)[S]. 2004.

[255] 国防科学技术工业委员会. 装备维修性通用大纲(GJB 368A—1994)[S]. 1994.

[256] 谭治学. 雷达发射机健康状态评价及预测技术研究[D]. 哈尔滨工业大学，2013.

[257] 国防科学技术工业委员会. 维修性试验与评定标准(GJB 2072—1994)[S]. 1994.

[258] 国防科学技术工业委员会. 装备保障性分析(GJB 1371—1992)[S]. 1992.

[259] 宾光富，李学军，李萍. 一种构建机械设备健康状态评价指标体系的方法研究[J]. 机床与液压，2007(12):177-179.

[260] 宾光富，李学军，Dhillon balbir-s，等. 基于模糊层次分析法的设备状态系统量化评价新方法[J]. 系统工程理论与实践，2010(04):744-750.

[261] 宾光富，周元，Balbir S. Dhillon. 基于 Fuzzy-AHP 的机械设备多特征参数健康状态综合评价研究[J]. 中国机械工程，2009(20):2487-2492.

[262] 宾光富，李学军，楚万文. 机械设备健康维护方法在 CIPS 设备维护管理中的应用模型研究[J]. 机床与液压，2008(08):178-180.

[263] Li X J, Bin G F, Dhillon B S. Model to evaluate the state of mechanical equipment based on health value[J]. Mechanism and Machine Theory, 2011, 46(3):305-311.

[264] 中华人民共和国交通部. 公路技术状况评定标准(JTG H20—2007)[S]. 2007.

[265] 李金龙. 重庆高速公路沥青路面使用性能评价预测及养护决策优化研究[D].

重庆交通大学，2012.
[266] Durango-Cohen P L. A time series analysis framework for transportation infrastructure management[J]. Transportation Research Part B: Methodological, 2007,41(5):493-505.
[267] Ben-Akiva M, Gopinath D. Modeling infrastructure performance and user costs[J]. Journal of Infrastructure Systems, 1995,1(1):33-43.
[268] 徐吉辉. 综合评价理论、方法与军事应用[M]. 北京：国防工业出版社，2014.
[269] 刘思峰，郭本海，方志耕，等. 系统评价:方法、模型、应用[M]. 北京：科学出版社，2015.
[270] 中华人民共和国. 轨道交通　可靠性、可用性、可维修性和安全性规范及示例(GB/T21562-2008/IEC 62278:2002)[S]. 2008.
[271] 詹刚，许玉德，周宇. 重载铁路曲线钢轨型面的发展规律分析[J]. 石家庄铁道大学学报(自然科学版)，2012,25(4):72-76.
[272] 宋新江，张伟. 牵引供电系统绝缘"雾闪""污闪"的分析与研究[J]. 世界轨道交通，2014:26-27.
[273] Jolliffe I. Principal component analysis[M]. Hoboken, New Jersey: Wiley Online Library, 2002.
[274] Rousseeuw P J. Silhouettes: A graphical aid to the interpretation and validation of cluster analysis[J]. Journal of Computational and Applied Mathematics, 1987,20:53-65.
[275] Duda R O, Hart P E. Pattern classification and scene analysis[M]. Wiley, 1973.
[276] Domingos P, Pazzani M. Beyond independence: Conditions for the optimality of the simple Bayesian classifier: Machine Learning: Proceedings of the Thirteenth International Conference, Bari, Italy, 1996[C].
[277] Pazzani M J. Searching for dependencies in Bayesian classifiers[M]//Fisher D, Lenz H. Learning from Data. Springer, 1996:239-248.
[278] Keogh E, Pazzani M. Learning augmented Bayesian classifiers: A comparison of distribution-based and classification-based approaches: Proceedings of the Seventh International Workshop on Artificial Intelligence and Statistics, Fort Lauderdale, Florida, USA, 1999[C].
[279] Lê S, Josse J, Husson F. FactoMineR: an R package for multivariate

analysis[J]. Journal of statistical software, 2008,25(1):1-18.

[280] Hall M, Frank E, Holmes G, et al. The WEKA data mining software: an update[J]. ACM SIGKDD Explorations Newsletter, 2009,11(1):10-18.

[281] Landis J R, Koch G G. The measurement of observer agreement for categorical data[J]. Biometrics, 1977,33(1):159-174.

[282] Witten I H, Frank E, Hall M A. Data Mining: Practical machine learning tools and techniques: practical machine learning tools and techniques[M]. Morgan Kaufmann, 2011.

[283] Barrat S, Tabbone S. A Bayesian network for combining descriptors: application to symbol recognition[J]. International Journal on Document Analysis and Recognition (IJDAR), 2010,13(1):65-75.

[284] Cano J, Perez-Cortes J, Arlandis J, et al. Training set expansion in handwritten character recognition[M]//Caelli T, Amin A, Duin R W, et al. Structural, Syntactic, and Statistical Pattern Recognition. Springer Berlin Heidelberg, 2002:548-556.

[285] de Oliveira L S C, Andreão R V, Sarcinelli-Filho M. The use of Bayesian networks for heart beat classification[M]//Amnir Hussain I A L S. Brain Inspired Cognitive Systems 2008. Springer, 2010:217-231.

[286] Ferreira D, Oliveira A, Freitas A. Applying data mining techniques to improve diagnosis in neonatal jaundice[J]. Bmc Medical Informatics and Decision Making, 2012,12(1):143.

[287] Mengshoel O J, Chavira M, Cascio K, et al. Probabilistic model-based diagnosis: An electrical power system case study[J]. IEEE Transactions on Systems, Man, and Cybernetics, Part A: Systems and Humans, 2010,40(5):874-885.

[288] 刘学文，田常海，邹定强. 在役 U75V 和 U71Mn 钢轨伤损及其统计分析方法[J]. 中国铁道科学，2007,28(6):19-24.

[289] 田常海. 提速线路钢轨的大修周期[J]. 铁道学报，2005,27(4):78-84.

[290] Yoshitane T, Kiyoyuki K, Kazuya A, et al. Estimating markovian transition probabilities for bridge deterioration forecasting[J]. Structural Engineering/Earthquake Engineering, 2006,23(2006):241-256.

[291] Kobayashi K, Do M, Han D. Estimation of markovian transition probabilities for pavement deterioration forecasting [J]. KSCE Journal of Civil

Engineering, 2010,14(3):343-351.

[292] Lancaster T. The econometric analysis of transition data[M]. Cambridge, UK: Cambridge University Press, 1992.

[293] Henningsen A, Toomet O. maxLik: A package for maximum likelihood estimation in R[J]. Computational Statistics, 2011,26(3):443-458.